治学当问出处

学术组织中的教育思想生成

刘 猛 ◎ 著

上海社会科学院出版社
SHANGHAI ACADEMY OF SOCIAL SCIENCES PRESS

本著系 2018 教育部规划基金项目"服务于我国职教健康发展的学术研究组织之研究"(编号：18YJA880055)最终研究成果

题　辞

　　敏于行者不问出处，但求所见略同。敏于学者，唯以穷究根底、细察微末为己任。不问出处，无异于盗；不问区别，无异于蠢。学问，学问，由此二问，方称入学也。

目 录

引言　给职业教育思想者的学术贡献做一个社会学脚注　1

第一部分　基础理论

第一章　接着讲与对着讲：基于群体属性的教育思想生成方式　2
　　一、介乎总体言说与个体言说之间…………………………………3
　　二、在科学诉求的背后有着文化自觉…………………………………4
　　三、要么"接着讲"，要么"对着讲"…………………………………6

第二部分　应用研究（上）"中华职业教育社"之研究
大职业教育主义的提出：黄炎培思想的激发者都有谁？

第二章　为《提出大职业教育主义征求同志意见》加注释　12
　　一、从思想随笔到学术论文：我想为黄炎培职教名文加注释……………12
　　二、寻绎黄炎培的思想之源：从中华职教社发起人中找线索……………16

第三章　张謇对黄炎培大职业教育主义思想形成的影响　22
　　一、"艰苦自立，忠实不欺"：张謇的主要人生轨迹…………………22
　　　　（一）冒籍张育才………………………………………………22
　　　　（二）下海状元郎………………………………………………24
　　　　（三）师范创立者………………………………………………25
　　　　（四）立宪咨议长………………………………………………26
　　　　（五）失败大英雄………………………………………………27
　　二、"相当自觉的人格认同"：张謇与黄炎培之间的深厚情谊…………28
　　　　（一）领导江苏教育会的黄金搭档………………………………29
　　　　（二）发起中华职教社的重要同盟………………………………30
　　　　（三）介入立宪大时代的志业挚友………………………………32
　　三、"父教育而母实业"：张謇对黄炎培大职业教育主义思想形成的影响……34

（一）思想方式的影响：看待问题的格局与眼光 …………………………… 35
　　（二）话语方式的演变：使用语汇的承继与转化 …………………………… 36

第四章　蔡元培对黄炎培大职业教育主义思想形成的影响　40

　一、"行为人师,学为世范"：蔡元培教育人生的数字化写真 ………………… 40
　　（一）四年伴读学大进 ………………………………………………………… 41
　　（二）两校创办名爱国 ………………………………………………………… 41
　　（三）五育并举当总长 ………………………………………………………… 43
　　（四）七次校长辞北大 ………………………………………………………… 44
　　（五）一心治学掌中研 ………………………………………………………… 46
　二、"道义之交,只此已足"：蔡元培在黄炎培人生与事业中的角色 ………… 47
　　（一）上海南洋公学的启蒙导师 ……………………………………………… 47
　　（二）加入中国同盟会的介绍之人 …………………………………………… 48
　　（三）中华职业教育社的有力后盾 …………………………………………… 49
　三、"有所不为,无所不容"：蔡元培对黄炎培思想形成的影响 ……………… 50
　　（一）身教示范："政潮外边,通力合作" …………………………………… 50
　　（二）言教鼓动："普教像地基,职教像房屋" ……………………………… 53

第五章　梁启超对黄炎培大职业教育主义思想形成的影响　58

　一、"不惜以今日之我与昨日之我战"：梁启超的教育人生 ………………… 58
　　（一）早年母教立其诚 ………………………………………………………… 59
　　（二）青年师教识时务 ………………………………………………………… 61
　　（三）壮年从教重趣味 ………………………………………………………… 63
　二、"心有灵犀一点通"：梁启超与黄炎培的交往考索 ……………………… 64
　　（一）同列美专校董会 ………………………………………………………… 65
　　（二）结伴任公湘鄂行 ………………………………………………………… 66
　　（三）终对任公出绝联 ………………………………………………………… 67
　三、"敬业与乐业"：梁启超对黄炎培思想形成的影响 ……………………… 68
　　（一）办职校者之"敬业"：从"智其农工商"到"须农工商之智" ……… 72
　　（二）倡职教者之"乐业"：从"领略出趣味"到"拥有最高热诚" ……… 75

第六章　杜威对黄炎培大职业教育主义思想形成的影响　79

　一、"最伟大的美国哲学家"：杜威用哲学书写精彩的教育人生 …………… 79

（一）工作即生活，教学写作两相宜 ··· 80
　　（二）交往存异见，争议名流受力挺 ··· 81
　　（三）哲学爱教育，经验改造殊分裂 ··· 85
二、"极大地影响了中国人"：杜威在中国受欢迎的原因分析 ········· 86
　　（一）晚清民初，文化真空须填补 ··· 86
　　（二）哥大校友，激扬文字居潮头 ··· 88
　　（三）杜威思想，经验哲学接地气 ··· 90
三、"应从大计划着手职教"：杜威对黄炎培大职业教育主义思想形成的影响 ········· 92
　　（一）职业教育之精义："和社会生出一种更密切的关系" ················ 93
　　（二）教育家之天职："深信教育为改造社会的唯一方法" ················ 95

第七章　黄炎培大职业教育主义思想形成的知识谱系考察　98

一、经历相似的人物：读经、科考与游历 ··· 99
　　（一）科举成功得资本 ·· 99
　　（二）游历海外开眼界 ··· 100
二、三缘交汇的组织：地缘、学缘与业缘 ·· 103
　　（一）有容乃大大上海 ··· 104
　　（二）爱师更兼师之友 ··· 107
三、中外碰撞的背景：本土、东洋与西洋 ·· 109
　　（一）西学东渐成大势 ··· 109
　　（二）江浙士绅比风流 ··· 110

第三部分　应用研究（下）"上海职教论坛"之研究
高职教育基本特征的探索："两地三人行"为何能玩转十年？

第八章　"接触了他们，才发现职教研究的意义和价值"——对话"上海职教论坛"核心成员、上海电机学院副院长杨若凡　116

一、惊奇之思：没想到有人感兴趣于"母鸡下蛋过程" ························· 116

3

二、组织形成：从课题"神仙会"到"上海职教论坛" …………………………… 121

三、先生素描：一个直而切，一个温而厉，一个学不倦 …………………… 128

第九章 "回老专家的信，比写国家级课题研究报告还难"——对话"上海职教论坛"核心成员、上海职业教育研究所所长郭扬　134

一、心路历程：从首批"高职生"到职教学者 ………………………………… 134

二、机构对比：德国联邦职教所与上海职教所 ……………………………… 144

三、有幸结缘：参加"上海职教论坛"的情形 ………………………………… 152

四、积极赋义：思在行政话语与学术话语之间 ……………………………… 158

第十章 "没吃吃喝喝的事，反正在一起什么话都可以说"——对话"上海职教论坛"发起人、教育部职成教司原司长杨金土　170

一、话人生福：从农校学子到职教司司长 …………………………………… 170

二、道问题境：20世纪后十年的中国高职 …………………………………… 184

三、叙三人情：靠纯粹学术情谊走到一起 …………………………………… 190

四、讲职教理：秉持求真务实和求同存异 …………………………………… 195

五、说式微因：大环境变迁下的人员更替 …………………………………… 202

六、析政学异：为官办成事与为学说清楚 …………………………………… 203

七、辨中外势：世界之职教与中国之职教 …………………………………… 208

八、同仁寄语：职教事业发展与基础研究 …………………………………… 213

第四部分　未来展望

第十一章　学术组织与职业教育善治之路：基于当下的案例分析　218

一、学术组织与职业学校 ……………………………………………………… 219

二、学术组织与政府机构 ……………………………………………………… 220

三、学术组织中的个体 ………………………………………………………… 224

四、朝向善治理想的创新建议 ………………………………………………… 225

第五部分 附录

一、"上海职教论坛"访谈提纲 228

二、写出高质量论文的五个步骤 229

三、找回话语建构中的理论主体 230

四、职教众生素描：刘猛《职教话语的社会意蕴》读札 232

五、元气淋漓刘猛君 235

后记 我的研学历程就是最终做了自己当初所反对的人 238

引言　给职业教育思想者的学术贡献做一个社会学脚注

> 使思想获得生命的,是具有不同知识和不同见解的个人之间的互动。理性的成长就是以这种差异的存在为基础的社会过程。①
> 　　　　　　　　　　　　　　　　——哈耶克

先请看一段真实的对话:

甲(某高校文科学报主编):有时我是为了照顾发文比例才发那些经管和教育类文章,引用率还挺高。

乙(某高校文学专业教授):主要是我们主张,引用当代学者的文章,要慎重。说实话,中国当代就没有教育学和管理学的存在。

甲:相反,我邀约的那些文史哲的稿件,好多非常优秀的稿件,引用极少,或者干脆没有被引。@乙　就是呀。

这是2021年3月11日的对话,发生在由甲所组建的近500人的学者微信群里。对话的两位,笔者虽未谋面,但群里交流互动次数不少,都还算彼此了解。甲主编是现代文学专业背景,主编刊物近十年,最大的希望是能将刊物带入"C刊方阵"。为达此目的,特别看重刊发论文的转载率和引用率。蒙他不弃,曾赠阅几期,翻翻看看,装帧精致典雅,名流文章不少,令人确实难以释卷。乙教授是古典文学专业,业余喜欢写各种各样的赋。他所讲的"我们主张"中的"我们",可能更多的是指他所在的专业圈子,扩大一点也可以,就是"文史哲"专业的学界同仁。我根据自身的经验推知,他们两位当初读师范专业或入职考高校教师资格时,都肯定遭遇过一门名为"教育学"的课程,且留有的印象想必不佳。

---

① 哈耶克.通往奴役之路[M].王明毅,等译.北京:中国社会科学出版社,1997:180.

作为群里几乎唯一的"教育学教授",笔者看到他们的对话后首先想到的是"截图"保存,然后保持"沉默"。因为笔者认为他们两位说的话,都是有感而发,绝非虚妄。在本人谋生所在的教育学界,还算有点影响的人都曾反思过"教育学之过",较普遍的看法就是操弄这个学科的人所写的东西,最常犯的毛病就是"目中无人"。既然"我们"自己都承认了"目中无人",又何必在乎"外人"的"目中无我"呢。

当然,我不立即在微信群里做出回应,也并非我不想说话,而是我早已有一肚子的话,就是一时不知从何说起。

现在呈现在您——亲爱的读者——面前的这本书,就是本人这一肚子特别想说的话。

一

"独学而无友,则孤陋而寡闻。"

这句话出自《学记》。在我们周围,学教育学的每每自豪于中国人在两千多年前就有了这一"世界上第一本教育学专著"。其实,《学记》只是《礼记》中的一篇,只有两千多字。宋儒朱熹曾从《礼记》中把《大学》篇和《中庸》篇单列出来,与《论语》《孟子》放到一起,构成"四书"。但古代似乎无人对《学记》有过这般做法。因此,与其说它是一本"专著",还不如说它是一篇"论文"。

孤陋寡闻,岂能有学。近人梁启超在《论学会》一文中说:"凡讲学莫要于合群。盖以得知识交换之功,而养团体亲爱之习。"但愿不是画蛇添足,我想将梁启超的意思翻译得更明白一点:学人结为知识群体,有两大鲜明的功效:一是促进"知识交换",使知识的生产与传播更为便利;二是培养"团体亲爱",使学人间的友谊因目之纯粹而持久。

由于西方科学发展较早,因而在他们那里对"科学共同体"进行专门性的探讨比较早,也更有深度。如普赖斯在1963年出版的《小科学、大科学》一书中首次把非正式的学术交流群体称为"无形学院"(Invisible Colleges)。最初,"'无形学院'这个词是英国著名科学家波义耳在1646年左右提出来的,指的是英国皇家学会的前身——由十来名杰出的科学家组成的非正式小群体。普赖斯借用这个词来指那些从正式的学术组织中派生出来的非正式学术群体。小群体的成员彼此保持不间断的接触,彼此分发手稿复印件,并且频频到对方的机构中进行合作研究"。[①] 普赖斯在这本书中曾说,"我们可以这样说,人类有史以来的科学家中,百分之八十到九十现在依然在世"。意思是,随着现代社会的发展,从事科学研究的人已经越来越多。著名科学社会学家罗伯特·默顿和尤金·加菲尔德在1986年出版普赖斯此书的增订版时,所共同撰写的前言的最后,将普赖斯上述那句广为人知的格言进行了如下改写:"关于这本开创性著作的大多数读者,目前还没有出生。"[②] 很显然,在他们看来,有关学术组织或学术群体内的非

[①] 黛安娜·克兰.无形学院——知识在科学共同体中的扩散[M].刘珺珺,译.北京:华夏出版社,2020:译者前言.
[②] 罗伯特·默顿,尤金·加菲尔德.《小科学、大科学及其续篇》前言[J].王贤文,译.科学学研究,2013(12).

正式交往的研究,远远没有被当时的人们所重视。

当今对于科学知识的生产方式,也并非科学(知识)社会学专业人士在研究,更非仅仅外国人在研究。前不久,台湾历史学者王汎森在一次以《为什么天才总是成群地来?——漫谈学术环境的营造》为题的演讲中提到:"我们太注重线性的、纵向式的传习与听受,往往忽略横向的、从侧面撞进来的资源,事实上这两者缺一不可,应该交叉循环为用。"①

好一个"撞"字!

石与石之间的碰撞,产生了人类进化的文明之"火";脑与脑之间的"碰撞",扣动了思想生产的美妙之"弦"。

似乎是时候了,我们也应当重视学术组织对教育思想生成的影响了!

二

本书写作的全部动力源于笔者十多年来对教育学术组织日益强烈的研究兴趣。这也充分地反映在本书的结构与内容之中。全书分为五部分。

第一部分为"基础理论",只有一章的内容,标题为《接着讲与对着讲:基于群体属性的教育思想生成方式》。它基本上是本人2011年发表的《教育思想的群体属性及其方法论意蕴》(《教育理论与实践》杂志,2011年第19期)论文内容,只是在个别之处稍加修改。而此论文又是本人2008年基于两年前(2006年)提交的博士论文修改后得以出版的《意识形态与中国教育学——走向一种教育学的社会学研究》(南京师范大学出版社,2008年)最后一章(即第六章)第二节"同题"内容的进一步修改。

本章认为,知识生活的社会动力源于不同知识生产者及其所属群体之间的长期博弈。教育思想的创生过程无法避离创生者所栖身的群体。揭示"教育思想的群体(社会)属性",不仅有助于人们在对教育研究方法的科学性进行反思时增加一份文化自觉,还有助于开显出"接着讲"与"对着讲"这两条基本的教育研究创生理路。

第二部分与第三部分是"应用研究",相当于为第一章的理论研究找出更翔实也更生动的两个"例证",也可算是一种"案例研究"。这两个"例证"分别针对在我国教育界有着深远影响的两大学术组织:中华职业教育社与上海职教论坛。相比而言,要说两个组织的社会与历史的影响力,肯定是不在一个"重量级"上的。前一组织已有百年历史,其功能与定性,从成立的1917年5月开始就不局限于"(学术)研究"一个方面②,而至1949年中华人民共和国成立后,

---

① 王汎森.天才为何成群地来[M].北京:社会科学文献出版社,2019:88.
② 根据《中华职业教育社组织大纲》第二条有关"本社事业之目的"与第三条有关"本社事业之种类及其项目",目的有三:甲、推广职业教育。乙、改良职业教育。丙、改良普通教育,俾为适于生活之准备。对应于三个目的是三个种类,"研究"与"调查""劝导""指示""讲演""出版""表扬""通讯答问"等一起列为第一类的"项目"内容。(参见:黄炎培.中国近代思想家文库·黄炎培卷[M].余子侠.北京:中国人民大学出版社,2015:106-108.)

该社逐步明确为"党领导的具有'统战性、教育性、民间性'的群众团体"。① 而后者"上海职教论坛"则仅存在10年,一直定位于自发成立的"民间研究团体"②或"民间学术组织"③。由于本研究侧重于黄炎培写作于1925年年底、发表于1926年年初的名文《提出大职业教育主义征求同志意见》,意图在揭示其所提出的"大职业教育主义"这一先进思想到底受了什么人的启发或影响。因此,笔者是将这一研究放在"作为学术组织的中华职业教育社"这样一个特定"层面"来进行思考的。这样做,想必不违中华人民共和国成立后对该组织的定位。

第二章至第七章,笔者对黄炎培大职业教育主义思想的"影响源"进行了论证。第二章是这一部分的序章,相当于提出问题。第三章到第五章分别论述了作为黄炎培发起的中华职业教育社最初核心成员张謇、蔡元培和梁启超三人对黄炎培思想产生的影响。第六章则论述当时受黄炎培所领导的江苏教育会、中华职教社等机构邀请来中国访问达两年有余的美国著名教育家杜威对黄炎培思想形成的影响。第七章则是从"知识谱系"的角度,对前面的五章进行更进一步的综合研究,力图揭示出黄炎培产生大职业教育主义思想的多层面、多维度的知识与社会背景。其中,第三章到第六章的框架结构有共同的"三要素"模式,即(1)四位思想者的主要生平事迹;(2)他们与黄炎培的交往(杜威一章,则解释他为何能在当时的中国产生如此强劲而持久的影响);(3)他们的学术、思想甚至行为示范是如何影响黄炎培提出"大职业教育主义"的。这种论证遵循的内在逻辑是(1)影响他人的人自己的经历是形成强大思想的基础,(2)与黄炎培的密切互动是将他们自己的思想与行为影响到黄炎培的重要条件,(3)他们在时间上先于黄炎培拥有某种思想,而各人的这些思想(或行为示范)与黄炎培提出的大职业教育主义思想存有显著的联系。说到底,它有一个先行的假设,即任何人有一定社会价值的思想产生,都离不开自己的人生实践,离不开与有思想者的密切交往,离不开自身作为积极能动的主体对他人宝贵思想的消化与吸收,进而才能"创生"出新的思想。

黄炎培的名文连标题不足1 500字,而笔者上述六章的论证则有近11万字的篇幅,这表面看起来也真是"小题大做"了。这其实也完全出乎笔者当初着手研究时的预料,同时也让笔者的研究过程因充满"发现"而激动而喜悦而幸福。在研究过程中,阅读民国大思想家张謇、蔡元培、梁启超、黄炎培及美国杰出教育家杜威的相关著作,对笔者来说,既是穿越时空去"神会先贤",又是享受"寂寞的欢愉"④。神会先贤,愧对先贤——自感相当于晚起的人没有能看到日出的瑰丽,后悔要是早点儿起来遇上该多好! 寂寞欢愉,不敢欢愉——因为阅读与思考过程中,不断涌动的思流必须尽快行诸笔端,不然容易稍纵即逝。这是写作这部分内容的真实

---

① 中华职业教育社简介 http://www.zhzjs.org.cn/sqgk/about_Content.html.
② 上海职教论坛秘书处.对职业技术教育若干问题的基本认识——上海职教论坛十年论文集[M].北京:高等教育出版社,2005:前言.
③ 树伟,刘智英.十年的高度与视野——记"上海职教论坛"十周年纪念活动暨学术报告会[J].职业技术教育,2004(36).
④ 著有《寂寞的欢愉》(法律出版社,2004年)的邓正来先生,是笔者一直追慕的学术偶像。在邓先生看来,源出于学术共同体内部、建构起中国社会科学的学术传统和学术评价体系是中国社会科学发展的基本条件,而前此而在的一个问题在于——中国社会科学的自主性问题。对这一关键性的问题,邓先生的思考有着他人难以企及的高度。

心态。

第三部分内容涉及另一个非常值得研究的案例——上海职教论坛。笔者真正进入职业教育研究领域是 2006 年 6 月博士毕业后来到以培养职教师资为己任的江苏理工学院[①]工作。而在一年多前的 2004 年 12 月,上海职教论坛在上海召开过较为轰轰烈烈的"十周年纪念活动暨学术报告会"后,便在几乎没有宣告的情况下突然落幕了。当时纪念会上,"来自全国各地的论坛成员,学校、职业教育研究机构及媒体代表 50 余人欢聚一堂,共贺十年坛庆,并用新的研究成果来纪念这个特殊的日子"[②]。由于有《职教论坛》这样名称的职教名刊,所以笔者"入行"后,听人讲"上海职教论坛",自己都没有什么特别的反应,凭主观印象总认为它是一个上海的地方性杂志罢了。甚至直到 2015 年笔者写作发表《学术研究组织与职业教育善治之路:基于案例的分析》(《职业技术教育》杂志,2015 年第 24 期)时,开头引用了杨金土先生的相关观点,但就是不知他曾经是学术研究组织"上海职教论坛"的"坛主"。文章中用了几个案例,但比较起来,却把上海职教论坛这一个更为"典型"的案例给忽略了,实在是"孤陋而寡闻"。2016 年,笔者与一同事一起赴苏南某地讲学,同车途中闲聊,无意中他提及杨金土与严雪怡先生,并谈及上海职教论坛。回来后,笔者便买下了《严雪怡全集》一套四册回来看。首先一看便放不下的是其中最厚一本第三册和最薄一本第四册。第三册收录的是严雪怡与杨金土之间的通信,第四册收录的则是严雪怡与孟广平、郭扬及张振元等人的往来书信。笔者在 2013 年写作《朝向中国职业教育理想图景的多元探索》(江苏教育出版社,2013 年)时,曾有专门一章基于文本分析介绍了四位职业教育思想家,杨金土是其中之一。另三位是英国的怀特海、美国的杜威和中国的黄炎培。当时笔者也曾尽可能地利用网络资源,收集了一些杨金土的相关文献,但他与严雪怡之间的学术交谊并没有进入我的视野。被收录在《严雪怡文集》第三册中的书信,虽然信件绝大部分写于 2004 年之后,但其中有多处谈及"上海职教论坛"。由于这些书信文字是交流思想,彼此的真诚与平等、相互的激发与启迪,充分流露在字里行间,这是笔者自从进入职业教育研究领域以来读得最废寝忘食的两本书之一。另一本是 2007 年读到的成思危主编的《黄炎培职业教育思想文粹》(红旗出版社,2006 年)。

从 2013 年开始,笔者就不断地生出想法,就是希望利用参加学术会议的机会,能遇上杨金土先生,与他当面交流。如今(2016 年)读到他与严雪怡这册书信,更是希望这样。2018 年,笔者由于成功申报了当年的教育部规划基金项目"服务于我国职教健康发展的学术研究组织之研究"(编号:18YJA880055)。这让笔者似乎更有理由或"借口"去同他见上一面,围绕上海职教论坛聊一聊。但好事多磨,2018 年 9 月刚联系上生活在北京的杨先生,并大致确定好了行程不久,就传来已有 83 岁高龄的杨先生身体不适而住院的消息。杨先生建议笔者先到上海访谈电机学院杨若凡、上海职教研究所郭扬。11 月下旬,笔者围绕上海职教论坛相关情况,先后

---

① 当时为"江苏技术师范学院",2012 年改现名。据了解,近两年又在积极申请更名为"江苏职业技术师范大学"。
② 树伟,刘智英.十年的高度与视野——记"上海职教论坛"十周年纪念活动暨学术报告会[J].职业技术教育,2004(36).

访谈了这二位。访谈收获颇丰,这二位作为"论坛"的核心成员,都毫无保留地回答了笔者预先设计与临时发出的提问。在与他们的谈话之中,"上海职教论坛"这一学术组织逐步变得让人亲切可感、印象难忘。其中,二位言及杨金土、严雪怡和孟广平这三位主要发起人时,不时表现出对他们"仰视"式的崇敬之情,对他们提携自己的感恩之情,还有对"论坛"式微的惋惜之情。而且,他们都希望我在可能的情况下,一定要亲自去访谈目前唯一健在的主要发起人——杨金土先生本人。难得的机会终于来了,2019年3月底,若遵从医嘱应当休息静养的杨先生再次邀约笔者赴京面谈。笔者在杨先生家附近的一家宾馆住下来,与他进行三个上午近十个小时的面谈。

与三位先生谈话的内容,预先的计划是作为"一手资料"在笔者设想的一篇论文写作中使用的,但在整理录音文字的过程中,想法发生了较大的改变。笔者感到三篇对话稿本身就是一个生动的"有机整体":一方面,三位个体进入"论坛"各有自己的心路历程,这也为他们观察"论坛"提供了不同的视角;另一方面,由于有幸访谈到了"坛主"与"核心成员",他们之间的谈话内容可以彼此"互参"或"互证",还可以"相互补充"。当然,还有一点另外的考虑,就是笔者近年承担职师本科生"教育研究方法"类课程的教学,也不时受到某些机构的邀请讲有关科研方法方面的内容,在这一过程之中,笔者不断萌生要写一篇以"研究即对话"为主题的文章。笔者于2017年出版《职教话语的社会意蕴》(苏州大学出版社)一书的最后一章(第十一章《我国职业教育研究的现状、问题及三大路向》)中提出,教育研究者"以对话者角色响应现实呼唤"是改善科研、提升质量的三大重要路向之一。"要实现我国职业教育研究学术空间的有效拓展,职业教育研究人员就必须以对话者的角色响应现实矛盾的呼唤,坚持与实践工作者对话、与行政(乃至与企事业相关的)工作者对话、与研究同行对话。"[①]而与我对谈的上述三位可以说既长期负责职业教育方面的行政工作,同时也一直在坚持不懈地从事职业教育方面的研究,因此笔者自感这部分内容也是研究者实践"对话"的一个例子。让不同声部在需要时都可以发出声音,才会有美妙的音乐;让不同人的观察与思考都能恰当地进入文本中来,或许才是最好的研究。

前面已经提及的一篇文章《学术研究组织与职业教育善治之路:基于案例的分析》作为本书的第四部分"未来展望"。数年前写作时的初衷是希望作为社会组织之一的(民间)职教学术组织能走向"善治",为我国职教事业的发展提供更好的智力支持。这种希望依然可以寄予未来的,因此放在这里。

第五部分的"附录"包括五篇文字。第一篇是关于上海职教论坛的访谈提纲。第二、第三篇与如何做职业教育科研有关,都是应约而写的"极短文",说成"发愿文"或许更为贴切,意在告诉别人,笔者特别想做一名什么样的教育研究者。至于做到没有,或当另说。第四篇是拙著

[①] 刘猛.职教话语的社会意蕴[M].苏州:苏州大学出版社,2017:204-208.

《职教话语的社会意蕴》出版两年后,笔者无意中从新浪博客上发现的一则书评。书评风格别致,对拙著研究所追求的"唯真是从"的价值体认,深得吾心。征得书评作者郝云亮先生的同意,收录于此。第五篇是本人好友谢志浩先生的即兴之作。他"业余描绘中国学术地图"多年,涉猎法学、社会学、历史学等多个学科领域,在得知本著即将出版的消息后,先录制"影音号"小视频,接着又整理出文字稿为我加持,深情款出,让人感铭于心。他虽以"元气淋漓"之标签贴于我,但其实这是我俩共同的生命与学问之期许。

三

有必要进一步申说本书写作的思想方法以及本研究与学界同仁相关研究的相异之处。

关于思想方法,在体现本研究"基础理论"的第一章已有一定的阐明。简单说来,知识社会学的视野是贯穿本书的总的思想方法。知识社会学的视野特别重视考察知识与社会之间的互动关系。德国思想家马克斯·舍勒首先创用了"知识社会学"一词。在他看来,"知识社会学本身主要研究群体的'精神'。它追溯知识从社会最高层(精英所具有的知识)向下扩散所经历的各种法则和节律,以发现知识本身如何在社会群体和社会层次之间及时分布以及社会如何调控这种知识分布过程"[①]。紧随其后的另一位德国思想家卡尔·曼海姆极大地拓展了知识社会学研究的深度与广度。他认为,就其社会学意义而言,知识不仅取决于人们的社会地位、身份及阶级利益,而且根植于特定的文化类型之中。他曾有如下的定义和分类:"知识社会学是社会学最年轻的一个分支;作为一种理论,它试图分析知识与存在之间的关系,作为历史社会学研究,它试图追溯这种关系在人类思想发展中所具有的表现形式。"[②]

按两位知识社会学思想大家的看法,我们不难看出:研究者是否具有知识社会学的视野,关键就在于其"追溯"之功,它要求研究者必须具备"回到原初知识生成与传播的历史现场"的能力。具体针对教育学术组织研究来讲,我国学界其实不乏侧重于历史学的研究,譬如:黄嘉树所著的《中华职业教育社史稿》(陕西人民出版社,1987年)、专门的编纂委员会所编的《上海中华职业教育社志》(上海古籍出版社,2007年)、谷秀青所著的《清末民初江苏省教育会研究》(广西师范大学出版社,2009年)、杨卫明所著的《教育学会与中国近代教育学术研究》(清华大学出版社,2018年)、张礼永所著的《民国教育社团研究》(湖南教育出版社,2018年),等等。这些著作所研究的对象有些可以等同于教育学术组织(如杨卫明的研究),有些则包含教育学术组织(如张礼永的研究),有些则体现教育组织有着学术研究的这一方面功能(如黄嘉树、谷秀青的研究),对于人们了解历史中教育学术组织的产生、构成、运行及影响等无疑有着较大的帮助。不过,若借用舍勒的话来说,这些历史研究的侧重点都在于"组织的肉身",而非"群体的'精神'"。

[①] 马克斯·舍勒.知识社会学问题[M].艾彦,译.北京:华夏出版社,2000:62-63.
[②] 卡尔·曼海姆.意识形态与乌托邦[M].李步楼,等译.北京:商务印书馆,2005:3.

没有"组织的肉身"作为依附,"群体的'精神'"便难以得到更好的生发,这是基于常识就可以理解的道理。但相比起来,此"精神"更为重要,它决定着组织存在的意义,进而影响组织的生命。正是基于此,本研究的着力点集中于组织成员之间的精神层面的交往生活,即他们之间如何思考共同关心的问题,彼此之间如何进行辩驳、激发与互补。

组织在不断演变,我们要从历史的追溯中"得"其真正的"群体的'精神'",有时也是何其难哉!先不去说远的,不说1925年年底黄炎培产生大职业教育主义思想时的中华职业教育社组织成员之间的思想相互影响,就说近的,说说当下学人对上海职教论坛(1994—2004)的研究吧。一个较为典型的例子是华东师范大学职业教育与成人教育研究所徐国庆教授的一项相关研究。徐教授在其新著《从分等到分类——职业教育改革发展之路》(该书是袁振国任总主编的"教育现代化的中国之路·纪念教育改革开放40年丛书"之一)中有两处提及该学术组织。一处是在第二章《树立科学的人才观》的第三节"高级技工、技师也是人才"中,最后专门单列一部分论及"上海职教论坛在技能型人才价值确立中的贡献":

> 在技能型人才价值确立过程中,有一个学术团体作出过重大贡献,其许多观点最终成为国家意志,这个学术团体就是上海职教论坛。
>
> 上海职教论坛的前身是1994年杨金土、孟广平、成永林、严雪怡、黄克孝、吕鑫祥、郭扬等人为主组成的课题研究组,此课题组主要任务是围绕高等职业技术教育的若干重大问题持续展开研讨和探索。2000年课题组在深入思考下一步研究工作的同时,还考虑了课题组活动机制问题,决定在课题组的基础上成立上海职教论坛。2000年12月在上海天平宾馆召开会议,正式宣布上海职教论坛成立,秘书处设立在上海电机学院高等技术教育研究所。在原有课题组成员基础上,后来陆续加入上海职教论坛的成员有薛喜民、王式正、李宗尧、马树超、夏建国、董大奎、石伟平、杨若凡、徐国庆等。
>
> 该组织在技能型人才价值确立上的主要贡献是,基于美国普渡大学的人才分类理论,论证技术型人才和技能型人才在地位上的独立性,从而为技能型人才价值确立奠定理论基础。
>
> ……
>
> 杨金土先生是上海职教论坛的主导者,被誉为"坛主",曾担任教育部职成教司司长。他不仅明确主张技术型人才存在的现实性以及通过发展高等职业教育培养技术型人才的必要性,主张技术型人才、技能型人才在地位上的独立性,而且主张人才之间的平等性,以及每个人成才存在巨大潜力。[①]

另一处是在第四章《构建有中国特色的现代职业教育体系》的第一节"通过多种途径积极

---

① 徐国庆.从分等到分类——职业教育改革发展之路[M].上海:华东师范大学出版社,2018:61—64.

发展高等职业教育"中,论及"高职人才培养定位":

> 在前面20年的高职教育办学试验中,人们的基本观点是高职以技术型人才为培养目标。它培养的人才既不应定位在技能型人才序列,也不应定位在工程型人才和学术型人才序列,而是应定位在介于技能型人才与工程型人才之间的技术型人才序列,即中等专业学校所定位的人才序列,但它的培养目标要比中等专业学校高。以杨金土先生为核心的"上海职教论坛"的成员力主这一观点。①

只要对职教稍有了解的人就大体能知道,中职主要培养技能型人才,高职主要培养技术型人才。只要对上海职教论坛这一学术组织稍有了解的人也会知道,他们的核心成果主要是探讨高等职业教育的基本理论问题。甚至,即使对上述两点都不了解,我们仅仅从徐国庆教授所提供的这两段文字中,也很容易就能发现其中存在的非常严重的"自相矛盾"之处,即上海职教论坛组织的主要成员力主高职培养人才的目标不应当定位于技能型人才序列,而是技术型人才序列,但重大贡献却在"在技能型人才价值确立过程中……其许多观点最终成为国家意志"。作者没忘记将自己列为该组织的成员②,却将组织的理论贡献如此"张冠李戴",或故意地"削足适履",实在令人费解。这种明显的思维混乱与所云的"国家意志"之间的实存关系到底如何,无法不令人大生疑问。

作为学人,我们不能用历史的"灯下黑"来为自己找借口,更不必夸大学术对一时一地的政策之影响。"无用乃大用",往往是"治学之大道"。

四

治学当问出处。

这个书名也是有出处的,它是对我们常说的"英雄不问出处"的"反动"。近些年来,有不少原来看似光鲜的"学术强人",他们因为人们依靠互联网强大的记忆与搜索功能揭发了他们的抄袭行为而"倒下"。几乎什么学界都有,教育学界也不例外。来路不明的学问,只能行一时的欺世盗名,而不可能得到学术共同体的最终认可。

由黄炎培、张謇、蔡元培和梁启超等作为发起人所组成的最初阶段的中华职业教育社,由杨金土、严雪怡、孟广平等共同发起的上海职教论坛,从一定意义上来说我们都可以认定它是学术共同体,是积极地服务于知识生产的学人圈子,是曾经催生过宝贵的职业教育思想的研究

---

① 徐国庆.从分等到分类——职业教育改革发展之路[M].上海:华东师范大学出版社,2018:100.
② 据上海职教论坛秘书处所编《对职业技术教育若干问题的基本认识——上海职教论坛十年论文集》(高等教育出版社,2005)的"前言",徐国庆教授所工作的部门是在上海职教论坛推出第二篇论文之后才开始参与论坛活动。论坛十周年庆典时,发布了两篇主报告和多篇子报告,根据该书第140页与198页的列名显示,徐国庆教授为其中两篇子报告的"第二作者"。其余之处,未见列名。

组织。

　　黄炎培曾说:"中华职业教育社是由一些进步教育家在一九一七年春发起的,目的在于发展职业教育。这个组织的成立,开辟了中国教育史的一个新的纪元。职业教育运动很快引起公众的注意,并立即受到学者和卓越的事业家的支持。"[①]

　　杨金土曾说:"学术工作和其他工作脱离是不现实的,但是,学术工作要有相对的独立性,否则,就要失去自己的价值。同时,学术工作要注意纯洁性,这个问题之所以重要,就是因为仍有许多因素会干扰学术工作的纯洁性。这个问题需要我们提高警惕。"[②]

　　本书若有所谓的价值,笔者愿意将它定位于对他们两位先生上面各自所说的话的注解。美国学者安东尼·格拉夫敦在其被誉为"无可取代的小经典"——《脚注趣史》——的结尾如此概括脚注的非凡作用:"只有运用脚注才能让历史学家使他们的文本不是一个人独白,而是由现代学者、他们的先辈以及他们的研究对象一起参与的对话。……在那里,多种传统以多种崭新的方式并处,与之遭逢,注定会使读者受到震撼,做出创造性的成就。"[③]据此,若说"治学者就是在脚注处生存,在脚注处成长",想必也算不上是十分夸张的。

　　先生之风,山高水长。虽不能至,心生向往。

[①] 黄炎培.黄炎培教育文集:第二卷[M].中华职业教育社.北京:中国文史出版社,1994:383.
[②] 杨金土.职业技术教育学学科建设的基础在于科研[J].职业技术教育,2009(06):67.
[③] 安东尼·格拉夫敦.脚注趣史[M].张弢,王春华,译.北京:北京大学出版社,2014:312-313.

第一部分

基础理论

第一章　接着讲与对着讲：基于群体属性的教育思想生成方式

> 让自己依附于任何一位研究者对某议题的看法是很危险的事。如果你只是不加批判地概述别人的著作,则那不算"研究"。[1]
>
> ——韦恩·C.布斯

当今中国教育学为何缺少原创品质？换言之,中国教育学者的思想性特征为何难以彰显？这个问题非常值得从社会学层面进行解释。吴康宁教授曾在《关于"思想"的若干问题：一种社会学分析》一文中指出："'思想'对于学术研究尤其是对具有较强的实践指向的教育学术研究来说有着极为重要的意义。与单纯的教育政策研究及教育技术研究不同,教育学术研究的一个重要特征便在于其思想性。教育学术研究应当有思想的导引,应当生产出思想。没有思想导引的研究生产不出思想的研究,都不能称之为好的教育学术研究,甚至不能算是真正的教育学术研究。……我们的教育学术研究运用思想、生产思想的意识还较为薄弱。"[2]笔者基本认同吴教授的上述看法,但仍存有的疑问是：吴教授这里用"单纯的"一词限定"教育政策研究及教育技术研究",虽然有助于凸显"教育学术研究"的"思想性",可事实是,只要称之为"研究",所谓少"思想性"的"单纯的""教育政策研究及教育技术研究"其实很少存在(其实,日常语汇中也有"政策思想"与"技术思想"的提法),即便存在也不会有什么价值。若从整体出发,并结合该篇论文(尤其是论述"思想的根基何在"部分)的主要精神,笔者以为对三者关系的更好表述似应为："教育学术研究"与"教育政策研究及教育技术研究"相比,更具有思想的创生性。本章试图"接着"吴教授和其他一些学者的相关分析,说明包括职业教育研究领域在内的任何教育思想创生过程都无法避离其创生者所栖身的群体,并且教育思想的群体属性有着特别的方法论意蕴。

---

[1] 韦恩·C.布斯,等.研究是一门艺术[M].陈美霞,等译.北京：新华出版社,2009：97.
[2] 吴康宁.关于"思想"的若干问题：一种社会学分析[J].教育理论与实践,2005(12).

一、介乎总体言说与个体言说之间

吴教授在上述文章中分析"思想的根基何在"时，明确提出了"思想的生活根基观"，并将其概括为：思想应扎根于思想者"存属的社会"，应溯源于思想者"自身的体验"，应当是社会生活与个人生活交互作用的产物。笔者以为，如此概括结合了（教育）思想创生根基的宏观的社会生活层面与微观的个人生活层面，有一定的说服力。当然，还值得进一步发挥的地方在于，把握到介于"社会"与"个人"之间的"群体"（中观）生活所具有特征，可能会更有助于我们获致对教育思想创生的社会性条件的理解。

从知识社会学的观点来看，教育思想的创生始于"个体言说"空间的获得。与我们所认同的其他知识分子一样，真正的教育研究者在不会轻易认同"总体言说"知识类型的同时，身上总会有"与生俱来的想超逾个体言说的意愿"。换言之，如果说（教育）学术研究从"总体言说"向"个体言说"回归将有助于知识的增进，那么我们必须同时加以特别注意的是：离开了"个体"所属的群体背景，任何"个体言说"便无法获得真正的理解，也无法达到交流的目的。群体是个人和社会之间的纽带，是个人赖以生存的基本条件之一，是社会稳定与发展的基础。对个人来说，"群体不但是生活于其中的个人之尊敬、爱和保护的源泉，也是紧张、冲突和挫折的原因"[①]。个体生活于群体之中，并且在群体中完成基本的社会化过程。同时，群体也是个人的价值实现的场所，没有群体的存在，个人及其价值都毫无意义。

群体对个体思想形成的影响似乎总是两面的：一方面，存在着《乌合之众》一书的作者古斯塔夫·勒庞所说的那样，"个人一旦进入群体中，他的个性就被淹没了。群体的思想占据统治地位，而群体的行为表现为无异议、情绪化和低智商"。"群体中累加在一起的只有愚蠢而不是天生的智慧。如果'整个世界'指的是群体，那就根本不像人们常说的那样，整个世界要比伏尔泰更聪明，倒不妨说伏尔泰比整个世界更聪明"[②]。显然，勒庞认为群体对个体思想的抑制性或副作用较大。另一方面，也存在着《群体的智慧》一书的作者詹姆斯·索罗维基所认为的那样，一大群人总比少数的精英要聪明，不管是解决现实难题还是创造未来。索罗维基似乎在急切地提醒人们："重大决策听谁的？依赖长官或专家，可能会付出高昂代价！专家不敌大家，一言堂不如群言堂！""我们应该停止对精英的追捧，应当向整体（当然也包含那些精英分子）寻求答案和帮助。事实上，很多时候我们都在骑驴找驴。""企图雇用聪明人不会让你误入歧途，但是一心想着雇用最聪明的人却会让你步入深渊。"[③]在这里，我们又可以明显地看到群体对个体思想的帮助或积极作用。

笔者认为，上述两位学者都说出了真理的一部分。他们观点的根本差异在于对广泛的社

[①] 许野轼.小群体的研究价值与研究方法[J].社会,1990(2).
[②] 勒庞.乌合之众：大众心理研究[M].冯克利,译.北京：中央编译出版社,2000：20-29.
[③] 索罗维基.群体的智慧[M].王宝泉,译.北京：中信出版社,2010.

会生活中始终作为多样性而存在的群体样本的选择。可以说,前者选择了较愚蠢的群体作为极端的例子,在这样的群体之中强调的是同质思维,显得非常狭隘,容不得个体独立思想的存在;而后者则选择了较聪明的群体作为特别的例子,这种群体常常由那些彼此能够保持相对独立并持有各种各样观点的个体组成。综合两者的看法,我们不难得出如下结论:一个群体(社会)过分追捧精英固然不妥,但想让精英(如伏尔泰)置身于所属群体(乃至"整个世界")之外则是近乎空想的。这样,我们研究个体思想就注定不能不涉及群体的思想状态,反过来也一样,研究群体的思想则又注定无法不涉及群体中的个体的思想状态。

当然,强调作为(教育)学术思想创生的"个体言说"所具有的群体属性,并不意味着对思想创造者个体的忽视。其实,在个体与群体之间总会存在着某些特殊的"社会链条"。R.柯林斯认为,学术群体、师生链条、同时代的竞争对手,是它们共同构成了结构性的力场,学术创新就是在这里面发生的。还有,从这些社会结构到个体心灵的内心经验存在着一条曲折的幽径。甚至当个体独处的时候,群体也会在意识中呈现:因为个体作为具有历史意义的思想的创造者,只有当他或她独处的时候,这种学术共同体才是至关重要的。人的意识,特定个体的思维训练,都是由处于社会交往链条中的个人经历构建的。对于知识分子而言,这是一些特殊的社会链条,因而产生的也是特殊的意识。[①] 可见,思想创生者所属的群体并非仅限于日常生活意义上的直接交往对象的总和,而是包括古往今来(亦含中外)可资利用的一切思想者在内,彼此之间甚至可以突破时空的限制,达至"心领神会的交流",并在与相异思想者的竞争中保持自身所属思想群体的认同感。这种思想创生者所属群体最为感性的表达就是各式各样的学术流派或学术团体组织。

二、在科学诉求的背后有着文化自觉

既然任何研究者个体的学术思想都无法避开其所存属的群体特征,那么个体与社会群体之间的学术性互动对其学术思想的生产就必然含有一定的方法论意蕴。可是,在我们的教育研究中,这种方法论意蕴常常不是在无意中被忽视,就是在有意中被遮蔽。这主要表现在两个方面:一是文献法运用中对引文注释的功能普遍重视不够;二是对科学方法之"科学"内涵的反思严重不足。下面分而述之。

虽然引文注释的规范化作为学术规范建设的重要组成部分,已在我国近年学术规范建设大讨论中引起了人们的重视,但目前包括教育学术研究在内的学界仍然较为普遍地存在着下列现象:无视他人已有的研究成果,重复劳动;借用他人的研究成果,不提出处;有些刊物为了节省版面,会"首先"考虑将引文注释当作"多余的"予以删去;等等。其实,文献资料(证据)分析或回顾是科学研究程序的一个部分,也是科学研究中首要的学术规范。任何研究或研究者

[①] 柯林斯.哲学的社会学[M].吴琼,等译.北京:新华出版社,2004:导论.30-31.

都是借鉴前人的理论研究成果、研究方法来明确提出自己的研究问题以及在研究中可能运用的方法,审查、检验与修正已有的理论与研究结论,进而提出自己的研究发现或建构自己的理论。文献法要得到恰当运用,以保证研究的成效,研究者就必须在引文注释过程中交代清楚所借用的思想资源的"出处",这不仅是对思想创生者劳动的起码尊重(甚至涉及知识产权的保护),也是为其他接受此研究成果的人,提供了一条辨别研究者进行进一步思想创生的逻辑线索。因而,引文注释与正文互照,这对学术共同体进行交流具有独特的功能。有研究者指出,较为规范的注释除了具有"尊重他人,为自己的研究定位""交代专题研究的学术史""为文献引证分析提供基础"等功能之外,还具有"为科学共同体和无形学院提供联系的网"的功能。就是说,它"反映了学者之间的学术关系","为共同体成员之间的社会关系织起了一张无形的联系网","特别是学者之间的相互引证,不仅使得学者更容易形成并强化学科与学科共同体的归属感,也为其他学者辨别这个共同体的核心成员提供了线索"。[①] 可见,文献法的恰当运用有助于研究者与学术共同体之间建立广泛的联系,更有助于提升研究结论在知识或学科上的累积意义。诚如美国学者罗德斯(Rhodes, F.H.T.)所说的那样,不建立学术共同体,知识就会变成孤僻的东西;在孤立中进行研究的孤独学者,其狭窄的研究范围、独断主义和未经考验的假设是脆弱的,站不住脚的;其知识无法得到扩展和传播,无法与相反的意见进行争论,无法接受不同经验的影响,也无法用另外的视角对其加以磨炼。不建立学术共同体,个人的发展就是有限的,这不是因为个体研究者的创造力和开拓性不及研究群体,而是因为他或她的结论没有接受质疑,也无法得到更多的检验;这样,个人的知识就是不完整的……不仅检验结论需要建立学术共同体,而且确认问题的重要性、指明需要研究的具体问题、提供实验框架、设计研究过程、提高竞争力和开发相应的技术,也都需要学术共同体的协调配合和共同努力。[②]

再来看对科学方法之"科学"内涵的反思严重不足。笔者曾撰文指出,"教育学研究科学化"的过程中,人们对"科学"的理解上却陷入了西方启蒙者曾顶礼膜拜的"自然科学"范型之中难以自拔,以至于对"人文科学"和"社会科学"的科学性深表悲观。[③] 当然,教育研究者对科学研究方法的自觉意识不应当仅限于"科学"(多以自然科学为范型)普适性的诉求,而理当含有文化(注重多样性的"美美与共")意义上的反省。尤其是在对中外学术成果进行对比时,在注意研究方法的科学性与否或程度差异的同时,还应当注意到研究成果表达上的文化背景差异。如有研究者认为,研究者的方法论立场与所使用的方法如果科学,那么该研究的结论与发现科学的可能性就比较高,如果方法论与方法存在问题,研究结论则必然受到怀疑。问题是其中"科学"的内涵到底是什么?该研究者认为,"文献回顾不是一种研究方法,不是我们所说的收集、分析数据,获得研究问题的结论的方法"。[④] 可见,我们前面所说的文献法在这位研究者眼

[①] 杨昌勇.学术论著注释和索引的规范与功能[J].中国社会科学,2002(2).
[②] 罗德斯.创造未来——美国大学的作用[M].王晓阳,等译.北京:清华大学出版社,2007:55.
[③] 刘猛.意识形态、科学化及教育学研究者的"宿命"[J].教育理论与实践,2006(1).
[④] 朱志勇.教育研究方法论范式与方法的反思[J].教育研究与实验,2005(1).

中还不算是"科学方法"。这听来似乎有些荒谬。笔者以为这里涉及一个东(以中国为代表)西(以美国为代表)方语言表达的差异性,即中文"数据",其英文对应词为"data"。该英文词在英文词典中一般有两个义项,它们被译成中文分别为"资料"和"数据"。① 而在中文中对"数据"的释义通常仅为"数值"("进行各种统计、计算、科学研究或技术设计等所依据的数值"②)。这里用在英文中含义并不单一(可以适应对"科学"持广义理解的使用)而在中文中含义单一(并不怎么适应对"科学"持广义理解的使用)的"数据",不能不使人生疑其中遮蔽了什么?细想不难明白,这里有意或无意遮蔽的是(学术)制度背后的语言文化传统等社会背景,而这又直接导致对所谓"科学"的理解容易陷入自然科学主义。如此研究在突出方法的"科学性"上大张旗鼓,却是非常令人遗憾地以牺牲思想(问题与方法相统一)的"社会性"为代价的。这应当引起我们的足够警惕。

三、要么"接着讲",要么"对着讲"

如果我们在考虑教育学术研究的"科学性"的同时,不以牺牲其"社会性"为代价,那么要统一两者就必须进一步彰显"作为思想创生的教育学术研究应当具有的群体属性"这一命题所具有的方法论意蕴。学者 M.B.Lee 曾说:"任何研究或研究者都是借鉴前人的理论研究成果、研究方法来明确提出自己的研究问题以及在研究中可能运用的方法,审查、检验与修正已有的理论与研究结论。"③这里,Lee 提出了在一切研究之中其实都存在着一种重要的关系,即"自己"与"前人"(这里关于"前人"较好的解释即是"言说在前的人")的关系。这两者总是共生于所有研究之中,共生于由各种语言符号组成的文本世界之中,共生于研究者当下的心智结构之中,共生于有着互动联系的学术网络之中。也就是说,"我(研究者)"必须在与"前人"的共生关系中,才能提出"自己的问题",才能"构建自己的理论"。用我国著名哲学家冯友兰和当今学人刘东教授的话来讲,这种学术上的共生关系可以具体表现为两条路径:"接着讲"和"对着讲"。

冯友兰曾经特别声明,自己的《新理学》一书"是'接着'宋明以来底理学讲底,而不是'照着'宋明以来底理学讲底"。他说:"新的现代化的中国哲学,只能用近代逻辑学的成就,分析中国传统哲学中的概念,使那些似乎是模糊不清的概念明确起来,这就是'接着讲'与'照着讲'的区别。"④对冯先生提出的哲学的两种讲法,我国学界尤其是哲学界多有发挥,但笔者以为北京大学教授刘东对"接着"发挥得最为出色。他认为,"如果我理解得不错,冯先生当年想把'接着讲'跟'照着讲'划分开来,其本意无非是赋予前者以学术合法性,以便名正言顺地对经典进行创造性的发挥。……正是在这个意义上,我们如今再顺着他的思路而提出'对着讲',也恰是在继续发挥他对于创造性的重视和弘扬。换句话说,在这个学术全球化的时代,我们现在提出的

---

① 霍恩比.牛津高阶英汉双解词典[M].4版.李北达,译.北京:商务印书馆,牛津大学出版社,1997:361.
② 中国社会科学院语言研究所词典编辑室.现代汉语词典[M].北京:商务印书馆,1996:1176.
③ 转引自:朱志勇.教育研究方法论范式与方法的反思[J].教育研究与实验,2005(1).
④ 冯友兰.中国现代哲学史[M].广州:广东人民出版社,1999:200.

'对着讲',实则是另一种形式的'接着讲'——因为它同样注重对于传统精神价值的保守,同样注重对于人类过往经验的激活。而由此也就决定了,正像'接着讲'的态度从未把'照着讲'简单撤弃一样,'对着讲'的态度也不会把'接着讲'简单撤弃,因为连'照着讲'都不会的人当然就谈不上'接着讲',而连'接着讲'都不会的人也同样谈不上'对着讲'。所以,正是为了克服片面囿于某一传统的'接着讲',我们就必须把他进一步解放为'对着讲'!"①

当然,笔者之所以欣赏刘东的阐述,是因为这种学术理路并不以损伤研究的科学性为代价,而且又彰显了思想创生过程的社会性。按社会学家柯林斯的看法,学者个体文化资本和情感能量的聚集取决于其在学术场域中的位置,而"接着讲"和"对着讲"的正是个体寻求自身最佳或合适位置基本路径:"想象有一大群人分布在一个开阔的平原上。每个人都在喊'听我说!',这就是学术关注的空间。为什么要听他人的?采用什么样的策略可以吸引最多的听众?有两条路可走。"其一是"某人可以选择和别人争论,诘难他人话中的矛盾。这样至少会有一个听众;如果发言的声音足够大,可能会吸引来一群人。现在,假定每个人都想试试这种运气。某些反驳是首先提出的,或是已经吸引了一大批人,因为它们与有些人坚持的立场是矛盾的;如果另有一些人碰巧与反驳者处于同一方,他们就会聚集在一起提供声援。这样第一推动者就会处于优势并对潮流产生影响。寻求关注的部落一旦分散到平原上,就会形成一个一个论辩的网络。依据少数法则,成功的网节的数量总是大约在三到六个。关注空间是有限的;一旦某些论点把人群分隔开来,关注就会转移,离开那些率先提出但却属于另一阵营的观点的人。学术生活的许多动人之处在于某人自己超越自己的观点的时候"。其二是"这些追求学术关注的人吸引听众的另一方式就是找到一个别人在谈论并且意见一致的主题,对其进行补充和扩展。不是'不,你错了,因为……',而是'对,但进而……'这其实是把那一关系转变成了老师与可爱的学生的关系。散布在平原上各自为营的自我中心者以另一种方式集结,成为师生链条的谱系"。② 其一比较接近于"对着讲",在一些学派的对立中我们往往可以看得较为明显,如哲学中的唯物与唯心之争就是如此,而其二比较接近于"接着讲",这在同一学派的师承关系中可以得到较好的体现,如我国古代学说在人性论方面,孟子与荀子都在孔子之学的基础上有所发挥。

教育学术研究必须遵循自身的研究传统并结合特定时代的需要,才能得到健康的发展。从笔者个人对大量教育研究论文或论著的阅读来说,每每阅读令人感到"理性的愉悦"的时候,往往正是这些论文或论著中表现出来的"接着讲"和"对着讲"。③ 还是分别举一个职业教育研究方面的例子来说吧。"接着讲"方面的例子,笔者特别愿意举的是出版于2007年的学术专著《职业教育学研究新论》④。著者姜大源在对德国职业教育学理论与实践发展的轨迹进行追踪

---

① 刘东.从"接着讲"到"对着讲"[J].读书,2002(4).
② 柯林斯.哲学的社会学[M].吴琼,等译.北京:新华出版社,2004:30-31.
③ 刘猛.意识形态与中国教育学:走向一种教育学的社会学研究[M].南京:南京师范大学出版社,2008:166-167.
④ 姜大源.职业教育学研究新论[M].北京:教育科学出版社,2007.

和梳理的基础上,认为从职业教育作为一种教育类型考虑,现代职业教育学基本的学科结构应该是这样一种形式:职业—职业科学—职业教学论—职业教育学,如此可以进而得出从教育类型的角度赋予职业教育学与普通教育学同等一级学科地位的结论。真正的科学学术研究是没有国界的,因此姜大源"接着"德国职业教育学学者的理论认证所作进一步的分析与推断无疑开启了我国职业教育学研究的新思路。笔者以为这本学术著作的价值至少到目前为止仍没有为学界所充分认识。你只要将此后以"职业教育学"名义出版的教材和研究著作与姜大源著作相比,就会明白笔者的所言不虚。

再讲一个"对着讲"的例子,最著名的当数发生在 20 世纪六七十年代英国经济学家巴洛夫与非洲教育问题专家的福斯特之间影响持久的论战。两位都曾经是国际职业教育界极具影响力的学者,代表了战后职业教育发展的不同战略思考。前者巴洛夫以"发展经济学"和"人力资源说"为基础,提出了一套非洲国家教育促进经济发展战略。他主张发展中国家重点投资学校形态的职业教育,并进行中等学校的课程"职业化"改造,以此来促进经济发展。这一观点在当时得到了联合国教科文组织、世界银行等国际组织的支持,成为 20 世纪 60 年代发展中国家教育与经济发展的指导理论。但后者福斯特以他多年来在加纳的实证研究成果为依据,对以巴洛夫为代表的主流派进行了"全面批判",提出职业教育的发展必须以劳动力市场需求为出发点,注意克服"技术浪费"(学了用不上)现象,由于简单预测的"人才规划"不能作为职业教育发展的依据,职业学校存在谬误,职业教育的发展应走多元化的道路,其重点是非正规的在职培训和企业本位教育。由此,一场延续 25 年之久的论战展开了。可以说,福斯特的职教思想是巴洛夫职教理论的悖论,在批判的基础上建构了一个新的理论体系。其中许多观点成了当今世界银行指导各国职教发展的政策性文件的核心。[①] 这种学术论战,其实说到底就是学术同行之间的对话。一般来说,类似于巴洛夫与福斯特之间论战的"商榷文章"或许是最能体现学术对话特点的,可是置身于当今职业教育研究的学术场域中,我们不难感受到一个令人不安的现实:研究者之间缺少公开的、批评性的学术交流在中国是一个普遍的问题。而我们知道,学术观点的冲突与分歧往往正是学术发展与进步的重要条件。不同学术观点之间可以同等条件地相互批判,方能真正体现"学术为公器"的精神。

正如有研究者指出的那样,20 世纪中国教育学术研究发展的历程是曲折的,也是充满矛盾与冲突的。学习赫尔巴特的年代,赫尔巴特就是教育理论的代名词;学习杜威的时候,赫尔巴特则成了传统的、保守的,因而需要摈弃的落后思想理论的代表;学习凯洛夫的时候,则杜威、赫尔巴特一起都立刻成了资产阶级反动派势力的代言人,他们的理论学说自然也就成了需要大加挞伐的对象……非此即彼、支持 A 就必须反对 B,反对 A 就等于支持 B,所有这种二元对立的思维模式征之于理论,则理论常常被肢解、被歪曲,并最终使我们对一种教育思想理论

---

① 傅志明.福斯特与巴洛夫论战对当前中国职业教育改革的意义[J].职业技术教育,2003(22).

的学习和批判停留于表层而不能深入;征之于实践,则经常使我们的教育改革实践在不断的推倒重来当中重复着错误,而这些错误本"可通过诚实与深思来消除的"。① 可见,就20世纪先后影响中国最大的三大教育学来说,以往人们普遍将它们看成对立的东西,而今在我国学界已有越来越多的研究表明:不仅赫尔巴特教育学的创生过程保持着对"前人"教育思想或理论的"接着讲"和"对着讲",而且后发展起来的杜威教育学、凯洛夫教育学也同样保持着对赫尔巴特这一"前人"教育学的"接着讲"和"对着讲"。

从根本上说,知识生活的社会动力源于不同知识生产者及其所属群体之间的长期博弈。一种良好的学术生态就需要在学术自由与学术责任之间能保持有张力性的平衡。(教育)学术上负责任的"接着讲"与"对着讲"有助于维持和推进这种平衡,而不负责任的"随便讲""违心讲"甚至"乱讲瞎讲"则只会破坏这种平衡。明乎此,未来中国的教育学术研究才能真正走出20世纪常有"推倒重来"而无什么知识增进的怪圈②。

---

① 周谷平,叶志坚.赫尔巴特教育学在中国:一个跨越世纪的回望[J].教育学报,2006(10).
② 刘猛."推倒重来"式教育学的知识社会学观照[J].当代教育科学,2009(12).

第二部分

应用研究（上）
"中华职业教育社"之研究
大职业教育主义的提出：
黄炎培思想的激发者都有谁？

第二章 为《提出大职业教育主义征求同志意见》加注释

> 文献引证反映了学者之间的学术关系。学者引证同一学科专业和研究领域的文献,为共同体成员之间的社会关系织起了一张无形的联系网。①
>
> ——杨昌勇

"大胆的假设,小心的求证",这是胡适研究其博士生导师杜威的哲学方法论思想时得出的结论。在胡适看来,杜威的哲学方法论既是历史的方法,又是实验的方法。作为历史的方法,要求不把任何制度或学说看作一个孤立的东西,而应当看作一个中段:一头是它所发生的原因,一头是它自己发挥的效果。借家族代际来比喻,就是上有祖父,下有孙子。只有抓住两头,才能公平地对制度或学说作出评价。作为实验的方法,要求从具体的事实与境地入手,将一切学说(或理想,或知识)都看作待证的假设,用实行来检验其真假。"实验主义只承认那一点一滴的进步——步步有智慧的教导,步步有自动的实验,才是真进步。"②

胡适的上述阐释很贴合笔者对黄炎培所提出的大职业教育主义思想的思考过程。黄炎培这一宝贵的思想创造,不仅是有后来的效果的,同时它也应当是有源头的。若再用前一章的看法来说,它"要么'接着讲',要么'对着讲'"。我们得找到它产生的源头,才能更好理解大职业教育主义,才能更好评价黄炎培的理论贡献;同时,也可以为(职业)教育思想的创生提供一个很好的示范,以便更多的治学者能从中获得启迪。

一、从思想随笔到学术论文:我想为黄炎培职教名文加注释

笔者曾在 2012 年第 6 期的《教师教育研究》上发表过一篇文章,题为《"'双师型'教师":

---

① 杨昌勇.学术论著注释和索引的规范与功能[J].中国社会科学,2002(02):194-204.
② 刘陶,刘悦笛.杜威[M].西安:陕西师范大学出版总社,2020:131.

一个中国特色概念的语用分析》。文章在一开头,就提出了一个"大胆的假设":

> 以笔者目前的研究经验判断,除了黄炎培提出的"大职业教育主义"之外,"'双师型'教师"这一概念的提出可能是最具中国特色的职业教育理论创造。

这篇文章的出发点旨在通过"还原""'双师型'教师"这一概念产生的社会语境,说明这一概念当初在20世纪末的出现自有它的"历史必然性",而当下随着社会语境的变化,又要求我们必须重新思考它的"社会语用"。这一文章发表已有七八年,至今仍未能达到笔者的预期效果,即"终结"这一概念的使用。这令人多少有点遗憾。治学者,不能不知的是,学术的最终价值只有交给时间去评判。所以遗憾归遗憾,笔者却对另一个具有创造性的概念——"大职业教育主义"——产生的"社会语境"有着越来越浓厚的还原兴趣,把它当作自己努力去尝试的"'思'的事业",即"小心的求证"。

黄炎培的这篇文章不长,用今天的文体分类来看,它肯定不是"学术论文",如果放到学术期刊上发表,恐怕它只能在目前常见的"卷首语"位置。因此,说它是一篇"思想随笔"或"教育随笔"或许更合适。全文不长,由于自本章之后的六章每每要提及它的基本内容,所以有必要将《提出大职业教育主义征求同志意见》的全文照录如下:

> 我们同志八九年来所做工作,推广职业学校,改良职业学校,提倡职业补习教育,等等,也算"尽心力而为之"了。可是我们所希望,百分之七八十没有达到。这是什么缘故呢?国事搞乱,教育当然不发达,不差;社会经济困难,职业教育当然不发达,不差;一般教育不发达,职业教育当然不发达,也不差。可是平心想来,这种责任是否可以完全推在"时机"身上?设遇到良好时机,照我们所用方法,是否一定得大收效呢?就是遇到不良好时机,究竟有没有法子可以战胜困难,可以自己造成较好的环境,使我们工作收效呢?想了又想,依这样方针,用这样方法,吾就不说"不对",吾总要说"不够"。
>
> "不够"怎样呢?以我八九年的经验,很想武断的提出三句话,就是:(一)只从职业学校做工夫,不能发达职业教育;(二)只从教育界做工夫,不能发达职业教育;(三)只从农、工、商职业界做工夫,不能发达职业教育。
>
> 只从职业学校做工夫,使得职业学校以外各教育机关总觉得你们另是一派,与我们没有相干。岂知人们常说什么界什么界,界是分不来的。不要说师范教育、医学教育等等都是广义的职业教育,就是大学、中学、小学,和职业教育何尝没有一部分关系?大学分科,高中分科,是不用说了,初中何尝不可兼设职业科,小学何尝不可以设职业准备科?何况初中还有职业指导,小学还有职业陶冶呢。要是此方认为我是职业学校,与一般教育无关系,彼方认为我非职业学校,与职业教育无关系,范围越划越小,界限越分越严,不互助,不

合作，就不讲别的，单讲职业教育，还希望发达吗？所以第一层只从职业学校做工夫是不行的。

办职业学校最大的难关，就是学生出路。无论学校办得那么好，要是第一班毕业生没有出路，以后招生就困难了。万一第二班再没有出路，从此没有人上门了。怎样才使学生有出路呢？说几句联络职业界的空话是不够的。设什么科，要看看职业界的需要；定什么课程，用什么教材，要问问职业界的意见；就是训练学生，也要体察职业界的习惯；有时聘请教员，还要利用职业界的人才。不只是参观啦，实习啦，请人演讲啦，都要职业界帮忙哩。最好使得职业界认做为我们而设的学校，是我们自家的学校，那就打成一片了。所以只从教育界做工夫也是不行的。

社会是整个的。不和别部分联络，这部分休想办得好；别部分没有办好，这部分很难办的。譬如农业学校和农家联络，工业学校和工厂联络，是不用说的了。可是在腐败政治底下，地方水利没有办好，忽而水，忽而旱，农业是不会好的；在外人强力压迫底下，关税丧失主权，国货输出种种受亏，外货输入种种受益，工业是不会好的。农、工业不会好，农、工业教育那里会发达呢？国家政治清明，社会组织完备，经济制度稳固，尤之人身元气浑然，脉络贯通，百体从令，什么事业都会好。反是，什么事业都不会好。所以提倡职业教育而单从农、工、商职业界做工夫，还是不行的。

那么，怎样才好呢？积极说来，办职业学校的，须同时和一切教育界、职业界努力的沟通和联络；提倡职业教育的，同时须分一部分精神，参加全社会的运动。消极说来，就算没有吡吡的声音、颜色，只把界限划起来，此为"职业教育"，彼为"非职业教育"，已经不行哩。换一句话，内部工作的努力不用说了，对外还须有最高的热诚，参与一切；有最大的度量，容纳一切。其实岂但职业教育，什么教育都该这样，也许什么事业都该这样。这样职业教育方针称他什么呢？大胆的称他"大职业教育主义"。

可是一味务外而置对内工作于不顾，当然不行，是万不可误会我的主张的。同志诸君以为怎样？赞成呢，反对呢？很愿请教请教。

［载《教育与职业》第 71 期民国 15 年（1926 年）］

黄炎培的这篇"思想随笔"，可以不可以作为"学术论文"在当今无论哪一家教育类学术杂志上发表？除了前面所说的"卷首语"，几乎不可能。因为作为"学术论文"，它既在结构上缺少要件，又在内容上需要调整。

先说后者，它在内容上需要什么样的调整？笔者以为，按照当今学术论文发表的规范要求，黄炎培恐怕不能说"很想武断的提出三句话"，因为既然"武断"，就多少会有违"科学"。另外，总共不足 1 500 字的文章，几乎一个版面都不到，难说像是有"深度分析"的论文，虽然观点鲜明，但最好还要在事例上补充补充，以便更好地响应观点。譬如今天的人来写，关于职教与普教的关系有待完善方面,可举我国南方某个文教大省的一个普通中学在周末放假的通知上,竟然明确要求学生假期不得结交职校学生,以免对自己产生"不良影响"。这种事例发生于黄炎培先生写作文章的近百年之后,很能说明这一问题的解决之难,同时也很能说明黄炎培思想的前瞻性之强。反正,今天的研究者若想用一些鲜活的事例来扩充黄炎培的这篇文章,肯定不是什么难事。因为毕竟文章最重要的是观点,这方面黄炎培完成得很好,而事例只是为了更好地说明观点而已。

再来看,作为学术论文,黄炎培的文章在结构上还缺少什么样的要件?标题、作者、摘要、关键词、正文及注释(或参考文献),这些是目前学术论文发表最为常见的规定项。有些要求高一点的,对标题和摘要两项常常既要有中文的,又要有英文的。对照来看,黄炎培的文章还缺少三项:摘要、关键词、注释(或参考文献)。

笔者因各种机缘,曾为不少职业院校的教师进行科研方法方面的培训。培训过程中,"如何写出高质量的职教科研论文"是他们最喜欢听的讲题。我多次利用的材料就是黄炎培的这篇文章,培训过程中与学员完成两件事:一是思考黄炎培是如何表达自己的思想和观点的?意图是使学员领会"科研就要面对真问题,说出明白话"这一根本性的目标;二是为黄炎培的这篇文章进行"续貂",包括"扩充事例""完成所缺少三项"两部分训练。意图在于使学员能够学会用自己的话来写具有一定专业性的学术论文,争取达到发表的水平。笔者发现这种训练受学员欢迎的最根本原因还在于,他们认为"这种训练是与职教思想大师黄炎培进行平等对话的过程"。因为他们在"扩充事例"方面,几乎都能"接得上话",并有与近百年前的黄炎培相一致的"心得体会",以使他们从心底里深深地认同黄炎培的思想与观点。

培训中的训练还是很有挑战性的。每个学员所总结出的摘要与关键词,几乎难有一致的看法,显得五花八门,各有说法。这时,将他们的看法拿出来进行比较,让他们彼此争辩,也算得是激发学员"主体性"的绝好机会。作为培训教师的笔者,并不是提供"标准答案"的人,而是参与学员之中,与学员"共同思考"的人。多次培训中,学员最后大多能"准确地抓出关键词,简要写出体现全文主要信息的摘要"。下面不妨提供一份参考答案:

【摘要】职业学校要办得好,只从自身内部做工夫肯定是不够的,只从教育界做工夫也不够,甚至只从农工商等职业界做工夫也依然不够。社会是整个的,职业学校做好了内部工作,须同时和教育界、职业界努力的沟通和联络,有最高的热诚,参与一切。此行动方针,可命名为"大职业教育主义"。

【关键词】职业学校;大职业教育主义

当然,最具有挑战性的是,为黄炎培的这篇文章列举"参考文献"。学员们一开始的普遍反应不是觉得难,而是觉得这完全是不可思议的。他们的不可思议,具体体现在这三大疑问:写这么一篇不足1 500字的文章难道还要参考别人？黄炎培这样的一位教育大家，难道不能"完全独立地"提出自己的想法？黄炎培自己都没有在文章中说到参考别人，我们又怎么知道他参考了谁的想法？

笔者认为，黄炎培的想法固然有他的独特性与创造性，"大职业教育主义"这一概念，虽然在黄炎培正式发表的文章里仅出现在此一篇文章之内，其他文章并无再出现或使用，它至今仍然有着一定的生命力，但受过一定的知识社会学学术训练的人，会如笔者一样相信彼得·伯格与托马斯·卢克曼的研究所揭示的那样：一切知识（或思想）乃是"现实的社会建构"。[①] 同一问题领域的思想者之间的交往与互动则是这种社会建构的重要方式。

二、寻绎黄炎培的思想之源：从中华职教社发起人中找线索

对治学者来说，其认知版图往往是随着阅读的拓展而深化的。这种阅读常常是"滚雪球式"，触及的面会越来越大。除了阅读之外，与学人之间的交流也常常是改变原有认知的主要渠道，有道是：听君一席话，胜读十年书。

笔者有"黄炎培提出大职业教育主义思想是受了谁的影响？"这一自觉的问题意识，始于2013年撰写的一部书稿。这部书稿出版时定名为《朝向中国职业教育理想图景的多元探索》[②]，分四部分内容：职业教育改革论、职业学校教师论、职业学校文化论和职业学校资本论。在"职业教育改革论"中，笔者提出了对中国职业教育理想图景的建构，分别从我国技术性人才社会地位的现状分析（第二章）和四位著名职业教育家的文本分析（第三章）两个方面，展开对所提及问题的讨论。其中，后一部分的目录如下：

> 第三章　中国职业教育发展的理想图景（二）：基于四位著名职业教育家的文本分析
> 一、怀特海：要不羞于谈"想要实现的最佳理想"
> 二、杜　威：抱实验的态度来实施"一个大计划"
> 三、黄炎培：方针上必须秉持"大职业教育主义"
> 四、杨金土：教育以促进个体发展为"第一价值"

当时，笔者所能接触到的上述四位思想者的文献资料，他们对职业教育如何健康发展的探讨有着令人信服的深度与广度。其中，外国的两位是英国哲学家、教育家怀特海与美国哲学家、教育家杜威，中国的两位是中华职业教育社的灵魂人物、教育家黄炎培与当代职业教育不倦的思想探索者、曾任职教部职成教司司长的杨金土。（这里，有必要先提及一下，笔者在对杨金土先生的职教思想逐步产生研究兴趣的过程中，发现他在20世纪末，曾与上海电机学院

[①] 彼得·伯格,托马斯·卢克曼.现实的社会建构：知识社会学论纲[M].吴肃然,译.北京：北京大学出版社,2019.
[②] 刘猛.朝向中国职业教育理想图景的多元探索[M].南京：江苏教育出版社,2013.

老校长严雪怡先生一起共同创办并领导过一个影响十年之久的学术组织——"上海职教论坛"。对该学术组织的研究则成了本著两部分"应用研究"的后一部分。这也是当初没有预料到的。)笔者在此章的写作过程中,强烈地感受到这些职业教育思想家对人的个体生命价值与社会发展形势之间紧密联系的关注,同时也留下了几点未能在出版的文本中说出的深刻印象。其中,有一点是我的"发现":黄炎培提出的"大职业教育主义"思想与杜威在一次演讲中所阐述的"职业教育的精义",这两者之间存在着某种较为明确的关联。黄炎培提出大职业教育主义思想是在1925年年底,写成文章正式公开发表是在1926年1月;杜威的演讲发生于1920年,而此演讲正是受黄炎培创办的中华职业教育社的邀请所作的。还是不避重复,让两者之间的部分原文直接对照一下吧:

> 积极说来,办职业学校的,须同时和一切教育界、职业界努力的沟通和联络;提倡职业教育的,同时须分一部分精神,参加全社会的运动。(黄炎培:《提出大职业教育主义征求同志意见》)

> 我今天所讲关于职业教育的计划,在原理上讲,有两个要点。(1)打破社会上智识界和劳动界的阶级,就是要使以后的社会上没有劳心劳力之分。……(2)提倡职业教育,不当专从个人方面着想,应该顾及社会和国家。……(杜威:《职业教育的精义》,1920年5月29日,在上海中华职业教育社的讲演。)[①]

我们暂时可以不去管两者之间是"英雄所见略同",还是前者对后者的"活学活用"。只要认真对照来看,我们就不难发现,黄炎培提出大职业教育主义思想鲜明地受了杜威提出的办中国职业教育应当有"大计划"思想的直接影响,他与杜威一样都是用"大"的社会性视野,来看待职业教育(学校)生存与发展过程中所面临的问题,触及从根本上消解或解决此类问题的途径。

至此,我们可以将杜威的此篇演讲稿作为黄炎培文章的第一篇"参考文献"。笔者相信这是没有问题的。[②] 具体论证,容笔者在本书第六章中展开。

难道就参考了一位学者,还有没有其他的了?

常言道:留心处处皆学问,日积月累成文章。

张謇,一个晚清有名的"下海状元郎",开始慢慢地进入了我的视野。

[①] 杜威.杜威教育文集:第4卷[M].北京:人民教育出版社,2008:302-306.
[②] 有研究者曾经指出:"黄炎培的'大职业教育主义'与杜威1920年5月在中华职教社演讲中提出的'广义的职业教育','一切的学校即是工场、商铺,一切的工场、商铺即是学校'是一致的,只是包容更大。"[彭干梓,夏金星.蔡元培与黄炎培:上世纪初中国主流职业教育思想的师承与创新[J].职教论坛,2006(05).]遗憾的是,该研究在论证蔡元培与黄炎培在职业教育思想方面的"师承与创新"关系时,似乎没有明显意识到黄炎培"大职业教育主义"思想创生可能"师承"了不止蔡元培一人,而可能是多人,这多人之中也应包括他对杜威的"师承"。

2012年,笔者曾去南通参与一个教材编写与出版方面的会议,东道主热情介绍认识南通"名片"的关键所在是"一人,一山,一河"。其中,一山即狼山,一河即濠河,而一人则是指张謇。时间短促,上午报到,下午开会,夜游濠河,隔日晨登狼山之后,便打道回府,独独没能抽出空来去一趟"张謇纪念馆"。到了2016年年底,笔者又去苏州参加一个名为"南方阅读论坛"的民间会议①,结识了会议主办方邀请来的主讲嘉宾傅国涌先生。他是著名的历史学者,在与他简短的随意对谈中,他说自己多次赴南通,目的是寻找与张謇有关的历史遗迹。当他得知笔者的工作身份主要是"搞职业教育研究的"时,便说:"那你怎么能不去研究张謇呢。没有他,黄炎培恐怕不会成功创办中华职业教育社,这样他也不可能有后来越来越大的社会影响力。张謇在办实业成功之后,又创办师范学校和职业学校,还说出'父教育而母实业',这句话是多么漂亮……"

父教育而母实业!

张謇与黄炎培——

大职业教育主义……

真的是,踏破铁鞋无觅处,得来全不费工夫。

与傅国涌先生一次偶然的对话,让笔者脑中一下子对中华职业教育社这一创办于1917年5月的社会组织发生了强烈的求知兴趣。以前,毕竟自己从事职业教育研究有十多年的时间,对黄炎培所创办的这一社会组织其实多少也有点了解,但现在却想深入下去,进一步了解最初的48位"发起人"为什么能走到一起。据当前该社团的官网介绍:

> 中华职业教育社是由我国著名教育家、爱国民主人士黄炎培先生联合蔡元培、梁启超、张謇、宋汉章等48位教育界、实业界知名人士于1917年5月6日在上海发起创立。创立之初,以倡导、研究和推行职业教育,改革脱离生产劳动和社会生活的传统教育为职志,提出职业教育的目的是"谋个性之发展,为个人谋生之准备,为个人服务社会之准备,为国家及世界增进生产力之准备""使无业者有业,使有业者乐业",并为此进行了不懈努力,成为中国近代教育史上改革的先行者。②

从社团活动的要义来说,无论是倡导职业教育,还是推行职业教育,都离不开对职业教育进行深入的研究。倡导职业教育,人们才会更多地关注职业教育、思考职业教育,进而研究职业教育;而只有深入地研究职业教育,才能揭示职业教育存在的问题,发现职业教育运行的规律,从而才能更好地推行职业教育。因而,中华职业教育社之所以后来能成就一番伟业,与其

---

① 参会之情形,笔者曾写过一篇"非虚构散文"《在语词的破碎处踟蹰前行——语文课堂论道的一次旁观》。见《今日教育》杂志,2018年05期。
② 中华职业教育社简介 http://www.zhzjs.org.cn/sqgk/about_Content.html。

创始者及领导者黄炎培善于研究职业教育是密不可分的。上述"官宣"简介中,突出了五位发起人的名字,除了黄炎培之外,其他四位分别是蔡元培、梁启超、张謇、宋汉章。

笔者目力所及,在我国教育学界,专门研究黄炎培的教育专著至今只有三部:一是田正平、周志毅所著的《黄炎培教育思想研究》(辽宁教育出版社,1997年),二是谢长法所著的《教育家黄炎培研究》(山东人民出版社,2015年)①,三是喻忠恩所著《黄炎培职业教育思想》(山西人民出版社,2019年)。对于黄炎培创立中华职业教育社及其提出大职业教育主义思想的过程,上述著作虽然都有提及,但展开详细的描述并分析的是谢长法的《教育家黄炎培研究》(简称"谢著")。在这本书中有如下一段文字:

> 办任何事业都需要充足的经费,教育事业更不例外。由于职教社乃一民间团体,加之,当时众多的人对职业教育不了解甚至存在很深的偏见,使得职教社在酝酿成立时期,经费成为一个重大的问题。为此,黄炎培以其深厚的社会人脉和社会影响,动员实业界乃至政界的人士加入发起职教社,直接从经费等方面给予支持。所以,在职教社的发起人中,既有来自教育界的蔡元培、严修、范源濂(引者注:应为"廉")、袁希涛、陈宝泉、张伯苓、周诒春、蒋维乔、邓萃英、顾树森、余日章、郭秉文、黄炎培等个中翘楚,又有来自实业界、出版界乃至政界的著名人士,像伍廷芳、唐绍仪、汤化龙、王正廷、张元济、陆费逵、史量才、穆藕初,甚至有尚在美留学的蒋梦麟等,计44人。他们虽然所受教育背景不同甚至学术思想也有分歧,但却对职业教育怀有共同的情结、期盼和希冀。②

"谢著"这段围绕"经费"而展开的文字中,黄炎培的名字出现了两次(第二次提及似乎显得"画蛇添足"),另外又提及了21个人的名字。简单地对比前面引用的中华职业教育社官网的宣传资料,可以发现两个鲜明的差异:一是官网宣称该组织的发起人是48人,而"谢著"说是44人;二是官网与"谢著"都提及了蔡元培,但后者所列22人中没有提及官网所突出的另外三人,即梁启超、张謇、宋汉章。这两处差异值得我们进一步追问其因。

先来看人数的问题。笔者依据相关资料考证,两种说法似乎都有出处:在《蔡元培全集(第三卷)》中所列发起人为44人,编者并注明材料出处是"据《中华职业教育宣言书》(铅印本),1917年1月出版"③。在《中国近代思想家文库·黄炎培卷》④中所列发起人与前面一书完全相同。而黄嘉树在《中华职业教育社史稿》中提及发起人时说,"1917年5月6日,'职教社'成立大会在上海召开。在《成立宣言》上签名的有:蔡元培、黄炎培、伍廷芳、梁启超、张謇、严修、唐绍仪、汤化龙、王正廷、陆费逵、张伯苓、聂云台、史量才、穆藕初、张嘉璈、宋汉章、沈恩孚、

---

① 值得一提的是,谢长法还曾著过一册《黄炎培画传》(四川教育出版社,2013年)。
② 谢长法.教育家黄炎培研究[M].济南:山东人民出版社,2015:60.
③ 蔡元培.蔡元培全集:第三卷[M].高平叔.北京:中华书局,1984:21-23.
④ 黄炎培.中国近代思想家文库·黄炎培卷[M].余子侠.北京:中国人民大学出版社,2015:110-111.

蒋梦麟等共48人①。更有收集历史图片较为丰富的《上海中华职业教育社志》一书,其中所列出的发起人姓名共计也是48人②。就在此书前面所收图片资料的第4页中可以清楚地看出,最初正式登报所用的"铅印字体"显示发起人有44位,而在图片中又有人(像黄炎培的笔迹)用"毛笔字体"另加了4位发起人(即武昌高等师范学校校长张渲、湖南公立商业专门学校校长汤松、盐业银行北京分行经理韩振华、环球中国学生会总干事朱少屏)。据上面资料,笔者认为,很有可能是1917年1月发布宣言书时,明确的发起人是44人,而到了同年5月6日召开正式的成立大会时,则又"临时"另外添加了4人,这样就变成了48人。

再来看"排序"问题。现今流行说法是"排名不分先后",但这种"似是而非"的汉语表达,常常被加了括号放在众多排名之后。而我们从当初的历史图片和黄炎培、蔡元培的文集中可以看出,当初的44位发起人的名字都出现了两次:先是在"敬通启"中列出,紧接着又在"发起人及赞成人职衔如左"中列出,并在姓名之后加上曾经或目前所担任的职务(或公开的社会身份)。对照一下,我们可以看出,两次出现的姓名排序并不完全一致。到底是以什么标准排序,或许此问题无关紧要,目前为止并未见有人作过相关的研究。对照中华职业教育社的官网介绍,可以发现在"发起人及赞成人职衔如左"中,黄炎培排44人中的最后,身份是"江苏省教育会副会长,前江苏教育司司长";蔡元培排第4位,身份是"大学校长,前教育总长";梁启超排第2位,身份是"前司法总长,军备院抚军兼政务委员长";张謇排第3位,身份是"江苏教育会会长,前农商总长";宋汉章则排第14位,身份是"上海中国银行行长"。

再回到"谢著"所列举的名单,依笔者目前看来,要在这44位最初发起人中找"实业界"最著名人士作为代表的话,恐怕很难说有人超过张謇在实业界的影响力,不只如此,张謇在学界与政界也有相当不可小觑的地位③(此处不展开,具体论述见下章内容);同时,也很难说有人超过梁启超在政界的影响力。还有,金融是经济发展的血脉,当时作为上海中国银行行长的宋汉章也肯定是不可不提的人物。黄炎培在为中华职业学校创办15周年纪念所撰写的文章《职业教育该怎么办》④中,以生动的笔触描写了该校从"危险!危险!"的第二个时期到"出险了!出险了!"第三个时期的经过,其中帮助该校"出险"的人物就是宋汉章。依笔者目前的阅读范围所见,除了怀念其师蔡元培的文字,黄炎培书写与宋汉章之间的这段故事——说的是宋汉章如何帮助中华职业学校发行债券助其渡过难关——是他叙述与中华职教社47位发起人之间的关系中最为生动的"文本",令任何人读了都会因"惊险"而刻骨铭心。笔者曾在拙著《中等职业学校校园文化论》中将此极为真实而生动的故事作为一个研究的案例加以分析,用来说明"诚信文化应当是企业与学校共有的组织文化精髓",必须"把牢诚信这一职业学校办学的生

---

① 黄嘉树.中华职业教育社史稿[M].西安:陕西人民出版社,1987:20.
② 《上海中华职业教育社志》编纂委员会.上海中华职业教育社志[M].上海:上海古籍出版社,2007:45-46.
③ "谢著"中所列举的"尚在美留学的蒋梦麟",只是黄炎培考察美国时交往不久的朋友,二人都曾先后师从于蔡元培。至少在当时,他很难与张謇的影响力相比。
④ 黄炎培.中国近代思想家文库·黄炎培卷[M].余子侠.北京:中国人民大学出版社,2015:295-302.

命线"。①

不仅如此,"谢著"认为,这些发起人"虽然所受教育背景不同甚至学术思想也有分歧,但却对职业教育怀有共同的情结、期盼和希冀"。浏览前后文,作者并未有资料佐证这些人的"学术思想也有分歧"究竟在于何处,而设若他们之间对职业教育没有较为一致的看法或认识,即没有"共识"作为条件的话,可能会有"对职业教育怀有共同的情结、期盼和希冀"吗?

黄炎培自己在1923年曾用英文向外界介绍"中国的职业教育",其中对"中华职业教育社"是这样说的:

> 中华职业教育社是由一些进步教育家在一九一七年春发起的,目的在于发展职业教育。这个组织的成立,开辟了中国教育史的一个新的纪元。职业教育运动很快引起公众的注意,并立即受到学者和卓越的事业家的支持。②

那么,从当时来说,这48个人之中有哪几位堪称"进步教育家"? 回到那个年代的历史与社会语境,"进步"意味着有世界的眼光,意味着有强国的梦想,意味着有注重实用之学的教育理念。如果我们一个一个地大致了解这48人在中华职业教育社成立前后十多年间的表现,便不难发现"进步教育家"中最值得关注的人物便是这三人:张謇、蔡元培和梁启超。③

至此,笔者特别想提出的"大胆的假设"是:在中华职业教育社成立近8年后的1925年年底,黄炎培之所以能提出大职业教育主义思想,不仅受到了美国教育家杜威思想的影响,同时也很有可能受到了同为该社发起人的张謇、蔡元培和梁启超等人的思想影响。至于说,这些人到底是如何影响黄炎培的这一著名思想形成的,应当是一个很有趣的问题,值得我们去"还原"当初思想生成的社会与历史语境,从他们的交往生活及留下的各种文字材料中去寻找"蛛丝马迹",或许会有新的发现。但愿接下来的五个章节的详细论证无违敢于"尝试"而开民国学术风气之先的胡适先生所提出的"小心"之要求。而所谓"小心",仍用胡适先生的话说,就是"有一分证据说一分话,有七分证据不说八分话"。

---

① 刘猛.中等职业学校校园文化论[M].北京:外语教学与研究出版社,2010:144-145.
② 黄炎培.黄炎培教育文集:第二卷[M].中华职业教育社.北京:中国文史出版社,1994:383.
③ 有学人谈及黄炎培交际广泛时,提到他"同张謇、康有为、蔡元培、陶行知私交甚笃"(见:喻忠恩.黄炎培职业教育思想[M].太原:山西人民出版社,2019:170.)。其中,康有为与黄炎培之间到底有何私交,笔者未见出处,亦难查证。根据笔者在本著第五章中的论述,若将此处的"康有为"换成"梁启超"恐怕更为确切。

第三章　张謇对黄炎培大职业教育主义思想形成的影响

> 张謇一生中留下很多话,我觉得最宝贵的是他在1907年说过的"父教育而母实业"。这七个字可以放在整个中国教育史、企业史,甚至文明史上。这就是张謇的意义。[①]
>
> ——傅国涌

张謇(1853年7月1日—1926年8月24日),字季直,号啬庵。祖籍江苏常熟,生于江苏通州海门长乐镇(今江苏省南通市海门市常乐镇)。光绪二十年(1894年)状元,中国近代著名的实业家、政治家、教育家及书法家。他有着丰富而传奇的精彩人生,与黄炎培有着长期密切的工作交往,也结下深厚的私人情谊。作为"中华职业教育社"的主要发起人之一,张謇的人生起落及基于事业实践而以形象比喻提出的"父教育而母实业"等思想对黄炎培大职业教育主义思想的形成有着相当深刻的影响。

一、"艰苦自立,忠实不欺":张謇的主要人生轨迹

每一个体的人生,都是在社会生活中随着特定的机缘条件而扮演多种角色的过程。当然,角色的扮演或有成功,或有失败,一帆风顺的常常稀见,尤其对"天将降大任于斯人也"的人来说,必"先苦其心志劳其筋骨",这更是"人生剧目"出彩的必要条件。基于多种文献资料,择其大要,笔者认为张謇人生的关键性角色先后为四大角色,即"冒籍张育才""下海状元郎""师范创立者"及"立宪咨议长"。其去世后,时人评价他为"失败大英雄"。

(一) 冒籍张育才

中国人普遍重视给刚出生的小孩起名字,父母往往将自己的生命意志及对孩子的成长心愿注入其中。孩子在成长过程中,也会不断地受到外部的强化,以便能完成"名与实"相符的自

[①] 傅国涌."父教育而母实业"——张謇的低调理想主义[EB/OL].https://www.sohu.com/a/437332645_177272.

我统一性。因此，中国人立身行世，有"行不更名，坐不改姓"这样的说法。它说明中国人习惯看重自己的姓名所特别具有的符号意义，这样才可以活得光明磊落一些。但张謇早年在科举之路上冒名"张育才"却付出了沉重的代价，甚至说"九死一生"也不为过。

张謇在自撰的年谱上曾记载自己4岁时能识诵《千字文》，后入私塾学"三百千"（《三字经》《百家姓》《千家诗》），学"四书五经"。11岁时，他有过一次捷才的反应。先生举"人骑白马门前去"，张謇即刻应曰"我踏金鳌海上来"。先生大喜，传播乡邻，家人倍感荣光，纷纷视为读书的种子，以为读书有前途，科举能成功。但当时的清代科举有不成文陋规，即是：三代没有做过官，或三代以内不曾有人中过秀才、举人之类的家族，当作冷籍，不得考试。而张謇家正属于冷籍。为了取得应试资格，15岁时由他的一位老师（宋琛）安排，结识了邻近如皋县（今江苏省南通市下辖如皋市）的张家。张家同意张謇冒充自家的子嗣报名获得学籍，不过要改名"张育才"。次年，"张育才"即考中了秀才。此种"冒籍"行为，相当于今天的"高考移民"，容易挤占目的地的他人录取名额，也是当时社会不容的科闱之弊。但是从此如皋县张家开始用冒名一事来要挟张謇及其父亲张彭年，连续索要钱物，最后索性将张謇告上了公堂，要求得到一笔高昂的酬金。这一场诉讼延续了几年，令张謇十分狼狈，家道也从殷实变得困顿。幸而张謇的老师们爱惜他的才华，为他四处斡旋。当时的通州知州孙云锦也出面为他调解，将此事上报给江苏学政，继而上书礼部。直到张謇20岁时，此案终于告终，礼部同意张謇重填履历，撤销控案，恢复通州原籍。

对冒籍受辱之事，张謇曾说：

> 是时忿火中烧，更不知有何畏怖，亦辄作挟利刃砍仇人头之想。又念父母在，此身事大，不值与鼠头并碎，且自解且行。[①]

张孝若在其父张謇去世两年后整理出版的《南通张季直（謇）先生传记》中说："仅仅读过这一段文字，就可以想象父亲当时受尽变幻流离，走投无路的苦楚，完全凭他坚定的毅力，百折不回，在荆天棘地中，向势不两立的恶魔进攻斗争，求一个最后的胜利，读到'亦辄作挟利刃砍仇人头之想'二句悲壮激昂，斩钉截铁，这种深切沉痛的豪侠气概，和古时荆轲高歌易水一去不复还的决心没有两样。父亲虽然一腔激愤，视死如归，可仔细一想，担负一家的责任和前途的光荣，还有不得不降志辱身的情势，吃得苦中苦，方为人上人，也只得忍一忍'胯下之辱'了"[②]。

儿子如此评价的父亲，多少有点因为距离太近而难以客观，但时过近百年之后，我们从中则不难读出如下两点：一、从冒籍到归籍的过程，是张謇人格发展走向成熟所完成的人生最重要的"核心课程"，他在逆境中塑造了自己坚强不屈的意志力；二、在他人的帮助下，脱离困

[①] 张孝若.伟大的失败英雄——状元实业家张謇[M].武汉：华中师范大学出版社，2013：13.
[②] 同上.

境,让其明白了"诚实"为重的立身处世之道。这两点合起来,就是他归籍 20 年之后、"实业有成"之时创办"育才之母"——南通师范学院——时,确立"艰苦自立,忠实不欺"[①]八字为校训的最直接的心路轨迹。

(二) 下海状元郎

归籍之后,张謇不断得到贵人的赏识和相助,使其在学业和政治上开始逐步崭露头角。24 岁入吴长庆庆军幕任文书,后袁世凯也投奔而来,两人构成吴长庆的文武两大幕僚。1882 年,朝鲜发生"壬午兵变",张謇随庆军从海上奔赴汉城(今首尔),因其政论文章主张强硬政策,受到"清流"南派首领潘祖荫、翁同龢等人的赏识。吴长庆病故后,张謇回乡读书。

光绪二十年(1894 年),42 岁的张謇考中状元,授翰林院修撰。我们知道,正是这一年 7 月下旬发生了中日甲午海战,以中国大败而终,天朝帝国近 30 年的洋务自强运动亦宣告失败。一时间,国运沉沦,士气不振。早先三个月中了状元的张謇此时也无心留恋北方昏聩的官场,加之父亲病逝,他便从天津乘船海路南下奔丧,在家守制。

1895 年夏天,闲居在家的张謇替两江总督张之洞起草了《条陈立国自强疏》,提出"富民强国之本实在于工"。张之洞随即调任湖广总督,授意他在南通筹办一个纱厂。一介寒士,毫无从商经验的书生,能办厂吗?他在短暂的犹豫之后,决定去做,去试试。动力源主要有三个方面:一是家乡南通盛产棉花,原料供应当没什么大问题;二是甲午海战中国失败,签订的《马关条约》规定,外国人可以在中国设厂,因有靠近上海的交通之利,外国商人对在南通办纱厂一时也是"虎视眈眈","富民强国"又岂能不抢占先机,从家乡的优势着手;三是沿革千年的科举制度使得"状元"的符号能够调动巨大的社会资本,有信得过的地方商人与亲朋愿意"入伙"相助,或直接投资。亲朋中,沈敬夫和张詧可以算是他最为得力的"左膀右臂"。用后来张謇自己的说法,自己办厂、开垦和兴学,靠的是"一兄一友两弟子"。其中,兄指三哥张詧,友为沈敬夫,两弟子即指江谦和江知源。天时,地利,人和。此情形之下,张謇认为,与其负气空谈,不如"舍身喂虎"。

张謇创办的纱厂名为大生纱厂。厂名取自《易经》之语"天地之大德曰生"。但是,开路先锋的事业哪里有一帆风顺的。纱厂正式开机之前历经千辛万苦,招投都一直不顺,典型的事例是当时的首富盛宣怀的一笔大额许诺最后也成了"空头支票",以至于只有靠借债一条路,但即便借债也是难乎其难,以至于张謇不时在日记里感叹"通厂筹款,垂成而败""通厂筹款迄不谐"。1899 年 5 月 23 日,经过 44 个月漫长的筹备,大生纱厂终于正式开机,虽然 2 万纱锭只开足了 9 000 锭,5 个月后买了国外机器零部件后,才弄到 14 400 锭。但这是 47 岁的张謇生命史上最激动的时刻,因为一个绝佳的商机终于被他抓住了,第一年的结算就实现了赢利。在支付了官股、商股 4 万多两官利之后,还有 78 000 两余利。日后至少近十年的时间里,大生纱厂日

[①] 张謇在题写此校训的跋语中揭示:"以是二语勖勉诸生,亦即平生强勉自厉之所在也。"(参见:沈行恬.张謇教育文论选注[M].南京:南京师范大学出版社,2016:1.)

益辉煌,不仅办了分厂,还办了与纱厂紧密关联的数十家企业,如广生油厂、资生铁厂、懋生房地产公司、大生轮船公司、翰墨林印书局、通海垦牧公司、同仁泰盐业公司等。

要说张謇办实业最辉煌的标志是什么,那就是他的努力在当时引起全世界的注意。大生纱厂所在的位置是距离南通城6公里的唐家闸,这个地方本来无名,但因为有了大生纱厂,国外发行的世界地图上,中国许多大城市都没有被标出,却在南通方位赫然印上了"唐家闸"三个字。一个弹丸小镇进入世界视野,这不仅在当时的中国是唯一的,从世界范围来看,之前也只有美国的黄石公园。[①] 这里俨然成了江北"小上海",一个"新新世界"。

(三) 师范创立者

为了能真正挽救国家于水火,张謇所希望走的或正在走的是"实业救国,教育救国"之路。用他自己的话说,就是"父教育而母实业"。可以说,张謇办实业有着极高的热诚,但他办教育的热诚丝毫不低于办实业,甚至反而更高。他在家乡南通除了创办了一系列工业、交通、盐垦、慈善、工益等企事业外,还创办了一个从学前教育到初等、中等、高等教育,从普通教育、职业教育到特种教育、社会教育的教育体系,而师范教育无疑是其中最为光辉的一页。

张謇认为,"欲雪其耻而不讲学问则无资,欲求学问而不求普及国民之教育则无与,欲教育普及国民而不求师则无导。故立学校须从小学始,尤须先从师范始"。[②] 也就是说,教育要普及就要多办小学,小学是教育之母,但办小学需要的大量师资哪里来,这样他第一步便选择办师范。大生纱厂开机不久,初有赢利,他就开始计划筹办"通州师范学校"。但是,张謇办师范的道路并不平坦。经过较长时间的酝酿和准备,张謇于光绪二十八年(1902年)2月,向两江总督刘坤一和南通地方官吏正式提出公办师范学校的打算,但遭到拒绝。张謇深感"此事难办,叹思不已,乃谋自立师范学校",遂出资2万余元,加上其兄等亲友资助,共集资9.3万多元筹建私立通州师范,择校址于通州城南千佛寺旧址。1902年8月,破土动工,1903年3月,校舍落成。定名为"通州民立师范学校"(简称"通师")。学校占地41亩,建平房104间、楼房172间、廊庑116间,可容纳学生300人。4月27日,通州师范学校举行开学典礼,张謇发表演讲,并题写了"坚苦自立,忠实不欺"的校训。嗣后,他还亲自为通州师范学校作校歌歌词,并请音乐家沈心谱曲,在校内外广为传唱。张謇认为,"校训和校歌为一校精神所寄顿之物"。作为中国近代校歌之始的《通州师范学校校歌》,其中的"民智兮国牢"一句,连续重复三遍,当年的通师学生终生难忘,视作座右铭。

建校不易,办好更难。面对种种困难,张謇没有退缩,他曾说,"师范乃鄙人血汗经营之地","家可败,不可败师范"。当时首先面临的问题是经费短缺。通州师范注重挑选"性淑行端,文理素优者"免费入学,为众多家境清贫的学生提供了就读的机会,这也大大增加了学校的负担。张謇想从大生纱厂的利润中抽出一部分作师范经费,但遭到股东们的反对,但张謇据理

---

① 周栋.一代巨贾——张謇传[M].合肥:安徽文艺出版社,1991:355.
② 沈行恬.张謇教育文论选注[M].南京:南京师范大学出版社,2016:43.

力争。傅国涌先生所著的《大商人》中有这样一段文字：

> 1907年，在大生纱厂第一次股东会上，张謇报告大生12年来的历史，一口气说了一个半小时，他说自己从德国俾斯麦那里得到启示，想从教育着手救国，要办教育，不能赤手空拳，所以只有先办实业。对于大生给师范拨款，他解释说，实业和教育应该相互灌输、相辅相成，大生纱厂之所以获利优于其他厂，地利是不可忽略的因素，地是南通之地。其他地方的开办费他不知，苏纶纱厂开机前就耗费了10多万两。大生未开机前44个月，实际开办费仅用9 300多两，绅董都没有支一分公费，绅董都是南通之人。因为这两个原因，通州师范可以享有大生纱厂的回报。①

董事会后来形成规定：每年从大生纱厂的利润中抽出十四分之一作为办学经费，其中通州师范所得最多。更为可贵的是，张謇总要从自己每年的工资和股息收入中抽出相当数量来维持通州师范的生存与发展。在通师之后，1905年他又创办了女子师范学校，今日南通大学的前生，农校、纺校、医校等专门学校也相继诞生。有人统计，作为教育家的张謇一生所参与创办的各类学校竟达370多个。

（四）立宪咨议长

张謇不仅是杰出的实业家，是杰出的教育家，还是一位杰出的政治家。他经历晚清与民国两个时代，正巧赶上了"三千年未有之大变局"。因为如此，张謇的政治身份也是多变的。1894年科举被点中状元，他受惠于帝师翁同龢的帮助甚多，这样他入了翁同龢的清流派，站在了也曾有心拉拢他的实权派李鸿章的对立面。由于清流派扶持的光绪帝在宫廷政治中始终居于慈禧的掌控之下，所以张謇中状元之后，一开始便主动选择了远离京城官场，而致力于家乡的地方政治。

为了避免北方（山东、直隶一带）义和团运动带来的冲击，1900年开始，张謇和东南精英人物赵凤昌、汤寿潜、郑孝胥等人推动"东南互保"运动。也正是这个圈子在晚清立宪运动和辛亥革命中有着举足轻重的影响力，在相当程度上决定了中国的走向和命运。1906年，预备立宪诏书（由张謇拟撰）的下达与他们多年来的奔走是分不开的。同年11月，预备立宪公会在上海成立，张謇当选为副会长（后为会长），入会者都是一时精英，东南工商界、出版界、教育界、报界的重要人物几乎都包含其中，比如高梦旦、张元济、狄平子、孟昭常、孟森等，有一半会员都曾投资办企业。张謇认定："立宪大本在政府，人民则宜各任实业教育为自治基础；与其多言，不如人人实行，得尺则尺，得寸则寸。"也在这一年秋天，为了在家乡普及宪政知识，推动地方自治，张謇特意在南通师范学校开设法政课，延请留学日本的杨廷栋前来主讲，同时为地方"法政讲

---

① 傅国涌.大商人：影响中国的近代实业家们[M].厦门：鹭江出版社，2016：34.

习会"讲课。

1909年，全国各省咨议局成立，张謇毫无意外地高票当选江苏咨议局局长（注：本部分的小标题用"立宪咨议长"，即取义于此。）。6年前，就在通州师范刚刚开学不久，张謇曾到日本考察70天，"虚着心，快着眼，勤着笔"，每每留心他人之长，向日本学习，有教育的，有实业的，也有宪政的。当时以大生纱厂为主集股所办的翰墨林书局，出版了译作《日本宪法义解》《日本议会史》《英国议会史》及日本的《地方自治纲要》。这些译书都对当时的立宪改革起到了思想洗礼的作用。这样，在辛亥革命前三年时间里，张謇等代表的立宪派以咨议局为信托，先后发起三波全国性的国会请愿浪潮，要求朝廷立即颁布议院法和选举法，召集国会。由于张謇不仅是被江苏咨议局推选为议长，而且先后分别被影响同样很大的江苏教育会和中国教育会推选为会长，所以他的影响力之大完全可以想见。

当然，腐朽没落的晚清朝廷早已老态龙钟，步步迟缓，以至于错失立宪的大好时机，革命共和的潮流滚滚而来，1911年10月10日的武昌起义拉开了新的时代篇章，不到两个月之后的新年元旦，亚洲第一共和国——中华民国——宣告诞生。孙中山主持的南京临时政府成立前后，如果没有张謇筹集的经费相助，几乎难以维持。因此，他虽然出任的是实业总长，但却被人们称为实际上的中华民国的"助产士"。不过，时代的前行远不是单线的进化那么简单，与"助产"相伴的是作为政治家的张謇持久的"内心阵痛"。他在暮年回首，认为"自己一生的忧患、学问、出处，最重要的不是实业，不是教育，也不是南通的自治，而是立宪的成败"。[①]

（五）失败大英雄

中国古代社会地位高的人死后，人们都会给一个对其一生作出恰如其分评价的说法——"谥号"。张謇去世后，人们应当如何评价他呢？我国当代著名的历史学家章开沅先生在其著作《张謇与近代社会》中说：

> 自从胡适给张謇戴上"一个伟大的失败的英雄"的"帽子"后，竟得到了大多数张謇研究者的认同，但是胡适的诊断只是侧重于大生企业的遇挫和张謇未竟的事业而言的，如果把张謇及其事业放在中国近代社会中来衡量，这一总体评价未免失之偏颇。巧合的是，张謇也反对以成败论英雄，他强调"凡事以是非定成败，以轻重定利害"，意为总体把握历史人物的关键，是要看他为社会留下了什么。如果一定让我们为张謇作一个总体概括的话，我们更愿意称其为"开拓者"。[②]

胡适的话出自他受张孝若之邀为其父所编撰传记的序言之中。他的原话是这样说的：

[①] 傅国涌.大商人：影响中国的近代实业家们[M].厦门：鹭江出版社，2016：38.
[②] 章开沅.张謇与近代社会[M].武汉：华中师范大学出版社，2001：8.

张季直(謇)先生在近代中国史上是一个很伟大的失败的英雄,这是谁都不能否认的。他独立开辟了无数新路,做了三十年的开路先锋,养活了几百万人,造福于一方,而影响及于全国。终于因为他开辟的路子太多,担负的事业过于伟大,他不能不抱着许多未完的志愿而死。①

如果说章开沅先生上面所说的"开拓者"与胡适先生这里所说的两词——"英雄""开路先锋"——在语义上几近等同的话,那么可以看出章先生在刻意回避胡适在"英雄"一词前所加的修饰语"失败"的同时,也无意中回避了另一个更重要的修饰语——"很伟大"。开拓,定会有成有败,这是事实判断;而最终"凡事以是非定成败",更可断其事业是伟大,还是渺小。这是价值判断。近代史上,"开拓者"多如"过江之鲫",但"很伟大的失败的英雄(或开路先锋)"则"寥若晨星"也,因此胡适的评价似乎更为准确,也是得到后人更多认同的原因。

傅国涌先生在《大商人:影响中国的近代实业家们》一书中,首篇论述的实业家即为张謇,在该篇的结尾有这样两段文字:

1922年后,以大生为中心发展起来的事业实际上成了一座"倒金字塔",投资总额达到3 300万元大生集团出现危机,大生的基础已不足以支撑。到1925年,光是大生一厂的债务就已经高达906万两,资不抵债,被债权人银行和钱庄组成的银团接管,他成了名义上的董事长。他感叹自己"不幸而生中国,不幸而生今之时代"。

1966年8月24日凌晨4点,"啬园"的张謇墓被红卫兵砸开时,他孙女张柔武目睹,爷爷的陪葬品只是一顶礼帽、一副眼镜、一把折扇,还有一对金属的小盒子,分别装着一只尽根牙,一束胎发。②

胡适说得没错。他,张謇,就是"一个很伟大的失败的英雄"。

二、"相当自觉的人格认同":张謇与黄炎培之间的深厚情谊

风云际会,造就时代英豪;志同道合,放射生命光彩。张謇人生的精彩之处在于他有着拓展人脉、结缘时贤的超强能力。他的"交往世界",不仅是传记小说、八卦野史所热衷的对象,也是历史学界越来越关注的重要主题。著名历史学家章开沅在与其弟子田彤合著的《张謇与近代社会》(华中师范大学出版社,2001年)一书中,九个章节中的第六章以"张謇与集团动力——精英人物与社会历史的走向"为题,从乡里精英、东南精英和全国精英等三个依次拓展

---

① 张孝若.伟大的失败英雄——状元实业家张謇[M].武汉:华中师范大学出版社,2013:序二2.
② 傅国涌.大商人:影响中国的近代实业家们[M].厦门:鹭江出版社,2016:67-68.

的"地理"范围分别探讨了"张謇及其朋党"之间的关系。近些年来,先后又有《张謇的交往世界》①《张謇与近代百位名人》②两本专著面世。后一部专著的作者庄安正研究张謇20多年,曾编著《张謇年谱长编》(上、下两册,下册尚未出版),他在《张謇与近代百位名人》中简要概述了张謇与清末民初百个风云人物的交往。其中,有清帝光绪与摄政王载沣,以及端方与郑孝胥;有清流名臣翁同龢、沈葆桢;有维新派康有为、梁启超;有北洋政权首脑袁世凯、冯国璋;有奉直皖系几大首领张作霖、吴佩孚、孙传芳;有革命先驱黄兴、蔡锷;有国民党元老胡汉民、谭延闿;还有各界翘楚蔡元培、罗振玉、梅兰芳、吴昌硕等。当然,更值得我们关注的是,这本书与前一本《张謇的交往世界》一样,都有独立的专门篇章介绍张謇与黄炎培之间的交往。笔者以这些研究为基础,从如下三个层面进一步概括两位先贤的"友好交往与合作"。

(一) 领导江苏教育会的黄金搭档

关于江苏教育会,谷秀青曾有名为《清末民初江苏省教育会研究》的专著面世。其中,在分析和梳理江苏教育会产生的社会背景以及内部治理结构的基础之上,该书着重考察清末民初社会变迁中,江苏教育会为建立这种社会权威性模式所参与的教育、政治、社会性活动,以及这种模式终结的深层原因,进而探讨以江苏教育会为代表的社团的时代命运。研究得出的结论是:

> 江苏教育会是清末创办最早、影响最大、存在时间最长的地方性教育社团,在其存在的22年时间里,近代中国经历了晚清、南京临时政府和北洋政府三个时期。政权的几经更迭,使得近代中国呈现出"弱政府、强社会"的局面。在此背景下,以江苏绅商为主体筹建成立的江苏教育会,其活动逐渐由教育一隅扩展到政治、经济、社会各个层面。通过一系列的活动,江苏教育会试图塑造一种游离于国家政权之外的社会权威性控制模式,达到江苏地方自治和"苏人治苏"的目的。③

22年时间,具体是从1905年至1927年。并且,学会的名称自成立之后也先后有过数次变化(江苏学会→江苏学务总会→江苏教育总会→江苏教育会)。1905年9月(光绪三十一年八月),时年52岁的张謇创办了江苏学会并任会长,时年27岁的黄炎培任评议员,这也是他们正式交往的开始。学务总会是一个民间的学术文化教育组织,初设时影响并不大,但在当时有着深厚教育基础的江苏省,却吸引了不少有识之士的关注。因为,1905年这一年算是一个非常特别的年份,特别之处在于几乎连续运行了1 300余年的科举取士制度被清政府宣布废除,一时间所有学子都面临前所未有的心理危机,"向何处去?"成了众多读书人的生命惶恐之问。

---

① 南通市政协学习文史委员会.张謇的交往世界[M].北京:中国文史出版社,2011.
② 庄安正.张謇与近代百位名人[M].北京:中国环境出版社,2020.
③ 谷秀青.清末民初江苏省教育会研究[M].桂林:广西师范大学出版社,2009.

第二年10月,与上海方面联动,有张謇、黄炎培、沈恩孚、杨廷栋等人参与,江苏学会升格为江苏学务总会,张謇仍为会长(开始名称为"总理"),黄炎培被选为干事员,并被推定为常任调查员,实地调查各地的教育现况及各县发生的矛盾冲突和各种纠纷。黄炎培在调查过程中,能够依据冲突缘由和纠纷事实,是非分明地写出书面报告,每每公布的报告,都能得到原来矛盾双方的谅解。如此出色的工作能力和负责的办事态度,使黄炎培得到了张謇及教育会同仁的认同与肯定。

1914年黄炎培被选为教育会副会长,此后连任副会长之职达十年之久,并与会长张謇搭档8年,成为张謇最得力的"左膀右臂"。庄安正教授认为:

> 在张謇与黄炎培以正副会长身份搭档的八年时间内,江苏教育会既是双方交往的重要平台,又成为他们主政江苏教育的领导机构。张謇和黄炎培共同创造了民国期间由民间教育团体而非政府部门主政一省教育的奇迹,江苏亦因此成为国内唯一出现这一类现象的省份。张謇和黄炎培可谓是一对"黄金搭档",正是在他们的联袂努力下,江苏近代教育呈现出辉煌景象,一些著名高等学校在江苏就应运而生。[①]

崔荣华、刘花在《张謇、黄炎培的友好交往与合作》一文中说:

> 辛亥革命前后,江苏省是全国唯一由地方士绅完全主政教育改革事业的省份,张謇、黄炎培、马相伯、蔡元培等个人的努力起了关键的作用。……许多重要活动中,张謇都与黄炎培同商议、共进退,为江苏高等教育的发展作出了重要贡献。[②]

他们共同创办的高等学校在日后的时代风雨激荡中,大多早已改换门庭,人们几乎难以辨识。当今的上海海洋大学、南京师范大学、河海大学等高校,如对其前身进行追溯,我们都会在张謇与黄炎培共同领导江苏教育会的办学历史中找到清晰的轨迹。因此,历史之为历史,是每一个珍视传统资源及其财富的人都不会忘记的。同样,我们也不会忘记,正因为有着服务教育事业的共同信念,才让黄炎培与张謇越走越近。

(二)发起中华职教社的重要同盟

作为江苏教育会的领导,张謇与黄炎培堪称中国近代职业教育的倡导者和先驱,在推进实业教育和职业教育方面厥功甚伟。江苏教育会从创立伊始,就将发展实业教育作为其重要任务。民国成立之后,随着职业教育的引入和发展职业教育的要求,江苏教育会对职业教育的推动作用更是凸显出来。张謇在家乡南通经办实业和教育的实践中深刻地认识到"教育、实业迭

---

① 庄安正.张謇与近代百位名人[M].北京:中国环境出版社,2020:153.
② 南通市政协学习文史委员会.张謇的交往世界[M].北京:中国文史出版社,2011:157-158.

相为用",并据当地社会发展需要创办了农校、商校、银行专科、测绘专科等一系列实业学校,使教育与实业紧密地结合在一起,成效卓著。黄炎培则从自己广泛的实地调查中发现,中国教育普遍存在教育与社会需求脱节的现象,民间疾苦深,教育沉疴重。1913年,他撰文《学校教育采用实用主义之商榷》,批判当时的教育专重文字、空虚无用、脱离生活的弊病及其所造成的恶果,鼓吹实用主义教育主张("打破平面的教育,而为立体的教育""渐改文字的教育而为实物的教育"),由此推进了实用主义教育思潮在近代中国的第一次兴起。1915年,黄炎培参加农商部赴美实业团,在美国考察了近25个大城市,美国职业教育的蓬勃发展令其深有所感。在比较之中,他愈发认为中国教育必须改革:"回念我国……,不能不认职业教育方今之急务。"

我们知道,1913年9月起,张謇就任民国农林工商部总长,1915年4月他第二次辞职时,获得了批准,因而这一年8月开始的黄炎培赴美考察活动,似乎与张謇的安排关联不大。其实不然,因为按照如此重任在肩、时间较长、地方较广的考察计划的制订需相当时间筹备来理解,黄炎培的此番赴美考察,很可能也是张謇在总长任上的刻意安排。而对黄炎培来说,这次考察也让其大大地开阔了眼界,深化了他对职业教育原有的思想认识。崔荣华、刘花在《张謇、黄炎培的友好交往与合作》一文中说:

> 张謇不仅积极支持黄炎培赴美考察,而且更希望赴美者能就所见所闻所感公之于众,"吾甚愿诸子举其所闻于国氏者,身为之先,而公于国人,而私盗之渐几乎息也"。黄炎培回国后向江苏教育会报告了游历美国考察教育的情形,并作"赴美考察讲演会",就在美所见与本国情况对比,详征博引,随处触发,议论极其酣畅,听者深受启发。①

赴美考察所带来的思想效应日趋变成行动者的自觉自为。1916年,黄炎培在江苏教育会内部设立并主持"职业教育研究会",从此职业教育成为教育会热议的话题。次年5月,黄炎培推举并联络了张謇、马相伯、蔡元培、张元济、梁启超、伍廷芳、严修、郭秉文、穆藕初、蒋梦麟等48位政界、教育界、工商界知名人士作为发起人,在《中华职业教育社宣言书》上签名,于上海创立了"中华职业教育社"。

对于张謇与黄炎培如此的教育事业合作,崔荣华、刘花在《张謇、黄炎培的友好交往与合作》一文中也有相当到位的评说:

> 这(中华职业教育社)是中国第一个推进职业教育理论和主张的民间组织机构,黄炎培作为主事者功不可没,张謇作为骨干之一,亦给予了有力的支持,后来他受聘担任了黄炎培创办的中华职业学校议事员,儿子张怡祖也担任了该校经济校董。与张謇相比,黄炎

---

① 南通市政协学习文史委员会.张謇的交往世界[M].北京:中国文史出版社,2011:160.

培可谓晚辈,但是两人曾长期在教育界共事,既有师生之谊,又有同事之情,"沟通教育与职业"又是他们共同的愿望。因此,"张謇对黄炎培发展职业教育不仅从精神上予以赞赏和鼓励,欣然充当中华职业教育社的主要发起人之一",并从经济上予以大力支持。可以说,职业教育在张謇、黄炎培率先示范的推动下在中华大地上蓬勃发展起来的。……"江苏教育会"和"中华职业教育社"是中国教育史上两个成功的大机构,张謇与黄炎培共事其中,并长期担任领导职务,会、社所取得的突出成就,从一个侧面表明了他们团结友爱的协作关系和共同的理想追求。①

随着上海中华职业学校创办,黄炎培在追随前贤,步张謇的"后尘",正式开始了他投身职业教育的实践生涯。教育说到底是实践的事业,一切教育理论都必须经历实践的淬火锻造,才能有真正的生命力。

(三) 介入立宪大时代的志业挚友

关于人,哲学家亚里士多德有一个经典性的命题,即"人是政治动物"。而所谓政治,按照通常的解释,是指对社会治理的行为,亦指维护统治的行为。"政"指的是正确的领导,"治"指的是正确的管理。而正确性如何评判问题是关涉人类多元价值之间的争执,它几乎伴随人类所有政治生活的始终。张謇与黄炎培之间密切交往的时代,是一个晚清走向崩溃而民国刚刚建立的时代,是一个国家长期处于外强内弱而急需改变的时代,是一个宣扬"适者生存"进化论而害怕亡国的时代,是一个帝国的腐朽难以拯救与民国的生机易遭扑灭的时代,是一个梁启超呼唤"新民"到陈独秀呼唤"德赛先生"(民主与科学)的时代。崔荣华、刘花认为:

> 与二人在新式教育上的共同追求及合作上相比,清末民初时期,黄炎培与张謇在政治变革上的趋同及密切合作不仅是二人交往活动的重要构成,而且是维系其情谊的思想基础。无论是张謇,还是黄炎培,他们一生涉足的领域颇多。但事实上,我们又都可以从他们的政治追求中寻找二人深交之缘由。因为二人所追求的是一个区别于清廷腐败统治的新的中国政治。②

张謇是清末立宪运动的风云人物。这场运动是在内忧外患的严峻形势下,晚清政府为摆脱危机、维护统治而进行的改革运动。当时实际上的最高统治者慈禧之所以支持立宪,除了她自己意识到宪政改革的必要性外,朝廷官僚的奏请也是一个极为重要的原因。日俄战争爆发后,为保障东三省主权,吕海寰、岑春煊、魏光焘、端方、盛宣怀等就曾联衔具奏请求变法。同时,以张謇为首的主张立宪的官员们,积极讨论立宪问题,并得到了张之洞和瞿鸿机等官员的

---

① 南通市政协学习文史委员会.张謇的交往世界[M].北京:中国文史出版社,2011:160-161.
② 同上书,161.

支持,他们的态度也影响了慈禧的决策。而晚清五大臣出国考察政治归来之后,他们了解了西方先进的政治制度和科学技术等优势,希望通过学习西方来达到强盛的目的,使外患永除、内乱可消、皇权永固的说辞深深打动了慈禧,成为慈禧最终决定改革的关键。张謇自光绪二十九年(1903年)开始投入立宪运动,光绪三十二年(1906年)成立预备立宪公会,任副会长,后改任会长。宣统元年(1909年),张謇又成立江苏咨议局并任议长,随即发起国会请愿等立宪运动。

黄炎培在光绪三十一年(1905年)经蔡元培介绍加入同盟会,次年他结识张謇,加入张謇主持的江苏教育会(当时名称为"江苏学务总会"),之后在张謇引导下先后成为预备立宪公会成员和江苏咨议局议员。黄炎培在这阶段追随张謇,配合张謇做了大量工作,成为立宪运动的骨干。武昌起义爆发时,黄炎培担任江苏咨议局常驻议员等职,张謇携黄炎培等合力劝说江苏巡抚程德全立即上书清政府公布宪法,召开国会。遭拒后,张謇与黄炎培从立宪走向共和,成立江苏临时议会并两度开会,议商"保守(江苏)秩序",又"拟联合(沪军)都督""组织临时政府"。民国建立后,袁世凯对黄炎培以仕途晋升为诱,张謇素知黄炎培的志向,便向袁世凯指出黄炎培做教育还可以,但是不宜做官。袁世凯心有不悦,说黄炎培是"有官不做,遇事生风"。张謇替他说项解围,使之远离宦海,可见张謇是了解并爱护黄炎培的。对此,黄炎培晚年称:"我没有入北洋圈套,我很感谢张謇。"1915年,袁世凯复辟帝制,张謇与黄炎培不约而同地站在对立面,以江苏教育会的名义通电反对,向全社会表明教育会反对复辟的态度。1920年,两人双共同发起建立苏社,以"谋江苏省地方自治之发展","期置苏省于最完全最稳固之地位"。张謇与黄炎培分任主任理事与理事。

1926年张謇逝世后,黄炎培拟长联挽之:"物则棉铁,地则江淮,盖其自任天下之重如此;远处着眼,近处着手,凡在后生,宜知勉矣!早岁文章,壮岁经济,所谓不作第二人想非耶?孰弗有我,孰是我有,晚而大觉,尚可憾乎?"曾代理民国政府国务总理兼外交部总长的王正廷说过:"中国不宜全赖中央政府,若每省能从事建造,如张季直之创办式厂于南通,黄炎培之从事教育,人人如是,不难立致富强。"[①]王正廷的看法点出了张謇与黄炎培坐言立行的实干家神韵,也道出了他们因有共同的"志业"为基础而结成"挚友"的思想基础。

当代著名的知识分子研究专家许纪霖曾说,"纵观黄炎培的一生轨迹,总是近乎习惯地模仿蔡元培、张謇这两位师辈的人生风格。如果说对于蔡元培,他仅是一种青年崇拜期内先入为主的偶像需求的话,那么对于张謇则已是心理基本定式之后相当自觉的人格认同了"[②]。研究个体成长受他人的深刻影响,美国社会学家米尔斯(C.W.Mills)曾提出一个概念叫"重要他人(significant others)"[③]。它是指在个体社会化以及心理人格形成的过程中起到关键影响作用的"他者"。重要他人可能是一个人的父母长辈、兄弟姐妹,也可能是老师、同学,甚至是萍水相

---

① 转引自:庄安正.张謇与近代百位名人[M].北京:中国环境出版社,2020:155.
② 许纪霖.无穷的困惑——黄炎培、张君劢与现代中国[M].上海:上海三联书店,1998:36.
③ "重要他人"(significant others)其实是来自一个心理学和社会学都涵盖的概念。这一词汇首先由美国学者米德(Mead,G.H.)在《心灵、自我与社会》(1934)中暗示,后由美国社会学家米尔斯(Mills,C.W.)加以延展诠释,并明确提出了此概念。

逢的路人或不认识的人。它一般又可以分为偶像型重要他人与互动型重要他人。以此分类来进一步解释许纪霖的看法，我们或许可以说，对黄炎培的成长来说，蔡元培是前者，而张謇则是后者。

三、"父教育而母实业"：张謇对黄炎培大职业教育主义思想形成的影响

俗话说，"近朱者赤，近墨者黑"。身处社会网络之中，人与人之间的密切交往，彼此在性情及心智方面必然会产生一定的相互影响。据记载：

> 1956年2月，毛泽东在接见黄炎培时说，提起民族工业，在中国近代史上有四个人不能忘记，重工业不能忘记张之洞，轻工业不能忘记张謇，化学工业不能忘记范旭东，交通运输业不能忘记卢作孚。①

我们知道，话语是人际沟通最基本的途径。谁在说（言说主体）、对谁说（言说对象）、说什么（言说内容）、如何说（言说方式），这四个方面问题都关系到人际沟通的成效。说错对象与说错内容一样，皆为"失言"。对某人说不适当的话多了，或方式较为粗暴，常常结果是"失言"，亦"失人"。用话语的社会分析，我们不难知道：毛泽东对黄炎培说话，可谓找对了人，说对了话，因为前者肯定也知道后者与工商企业界领袖之间的密切关系，也肯定清楚后者与张謇彼此深厚的交谊。前者之所以说这些话，主要是为了达到两个彼此紧密关联的效果：一是言内之义，它是评价张謇等四人重大的历史贡献；二是言外之意，它是对黄炎培与张謇等四人交往②的肯定。这种话语的言外之意，常常为人们所忽视。

不过，若要分析张謇对黄炎培提出大职业教育主义思想的影响，我们光说他们的交往是彼此产生思想影响的主要方式，肯定是远远不够的，至少显得有些抽象，仍不够具体，仍没有直接回到思想层面上来。而回到思想层面来具体化地研究彼此的影响，站在第三方的研究者（包括笔者在内），又很容易陷入一种"研究困境"：要么当事人自己已经"承认"，因此无须他人来"研究"；要么当事人没有"承认"过，因此对研究结果的评判很容易落入"臆想"。为避免这样的困境，作为研究者，恐怕只能在抽象与具体之间进行辨识、对照与比较，这样也许既能避免空泛的议论，又能避免武断的"坐实"。英雄毕竟"所见略同"，"求同存异"固然是彼此交往下去的重要基础，这样留给作为"局外人"的研究者思考的重点（更准确地说是最终的落脚点）只能是一个，

---

① 朱旭东.强毅力行，先贤张謇践行"实业救国"[EB/OL]. http://cpc.people.com.cn/n1/2018/1121/c421684-30413781.html.
② 毛泽东提及的四个人与黄炎培之间都过不同程度的直接交往。张謇之外，张之洞是使得年轻的黄炎培开始登上教育行政管理岗位的地方分管领导。1903年正月末，黄炎培与友人张访梅上书两江总督张之洞，获准开办川沙第一所小学，并出任学堂校长。而黄炎培与卢作孚、范旭东之间则可称为"莫逆之交"或"患难之交"。（参见：刘重来.黄炎培与卢作孚的莫逆之交[EB/OL]. http://www.yhcqw.com/30/12540.html；刘重来.卢作孚与范旭东何以成为患难之交[EB/OL]. http://www.wendangku.net/doc/123af43e360cba1aa911da32.html.）

即：他们思想的"同中之异"究竟何在？下面，笔者尝试从思想方式和话语方式两个方面来说明黄炎培大职业教育主义思想的提出是如何受到张謇影响的。

（一）思想方式的影响：看待问题的格局与眼光

从普遍意义上来说，人的思想方式与人的生存方式（含生产方式及生活方式）密切相关。后者虽然往往起着决定性的作用，但前者也并非如照相机一样单纯摄入式作出反应，而往往具有一定的主观能动性与创造性。具体从张謇的思想方式来说，他的一句名言常常为人们所津津乐道地引用，即：

> 一个人办一县事，要有一省的眼光；办一省事，要有一国之眼光；办一国事，要有世界的眼光。

这句话是张謇1909年在江苏省咨议局演讲时所说。"他所说的那些话看上去都很简单，但真的这么去干，就不简单了。如果你真的像你所说的那样去做，那你所说的就是有力量的。"[1]当时，作为刚刚高票当选议长的张謇，可以说正开始进入生命的"高光时刻"[2]。

正是因为有了这样的格局与眼光，张謇才能从地方办实业做起，一步一步拓展了自己更为广阔的事业。由于独特的地理条件，南通原本是个偏处一隅的江北小城，"十字街头放鞭炮，全城耳朵听得到"。在张謇筹办大生之前，城内人口不过4万，没有任何工业，只有零星的手工业，人们按农业社会的节奏过着重土安迁的传统生活。但是：

> 到20世纪20年代初，大生集团旗下超过70家企业，成为当时中国最大的民营企业集团。难能可贵甚至令人叹为观止、不可思议的还在于，这些企业组成了产业链上下游纵向联系和相关产业横向联系的经济生态网络。为确保纱厂原料供应的稳定，他创办了盐垦公司；为解决棉花纱布的运输和仓储，他创办了轮船公司，建造码头、货栈；为保证纱厂设备的修造和维护，他创办了铁厂、冶厂；为充分利用纱厂的剩余动力和棉花的副产品棉籽，他又创办了面粉厂、榨油厂；为解决各企业资金的"流动和融通"，他还创办了银行、发行了股票。很多年里，大生股票是市场上最抢手的股票之一，上海报纸天天刊登它的行情。1920年张謇筹建了南通绣织局，并在美国、法国、瑞士、意大利等国设立分局和办事处，成为中国民族资本走向世界的一个重要里程碑。……在筹建张謇纪念馆时，人们赫然发现，因张謇创办实业的门类太多、成果太丰，竟无法找到一个合适的体系加以概括和划分。[3]

---

[1] 傅国涌.新学记：中国现代教育起源八讲[M].北京：东方出版社，2018：130.
[2] 历史学家章开沅说："宣统元年（1909年）是立宪派自命得意的一年。"（参见：章开沅.张謇传[M].中华工商联合会，2000：196.）
[3] 张华.一个人的突围[J].海燕，2011（01）.

常言说，诚实做事很重要，这是人的立身之本。但是，人的格局与眼光也很重要，这往往直接决定人最终能做多大的事。今日新锐作家冯唐著书概括"成事心法"，认为成大事者必须拓展四个维度：一是自我管理，即知己，用好自己的天赋；二是他人协作，即知人，人人都该懂战略；三是处世智慧，即知世，成事者的自我修养；四是终极目标，即知智慧，知可为，知不可为。①如果说冯唐这里所说的四维的第一维与人的（心智）诚实有关的话，那么后三维其实都与一个人的格局与眼光有关。

相比之下，完全可以说，张謇这种看问题的宏大格局和高远眼光，对黄炎培提出大职业教育主义思想具有示范性的影响。黄炎培在《提出大职业教育主义征求同志意见》一文中说：

  我们同志八九年来所做工作，推广职业学校，改良职业学校，提倡职业补习教育，等等，也算"尽心力而为之"了。可是我们所希望，百分之七八十没有达到。这是什么缘故呢？……

  只从职业学校做工夫是不行的。

  只从教育界做工夫也是不行的。

  社会是整个的。不和别部分联络，这部分休想办得好；别部分没有办好，这部分很难办的。……

  那么，怎样才好呢？积极说来，办职业学校的，须同时和一切教育界、职业界努力的沟通和联络；提倡职业教育的，同时须分一部分精神，参加全社会的运动。

从原文中抽取出的上面这些关键性的段落与句子，我们可以看出黄炎培看职业学校（教育）的眼光，不是就学校谈学校，而是跳出学校之外，用非常宏观的社会视野，从社会各部分之间的有机联系来看待职业学校或职业教育所存在的真正问题，寻求一个更具根本性的解决之道。这样的格局与眼光，与张謇的思想方式显然是"如出一辙"的。

（二）话语方式的演变：使用语汇的承继与转化

从话语方式的演变来讲，我们可以先下一个结论，即黄炎培提出的"大职业教育主义"其实是脱胎于可以体现张謇的一生功名的四个词汇：大生、实业、教育和村落主义。"大生"留"大"，"实业"变"职业"，"教育"一词不变，"村落（主义）"变成更广义的"'社会或合作'（主义）"，这样合起来就是"大职业教育主义"。这样解释是否牵强或武断呢？我们不妨作如下解释，看看能否"自圆其说"。

首先，"大生"立其"大"。汉字是中国文明的根系所在，而运用汉字生成的"四书""五经"等典籍则是汉民族族群的子民文化最重要的精神财富。这是学界较为普遍的看法。前面提到，

---

① 冯唐.冯唐成事心法[M].北京：北京联合出版有限公司，2020.

张謇之所以将自己一手创办的最重要的企业大生纱厂命名为"大生",就是受到有"群经之首"之称的《易经》启发。张謇明确宣示其排除万难办厂的目的,是要替当地的黎民百姓解决生计问题。对此,他曾说道:"我们儒家,有一句扼要而不可动摇的名言'天地之大德曰生';这句话的解释,就是说一切政治及学问最低的期望要使得大多数的老百姓,都能得到最低水平线的生活。……换句话说,没有饭吃的人,要他有饭吃;生活困苦的人,使他能够逐渐提高。这就是号称儒者应尽的本分。"①张謇如今常被人们称为"儒商"或"绅商"的代表。所谓儒商,即既有儒者的道德和才智,又有商人的财富与成功,是儒者的楷模,商界的精英。诚如对晚清与民国知识人素有研究的美国加州大学历史学系叶文心教授所说:"晚清以降,有一批士绅认识到所谓'商'所干的事不只是为了谋求蝇头小利。南通的张謇就是非常著名的例子。"②这种不为自己蝇头小利,而为广大黎民百姓的商业精神,其实在文化根脉上可以直达于"亚圣"孟子关于君子之德的养成之说,即"先立乎其大者,则其小者不能夺也"(《告子章句上》)。"艰难困苦,玉汝于成"。大生是张謇事业发展迈出的最艰难也是最重要的一步,没有这一步打下的坚实基础,后面他所经营的其他各种事业便无从谈起,包括后来各种政治身份的获得也是这样。从一个脆弱渺小的生命个体,能走向创造惊天伟业的时代巨人,"立其大者"实实在在是首要条件。所以,立其"大",这不仅是张謇所在乎的,也会是与张謇长期共处且有深厚情谊的黄炎培所在乎的。

其次,"实业(教育)"变"职业(教育)"。张謇出生于1853年,比1878年出生的黄炎培大近25岁,但他们都是经历"三千年未有之大变局"过程的同时代人。从教育界的变局来看,从以"实业教育"为主流的话语演变为以"职业教育"为主流的话语,则是从张謇为代表的实业教育家到以黄炎培为代表的职业教育家之间过渡性历史选择的结果。大致看来,中国20世纪前20年教育界从习用"实业教育"到习用"职业教育"的转化可分为三个阶段:第一阶段是"实业教育"占主流阶段,该称谓起源于日本,并积极用于发展实业;第二阶段是两个概念并用或混用阶段;第三阶段是"职业教育"占主流,取代"实业教育"阶段,学术界与政府的称谓使用都开始转变,标志性的是1922年壬戌学制的出台。有学者曾撰文分析这种转化的原因,认为"职业教育"的流行是由客观因素和主观因素所导致的。客观因素主要是实业教育办学困难,毕业生出路问题日益严重。而主观因素则归功于蔡元培、黄炎培等一批精英人士的提倡以及教育界的群起响应。③ 不管怎么说,职业教育这种直接关系到"正名"的话语的转换,也标志着从张謇到黄炎培的话语领导权的转移。

再次,"村落(主义)"变"'社会'(主义)"。张謇曾对友人说,他如果科举成名后一直留在京城混官场,自己肯定一事无成,所以他明智地把自己的精力用到家乡南通的建设上来,才做出

---

① 刘厚生.张謇传记[M].上海:上海书店,1985:251-252.
② 叶文心.民国知识人:历程与图谱[M].北京:生活·读书·新知三联书店,2015:112.
③ 张宇.论"实业教育"到"职业教育"称谓的改变[J].天津大学学报,2012(3):258-263.

了一番可以自豪的成就。不过,张謇的密友刘厚生(1909年到1910年担任过大生二厂经理,曾写过《张謇传记》)却曾直言不讳地指出张謇专心地方事业,对国事全不注意,讥笑他的"村落主义","假如整个国家没有办法,南通不能单独繁荣"。① 刘厚生的看法无疑是具有前瞻性的,因为当时"所处的时代,正是处于'国家社会一元化'向'国家社会二元化'过渡的时代,即国家不再具有超强的控制功能,社会组织自主性开始复苏,国家与社会在结构和功能上渐渐分离,同时,社会发展具有相对的自主性,社会组织权力在一定程度上制约着国家权力的运作和方向"。② 亦如刘厚生所说,政治机构和社会组织如"车有两轮,不可缺一"③。生活在如此社会历史进程之中的张謇不能不思考对"村落主义"的超越,他在通州师范学校开校演说中,勉励学生"须是将天下一家、中国一人、民吾同胞、物吾与也之道理,人人胸中各自理会;须是将先知觉后知、先觉觉后觉之责任,人人肩上各自担起。……庶几实业、教育,扩而日新"。④ 正由于社会成员与社会组织的"社会化"趋势在加剧,所以对新正名的"职业教育"发展必然提出了新的要求,"职业学校"犹如"村落",必须朝向更广阔的社会开放,才能更富有生命力,实现自己功能或抱负。向社会开放就必须把整个社会当成"一体的",彼此紧密相关的,有热诚包容一切,进行合作。这样就"自然而然"地从张謇的"村落主义"过渡到了黄炎培的"社会(分工而又合作)主义"。

由于汉语中的"大"可涵盖"社会"及"主义"之意,所以黄炎培在概念创生与建构时留下了"大"的同时,留下了"主义",而没选用"社会"。不过,后来由于"西学东渐",关于"社会"的各种思潮日盛,黄炎培的职业教育话语体系中"社会"一词便开始越来越意识明确地被加以运用,而"大"及"主义"却反而几乎不再被提及。《提出大职业教育主义征求同志意见》发表后的第4年(1930年),他撰文《职业教育机关唯一的生命是怎么?》⑤,提出:"职业学校有最紧要的一点,譬如人身中的灵魂,得之则生,弗得则死,是什么东西呢?从其本质来说,就是社会性;其作用来说,就是社会化。"文章的结尾又说:"请把我的主意复述一遍:职业教育机关的本质,是十分富于社会性的,所以职业教育机关惟一的生命——是什么?就是——社会化。"这里的"复述"及其两个"破折号"的运用,都明显意在进一步强调"社会化"三个字,这或可标志着他的职业教育话语体系已完全跳出了张謇的话语体系,完成了自身话语的"现代性转换"。

综上我们不难得出如下结论:作为互动性的"偶像他人",张謇办实业、办教育、办慈善等广泛而有影响的社会实践,其"父教育而母实业"等基于实践形成的思想观念的提出,如此看待问题的思想格局与眼光,话语形塑的词汇生成及创新,对黄炎培大职业教育主义思想的形成与提出无疑产生了深远的影响。如果说张謇的"父教育而母实业"是一种非常生动贴切的比喻说

---

① 傅国涌.大商人:影响中国的近代实业家们[M].厦门:鹭江出版社,2016:52.
② 章开沅.张謇与近代社会[M].武汉:华中师范大学出版社,2001:429-430.
③ 刘厚生.张謇传记[M].上海:上海书店,1985:110.
④ 沈行恬.张謇教育文论选注[M].南京:南京师范大学出版社,2016:43.
⑤ 成思危.黄炎培职业教育思想文萃[M].北京:红旗出版社,2000:106.

法,道出了经济实业与教育事业相互孳乳、密不可分的关系,便于人们广泛地传播的话,那么黄炎培则是在张謇这种形象比喻基础之上,进行进一步抽象化概括,从而使思想能够得到理论的升华。韩愈《师说》中曾云:"弟子不必不如师,师不必贤于弟子。"黄炎培在职业教育思想观念上超越张謇等前贤,为其自身思想向纵深发展提供了强劲的内在动力,同时为我国职业教育的健康发展提供了可贵的智力资源。

第四章 蔡元培对黄炎培大职业教育主义思想形成的影响

> 以一个校长身份而能领导那所大学,对一个民族,对一个时代,起到转折作用的,除蔡元培外,恐怕找不出第二个。[1]
>
> ——杜威

蔡元培(1868年1月11日—1940年3月5日),字鹤卿,又字孑民,浙江绍兴人,中国近代著名的革命家、教育家及政治家,曾任中华民国首任教育总长。1916年至1927年任北京大学校长,革新北大,开"学术自由"之新风。蔡元培曾是黄炎培的老师,如果说前一章研究的张謇是黄炎培的"互动型重要他人"的话,那么蔡元培就是黄炎培的"偶像型重要他人"。他也是黄炎培1917年5月发起成立的"中华职业教育社"团体的核心成员,对黄炎培的思想和一生的事业有很大的影响。其中,也包括对黄炎培提出大职业教育主义思想的显著影响。

一、"行为人师,学为世范": 蔡元培教育人生的数字化写真

中国教育家里,被世界所承认的教育家,古有孔子,近有蔡元培。关于蔡元培的生平事迹,除了其"自述"之外,市面上有多本基于史料创作的文学作品,其中比较有影响的主要有两部:一是2008年沙叶新先生为纪念北大校庆一百周年而创作的戏剧《幸遇先生蔡》。"剧名源于学者吴梅为北大校庆二十周年所写的校歌,意在演绎大教育家蔡元培的动人史迹。蔡元培投身激越动荡的新文化运动,提出兼容并包、思想自由的教育理想,将北大改造成文化启蒙运动的营垒。剧本缅怀教育先驱的道德思想,字里行间散发着他的人格魅力,风格也由喜剧转为凝重。在香港演出时,据说场面催人泪下。沙叶新说,他希望这部戏能成为教育变革的火种。"[2]二是作家出版社2015年推出的丁晓平所创作的《世范人师——蔡元培传》作为"中国历史文化

---

[1] 高平叔.蔡元培改革北京大学[J].群言,1987(02).
[2] 朱大可.幸遇先生沙——谨以此文悼念沙叶新先生[N].南方周末,2018-8-02.

名人传"丛书之一,该书分《震醒》《寻路》《蜕变》《滥觞》《播种》《激荡》《歧化》《修远》八章,用丰厚的资料、严谨的结构、细密的手法、朴实的语言,较为精确地还原了蔡元培从一个清廷翰林到投身国民革命,从执掌北京大学到致力教育改革,成为"现代中国知识界卓越先驱"的人生轨迹。

作为一名举世公认的教育家,蔡元培有着怎样的教育人生?本部分尝试用"四、二(两)、五、七、一"这五个数字说话,进行一番"数字化写真"。

(一)四年伴读学大进

蔡元培出身于商贾之家。祖父是典当行经理,父亲则管理钱庄,叔叔有好几位,大多也经营买卖,只有六叔蔡铭恩是个例外,成了父辈中唯一的读书人,后来成了蔡元培走科举之路的引路人。蔡元培从小性情祥静平和,喜爱读书。1872年,蔡家就给5岁的蔡元培请了先生学习诵读《百家姓》《千字文》《神童诗》以及四书、五经,另外还有习字和对课。对课是一种类似造句的文字游戏,是写诗作文必不可少的基础,其富于变化的形式,对年少聪颖的蔡元培很有吸引力。

1883年,15岁的蔡元培考中了秀才,先后被本乡姚家和单家请为塾师,一边教书,一边自由阅读。阅读之书,大多源于在绍兴城内招徒授业的六叔,他在六叔指导下开始尝试写作散文和骈体文。写成后传之于乡邻,得前辈田春农赏识。田春农有一妹夫名叫徐维则,算是耕读传家的大户之子,他的父亲徐友兰和叔叔徐树兰共有一书斋名曰"徐氏铸学斋",藏书四万余卷。经田春农举荐,徐友兰很希望蔡元培能来这个书楼斋工作,一方面为其子伴读,另一方面帮助徐家校勘典籍。这份活计对嗜爱阅读的蔡元培来说,正是所需。

当年,铸学斋中少长咸集,一批志同道合的学子集合到了一起,谈笑风生,意气洋洋,空气何等活跃。其中马湄菣、薛朗轩是蔡元培探花桥私塾同窗,总角之交,该年薛朗轩(薛炳,译名薛大)十六岁,蔡元培小两岁,蔡自认与薛"最要好",说:"我于书肆中见有好的书无力购买,一告君,君就往购,与我共读,我很受君的益。"①

在这里伴读了四年(1886—1890),蔡元培广结师友,博览群书,"学乃大进"。光绪十五年(1889年)蔡元培和徐维则两人一起赴杭应乡试,同科中举人。次年,两人又赴京应会试。蔡元培中试,名列贡士第80名,徐维则落榜。若用今天的话,说蔡元培傍上了大户,实现了彼此人生的"双赢",恐怕也不为过。"吃水不忘挖井人",蔡元培日后认为这是他人生中的一个转折点,而当初介绍他入铸学斋的田春农则被他当作生平第一个知己。

(二)两校创办名爱国

1892年,蔡元培进京参加殿试,获中二甲第34名进士,被点为翰林院庶吉士。1894年,他

---

① 蔡元培在古越藏书楼校古籍?[EB/OL].https://baijiahao.baidu.com/s?id=1668468191391418350.

又参加了散馆考试,成绩优异,被授职翰林院编修。这一年发生了中日甲午海战,中国惨败,民族危机令士人普遍不安。前面的第三章中介绍过的张謇这一年中了状元,被授职翰林院撰修,但他很快离京回到家乡准备着手创办实业去了,而蔡元培则在编修的位置上干了四年。这段时间他对康梁维新改良派介绍的西学多有阅读与了解,开始留意世界事务,发现"教育"与"革命"才是当务之急,于是他基本上放弃了升官的念头,并在自己的书斋上写下十字以表心迹:"都无作官意,唯有读书声。"随着1898年康梁变法的失败,蔡元培以为少数知识精英围绕某个大人物,是找不到国家出路的。中国要有未来,必须塑造大批新人,必须反其道而行之,实行自下而上的自救方是上策,而教育正是其中应有之义。于是他离开北京,投身教育救国。他先后被人聘请到绍兴中西学堂及上海南洋公学,分别任院长和特班总教习,但主办方与蔡元培及学生之间,存有观念新旧之冲突,这让蔡元培难以施展开手脚,虽然影响了一批学子,如公学里的黄炎培,但蔡元培很快抽身自行离开。

1902年4月,蔡元培与叶浩吾、蒋观云等人成立了中国教育会,设立教育、出版及实业三个部门,旨在推动教育救国。几个月之后,中国教育会分别创办两所以"爱国"之名打头的学校:爱国学社和爱国女学。前者的首批学生主要来源于蔡元培任教过的南洋公学特班学生。当年11月,南洋公学有一学生误将墨水瓶放在桌上,被教员责备,学生不平,要求学校辞去教员,遭到拒绝,于是退学风潮发生,蔡元培平日倡导民权影响了特班学生,他们全部退学,并愿意到同时辞了职的蔡元培即刻着手借来校舍所筹建的爱国学社。学社成立之初,经费相当拮据,连师生的伙食费都没有着落。蔡元培欲往南京借款,正在码头等船,家人赶来,告之长子亡故。刚刚六岁的长子为前妻所生,前妻业已病逝,此子之殁,令蔡元培心如刀绞,痛楚不堪。但他还是最终决定,请家人办好后事,自己依然奔赴南京。三日后,携6 000元借款回到上海,爱国学社得以正式开办。

提供教育之外,爱国学社还具有很强的革命性。爱国学社成立之后,为了缓解资金困难,蔡元培、章炳麟等人便轮流为《苏报》撰文,每日一篇,宣传革命,《苏报》则每月向爱国学社支付报酬一百银圆。1903年6月"苏报案"发,章炳麟、邹容被捕,在友人劝说之下,蔡元培远避青岛,作留学德国之打算,爱国学社被迫解散。1904年,由于蔡元培在革命党人中的威望,他被推为第一任光复会会长,又一年,他入同盟会,任上海支部部长。

为了倡导女子教育,在爱国学社成立之前,蔡元培就和蒋观云、黄宗仰、林少泉、陈梦坡等人一起筹备爱国女学。这所学校与爱国学社一前一后开学,校址选在上海登贤里,后迁福源里,立校宗旨为:"教育女子,增进其普通知识,激发其权利观念。"开始时蒋观云为校长,但由于他担任校长不久便东渡日本游历,蔡元培便接任了校长之职。开创之初,学生较少,后来爱国学社教师眷属纷纷加入,人数才逐渐增加。

在南洋公学受教于蔡元培的黄炎培后来曾撰文怀念自己的先生时说:

斯时吾师之教人,其主旨何在乎?盖在启发青年求知欲,使其广其吸收,由小己观念进之于国家,而拓之为世界。又以邦本在民,而民犹蒙昧,使青年善自培育其开发群众之才,一人自觉,而觉及人人,其所诏示,千言万法,一归之爱国。不惟课文训语有然,观出校后,手创学社,曰爱国学社。女学,曰爱国女学,吾师之深心,"如山泉有源,随地涌现"矣。①

(三)五育并举当总长

1907年,蔡元培在北京等候派遣欧洲留学,但因为政府所给费用稀少而迟迟未能成行。后来恰逢顺天府尹孙宝琦出任德国公使,蔡元培就托其弟转达自己愿意在使馆中出任一职,以便留学。孙宝琦不仅答应了他的请求,而且给他每月白银30两,还不必任职。蔡元培到德国后,先在柏林学习了一年德语。1908年,他开始进入莱比锡大学,攻读哲学。1911年年末,蔡元培从德国返回国内。

1912年元旦,中华民国临时政府宣布成立,蔡元培就任教育总长,并发表《对于教育方针之意见》一文,作为主持教育改革的理论依据。文章批判清王朝"忠君""尊孔"的钦定封建主义教育宗旨,指出"忠君与共和政体不合,尊孔与信教自由相违",认为"共和时代,教育家得立于人民之地位以定标准",于是将清季学部忠君、尊孔、尚公、尚武、尚实的五项宗旨加以修正,改为军国民教育、实利主义教育、公民道德教育、世界观教育、美育五项。

蔡元培认为,要培养个性和谐发展的共和国国民,方针中的五育之实施"不可偏废":第一,军国民教育本不符合时代潮流,在他国已有道消之兆。但现时中国外有"强邻交逼,亟图自卫,而历年丧失之国权,非凭借武力,势难恢复",内有封建军阀专政,非行举国皆兵之制则无以平均其势力。因此,非实行军国民教育不可。第二,实施实利主义教育是发展国家经济的重要手段。"我国地宝不发,实业界之组织尚幼稚,人民失业者至多,而国甚贫。实利主义之教育,固亦当务之急者也。"他将物理、化学、博物学、算学、地理、金工、木工等都列入实利主义教育范围,在课程设置中占有较大比重。第三,公民道德教育即指法兰西革命所提出的自由、平等、亲爱。以中国儒家的"义""恕""仁"三种道德相比附,把资产阶级的道德观与中国传统文化所主张的仁义道德相杂糅。第四,世界观教育,即将世界分为现象和实体两部分。"现象世界之事为政治",目的在于"造成现世幸福",即满足人们物质生活的愿望;"实体世界之事为宗教",作用为"摆脱现世幸福",追求未来精神生活的满足。教育的任务就是将两者沟通,引导人们对"现象世界"的事物既不厌恶,也不迷恋,态度超然,淡泊处之,对"实体世界"应存有一种渴慕追求的心理。这样,方可达到所谓思想自由和意志自由的资产阶级"理想王国"。第五,美育,此为"介乎现象世界与实体世界之间"的桥梁。主张利用美育陶冶人们性情,纯洁人们志趣和品

---

① 黄炎培.敬悼吾师蔡孑民先生[N].大公报(重庆),1940-03-23.

格,提高人们精神境界。因为美感既有普遍性,可以破人我彼此的偏见,又具超越性,可以破生死利害的顾忌,所以在教育上应当对此特别加以注重。总的来说,五育可分为两大类:军国民主义、实利主义、公民道德教育三者,为隶属于政治之教育;而世界观、美育二者,为超逸政治之教育。由于他对美育的大力提倡,后人称其为"中国近代美育之父"。

依据蔡元培这一教育思想,同年,教育部公布教育宗旨为:"注重道德教育,以实利教育、军国民教育辅之,更以美感教育完成其道德。"当然,蔡元培在教育总长位置上其实只任了半年多一点,1912年7月初,因对袁世凯独揽大权的做法表示不满而辞职。但他却在这半年多时间里,对全国教育作出了一系列的重要改革,包括"改订教育宗旨,废除忠君、尊孔,废除读经,改革学制,修订课程,小学实行男女同校,推行义务教育及社会教育等"。辞职后的蔡元培旅居欧洲,一边游学,一边从事翻译著作工作,直到1916年新总统黎元洪电召他回国出任北大校长。

(四)七次校长辞北大

1916年年底,83天皇帝梦破灭后的袁世凯呜呼哀哉,蔡元培应邀回国,就任北京大学校长,从此拉开了他人生最辉煌的序幕,也成为迄今为止北大最高的精神领袖,或第一LOGO。

蔡元培既有深厚的旧学根基,又有长期在德、法等欧洲国家学习研究形成的广阔的西学视野。说他学贯中西,定然名不虚传。他在德国多年,最佩服的人是德国柏林大学的创始人威廉·洪堡。洪堡在19世纪初创办柏林大学,奠定学术自由、教学自由、学习自由的原则,并使这些原则成为全世界大学的基本价值准则。可是他正要接手的北大又是什么样的情形呢?很遗憾,当时的北大可算是乌烟瘴气之地,被外界叫作"官吏的养成所",是一个培养官僚的学校,不是研究学问,更不是传播真理的地方。很多友人劝他不要去接这个烂摊子,但他还是去了。他的主要想法是要把北大办成一所真正的大学,像柏林大学一样以学术为中心的大学,而不再是升官发财的阶梯。

"兼容并包,思想自由。"

八字办学方针一出,三步文科改革跟上。一是广揽人才,延请名师;二是创新体制,教授治校;三是学生自治,鼓励社团。

> 为了请到陈独秀,他还曾经"三顾茅庐"。当时正好陈独秀到了北京,住在一个旅馆里,蔡元培登门拜访,正式邀请陈独秀做北大文科学长,要这位没有学位头衔的《新青年》主编来主持中国最高学府的文科。之后蔡元培差不多天天都要拜访陈,有时来得早,陈独秀还没有起床,他就招呼茶房不要叫醒,只要给他个凳子,坐在房门口等候就行了。蔡比陈年纪大,他这样诚意拳拳,陈独秀当然只能答应了。和陈独秀住在一起的安徽同乡、出版家汪孟邹回上海,将这些事讲给侄儿汪原放等人听,他们说:"这很像'三顾茅庐'哩!"[①]

---

① 傅国涌.蔡元培为何七辞北大校长职务[J].同舟共进,2007(06):42-46.

在蔡元培看来，大学就是"囊括大典，网罗众家"的学府。针对有人批评他任用辜鸿铭、刘师培，他这样反驳：辜鸿铭、刘师培，他们的学问可以做你的老师，我们尊重的是讲学的自由和学术的自由，刘师培在北大不是来讲他的复辟思想，他是来教国学的，而辜鸿铭教的是英国诗歌。所以，希望你们学生学的是辜先生的英文和刘先生的国学，而不是要你们和他们一样去拥护复辟或者君主立宪。

据历史学者傅国涌先生考证，蔡从51岁出任北大校长到61岁最后卸任，蔡元培在任一共10年，但实际上在校时间不足5年，其间他曾七辞北大校长而未获准。时间分别为：1917年7月3日；1918年5月21日；1919年5月8日；1919年12月31日；1922年10月19日；1923年1月17日；1926年7月8日。[①]

七次辞职，虽然说起来具体原因各不相同，但最为根本的因素主要还是一致的，就是抗议外部的政治干扰，这在他的1922年发表《教育独立议》一文的开头就说得再清楚不过了。

> 教育是帮助被教育的人，给他能发展自己的能力，完成他的人格，于人类文化尽一分子的责任；不是把被教育的人，造成一种特别器具，给抱有他种目的的人去应用的。所以，教育事业当完全交与教育家，保持独立的资格，毫不受各派政党或各派教会的影响。[②]

蔡元培任北大校长的这10年间，"北洋政府的总统就换了5次，还有临时执政1人、摄政2人，内阁总理换了30次"。可以想见，当时的政治气候是多么的异常，地处京城的北大难免被卷进政治的漩涡，这时蔡元培要想做一名独立资格的教育家，除能力之外，无疑还需要相当的勇气。这份勇气源于作为革命家出身的他敢于亮出的"不合作态度"。1923年1月，他发表了《关于不合作宣言》，开头便说：

> 《易传》说："小人知进而不知退。"我国近年来，有许多纠纷的事情，都是由不知退的小人酿成的。而且退的举动，并不但是消极的免些纠纷，直接的还有积极的努力。[③]

可见，面对在黑暗恶劣的时局，作为知识分子必须懂得进退，甚至要明白，退有时候比不进重要。为了表示自己的不合作，他一次次辞职，是以告退的形式维护自己独立的人格尊严。日后，世人对蔡元培的无限景仰，无疑与他能兼备中国古代的君子人格与西方现代的知识分子独

---

① 傅国涌.蔡元培为何七辞北大校长职务[J].同舟共进，2007(06)：42-46.
② 蔡元培.蔡元培教育论著选[M].高平叔.北京：人民教育出版社，2017：397.
③ 同上书，480.

立担当这两者密切相关①。

（五）一心治学掌中研

"中研"，即中央研究院。蔡元培虽自谓"都无作官意，唯有读书声"，"性近于学术而不宜于政治"，但这里所讲的"治学"，主要不是指钻研（或增进）个人之学问，而是指治理（或领导）一国之学术。也可以说得更准确一点，即"钻研如何治理一国之学术的学问"。这方面，可说是蔡元培晚年事功的重心所在。他于1928年4月开始正式领导中央研究院，直至1940年3月去世为止，计13年。可以说，他是我国杰出的"科学事业培育者"②。

中央研究院的创设，是孙中山生前的遗愿。1927年5月，蔡元培在国民党中央政治会议上，与李石曾、吴稚晖、张静江共同提议建立中央研究院。1928年4月10日颁布的《修正国立中央研究院组织条例》规定，国立中央研究院"为中华民国最高科学研究机关"，其宗旨为"实行科学研究，并指导、联络、奖励全国研究事业，以谋科学之进步，人类之光明"。研究范围包括数学、天文学与气象学、物理学、化学、地质与地理学、生物科学、人类学与考古学、社会科学、工程学、农林学、医学等11组科学。《修正国立中央研究院组织条例》还对组织、基金、名誉会员等作了规定。这样，中研院就成为不隶属于大学院的一个政府独立机关。4月20日，国民政府委员会第五十六次会议任命蔡元培为院长。5月，启用印信。6月9日，中央研究院第一次院务会议在上海东亚酒楼召开，蔡元培主持宣告该机构正式成立。创办中央研究院的主要成员是中国科学社社员，中央研究院成立后接收了中国科学社在国际上作为中国科学界官方代表的地位。

蔡元培主持中央研究院，仍持"兼容并包、学术自由"的主张，各种问题都可以研究，各种学派都可以并存。既研究纯粹科学，也研究应用科学，两者兼顾，不可偏废。在手订的工作大纲中，蔡元培如此分析道："科学问题之研究，无论属于实验科学，或记录科学，或人文科学，仅应以其问题自身之重要性定其工作程度之先后，未可泛然浅然但以立见功效及直接应用等标准约束之。"③正因有此清晰而前瞻的理性精神来指导工作，使得中央研究院不断发展壮大，并逐渐摆脱了单纯介绍西方科学成就的局面，开始有了自己的科学成果，有的甚至达到了世界先进水平。著名的如：史语所董作宾、李济在河南安阳发掘殷墟，这是国人第一次用现代科学方法大规模地下发掘，轰动了整个世界，不仅使商王朝从传说走向信史（中国古代信史向前推移了千百年），而且还标志着中国近代考古科学的诞生。

对于蔡元培掌中央研究院，当代历史学家唐振常曾有这样的评价：

---

① 傅斯年说："蔡元培先生实在代表两种伟大文化：一曰，中国传统圣贤之修养；一曰，西欧自由博爱之理想。此两种文化，具其一难，兼备尤不可觏。先生殁后，此两种文化，在中国之气象已亡矣！"（参见：民国时期中国最牛的13位大学校长[EB/OL].https://www.sohu.com/a/254393314_100222688.）
② 唐振常.蔡元培传[M].上海：上海人民出版社，2018：243.
③ 蔡元培.蔡元培全集：第七卷[M].高平叔.北京：中华书局.1989：59.

元培任中央研究院院长,自建院以迄逝世之日,共历十三年,辛勤培育,使学术事业,特别是基础薄弱的中国科学事业,有所发展,这和他主持大学院与提倡大学区制的结果大异。究竟科学、学术和教育不尽相同,尽管距离元培所提倡的学术独立尚远,国民党对它的干扰毕竟会少一些,蔡元培的工作才能取得成绩。①

二、"道义之交,只此已足": 蔡元培在黄炎培人生与事业中的角色

人在社会生活中会发生各种各样的交往。有程度很浅的点头之交,也有程度很深的生死之交;有重物质利益的酒肉之交,也有重理想志趣的道义之交。黄炎培与蔡元培的交往无疑是人世间稀有的生死之交与道义之交②。作为学生,黄炎培在少年立志之后,便一生追随蔡元培,而且这种交往对成就彼此生命的价值起到了根本性的作用。生于1868年的蔡元培比生于1878年的黄炎培刚好大10岁。前者出生于浙江绍兴(原绍兴山阴县),后者出生于上海浦东(原江苏省川沙县),江浙一带因富裕而带来了长期的人文繁盛,文教事业也向来远较其他地区发达。在1901年的交通及资讯条件下,33岁的蔡元培与23岁的黄炎培在上海相遇虽然有一定的偶然性,但也含有一定的必然性。从黄炎培人生与事业发展的角度来看,蔡元培扮演了助其成长与"发达"的三大关键性的角色:上海南洋公学的启蒙导师、中国同盟会的介绍之人及中华职业教育社的有力后盾。

(一) 上海南洋公学的启蒙导师

南洋公学是光绪二十二年(1896年)由招商、电报两局督办盛宣怀在上海创建,与北洋大学堂同为中国近代历史上中国人自己创办的最早的大学。就读南洋公学是黄炎培人生的"第一个很大的转折点"③,因为在这里,他结识了一生的"志业"导师蔡元培。

1901年夏初,考取秀才在家乡川沙教私塾的黄炎培忽然接到其姑父沈肖韵的信,告知上海南洋公学登报招考,让他去应考,不要当塾师了。接信后,黄炎培很高兴地前去应考。笔试之后,口试的考官是张元济(1917年,中华职业教育社成立时,时任商务印书馆经理的张元济,也成了48位发起人之一)。当年南洋公学是我国最早采用分级教育的新式学堂,分师范院、外院、中院和上院,各以四年毕业。1901年始,"特设一班,以待成材之彦之有志西学者",课程为半日读中文课,半日学习英文和数学,中间穿插一些体育课,蔡元培任中文总教习。黄炎培被录取成了首届特班生。全班有42人,同学中有李叔同、章士钊、邵力子和汤尔和等。

蔡元培的教学方法,跟一般的教师不一样。不一样在于:一般教师的教学局限于课堂内,下了课,就几乎和学生不照面了,而蔡元培的教学,更注重的是课堂之外。

---

① 唐振常.蔡元培传[M].上海:上海人民出版社.2018:243-251.
② 谢长法.试析黄炎培与蔡元培的生死道义之交[J].河南职业技术师范学院学报(职业教育版),2007(01):85-87.
③ 黄炎培.八十年来[M].北京:文史资料出版社,1982:31.

蔡元培先召集学生谈话，交给每个学生一张学科分类单，有哲学、伦理、文学、政治、法律、财政、经济、教育等，凡二三十门之多。让各人认定一门或两门。然后，蔡元培就这一门开示应读的主要和次要书目，嘱学生向学校藏书楼借书阅读，每天须写笔记，送他批阅。蔡元培把批语写在每一节笔记的后面。笔记写得好的，他就在这一节的左下角加一个红圈，更好的加双圈。他不但亲笔批阅，还每晚轮流召两三名学生到自己的房间里谈话。让学生谈读书心得，或就当天报纸上登载的时事消息发表感想；学生也可以提出问题请教。

黄炎培先选定了一门外交，蔡元培就给他《万国公法》和几种外文文牍，让他攻读。蔡元培还教他"和文翻译法"。"和文"就是日文。让他学习日文翻译法，阅读浅近的日文书。蔡元培对他们这些学生说：现在中国被各国欺侮到这个地步，"知彼知己，百战不殆"，我们要知道自己的弱点，还要了解国际情况。了解国际就要通晓外国文，读外国书。英文自然要读，而通日文，比较容易，从日本书中也可以了解国际情况。①

蔡元培还特别重视演说才能的培养。他认为语言能力，对于学术上有造诣的人来说，实在太重要了。因为今后的学人，承担着"领导社会，开发群众"的重任。所谓开发群众，就是要能启发群众、宣传群众、组织群众，达到开发其潜力之目的。开发群众，启迪民智，固然可以靠文字，但民众识字的少，如能用语言，效用无疑更广大。为了鼓励大家多练习演说，蔡元培教授他们演说的方法，还指导大家成立演说会，定期组织轮流演说，或组织辩论会。黄炎培记得自己第一次登台演说辩论会的题目是：世界进化，道德随而增进乎？还有一次，蔡元培给特班生出了这样一个题目："试列举春秋战国时期的爱国故事，并加以评述。"

"辩论是一项思想的比赛，它拥有改变年轻人生命轨迹的力量。"②美国的一位教育部部长在以"辩论的力量——培养21世纪所需的五项核心技能"为题的演讲中如此说道。如此来看，一百多年之前，作为大学老师的蔡元培之所以对黄炎培日后产生根本性的影响，成为后者的"偶像性重要他人"，除了蔡元培独特而伟大的思想与人格之外，其所运用的"颇为独特的教学方法"③也是秘密之所在。

（二）加入中国同盟会的介绍之人

1902年10月，南洋公学因看似微不足道的"墨水瓶事件"（一教师要开除一位将放墨水瓶在讲台上的学生，并得到校方的支持），引发师生之间、生校之间、师师之间的不可调和的矛盾，掀起了全校性的学潮，最终导致特班被迫解散。蔡元培站在学生这一边，校方及一批较为保守的教师也纷纷指责蔡元培宣讲民权等思想，助长了学生维护自身权利的气焰，于是他愤然辞职。

---

① 尚丁.黄炎培[M].北京：群言出版社，2012：20-21.
② Arne Duncan(美国教育部长).辩论的力量：培养21世纪所需的五项核心技能——在都市辩论联盟全国协会2012年年会上的讲话[EB/OL].http：//blog.sina.com.cn/s/blog_737d480a010145n4.html.
③ 夏里.黄炎培受教于蔡元培[J].钟山风雨，2004(04)：52-53.

遵蔡元培之嘱,黄炎培回到家乡于第二年创办了川沙小学堂,从此投身新式教育。开始了他作为教育家的生涯。他在公学里学的演说技巧,此时用于宣传反清。他很快便因"诽谤"清廷,被捕入狱。不久又亡命日本。次年返回上海后,他以教书自给。此时恰逢蔡元培联合他人于上海创办《俄事警闻》后,蔡元培便介绍黄炎培为这份鲜明主张反对沙俄侵占东北的报纸撰稿,主要写"社说"(社论),引导他"投文新闻界"。另外,蔡元培还请黄炎培参与编辑自己创办的另一份名为《选报》的摘录各报菁华的报纸等。蔡元培对黄炎培介绍经验说:办文摘报是个好办法,既节省人力开支,宣传革命思想的效果又好。黄炎培日后称,此时师生间"往来至密"。

1905年8月,中国同盟会在东京成立。蔡元培任该组织的上海总干事,他立即将黄炎培召至其寓所,郑重地对他说:"我国前途至危……诸强邻虎视于外,清廷鱼烂于内。欲救亡,舍革命无他道……欲革命,须有一个组织,你愿意加盟吗?"黄炎培不假思索,当即表示愿意。约好某日深夜至上海市西寿里62号蔡元培寓所宣誓。届时蔡元培拿出誓文,上有"建立民国,平均地权,驱除鞑虏,光复中华"之词。加入同盟会后,黄炎培陪同蔡元培参加了欢迎章炳麟出狱和邹容纪念馆落成仪式,成为当时蔡元培得力的革命助手。1906年6月,蔡元培赴德国留学前夕,推荐黄炎培接替自己所担任的同盟会上海总干事一职,接任后,黄炎培对保存有关秘密文件和保护同盟会会员做了大量的工作。

(三)中华职业教育社的有力后盾

1912年1月3日,蔡元培就任中华民国临时政府首任教育总长。到任后,他十分希望黄炎培至京担任教育部次长一职,协助自己推行教育改革,于是,他电召黄炎培赴京就任。然而,当时黄炎培是张謇领导的江苏教育会的重要骨干(常任调查干事),并在不久前新政府成立时,又被任命为民政司总务科科长兼教育科科长。黄炎培考虑自己刚刚任职,不宜遽辞,而且他特别认为:"民国教育基础在地方,其职之重不下于中央。"于是,他赴京向蔡元培面陈了自己的想法,并推荐他人担任教育部次长。

1917年1月8日,黄炎培偕蒋维乔、陈宝泉、郭秉文等赴日本和菲律宾考察教育。有鉴于民初教育与社会的严重脱节,导致学生(尤其是中学生)毕业即失业的客观现实,黄炎培回国后在蔡元培等人的支持下于5月6日在上海创建了中华职业教育社。中华职业教育社发起人计有48位,主要是教育界、实业界与政界的著名人士。他们共同草拟了"宣言书",认为"方今最重要、最困难之问题,莫生计苦,而求根本上解决此问题,舍沟通教育与职业,无所为计"。中华职业教育社成立后,黄炎培历任办事部主任、常务董事等职,是职教社的实际负责人,而先后膺任北京大学校长、中央研究院院长的蔡元培同时也是职教社领导层的核心成员。据黄炎培说,中华职业教育社创建之初,人们对它很不理解,只有蔡元培深切了解黄炎培,关心暂时处于孤立地位的职教社。"既共列名发起,复时时为之张目",给予职教社强有力的、始终如一的声援和支持,并数次当众演讲职教社创始之艰难。因此,二人曾多次一起出席职教会的年会、评议会、专家会议、学术讲演会等,发表有关职业教育的讲演,筹划、决议推广职业教育的方案,为发展职业教育尽心尽力。1936年,蔡元培重病在身,移居香港,虽忧国情,生活清苦,仍关心职教事业,担任职教社评议会主席,直至与世长辞。

恰如高奇教授所言,"蔡元培是黄炎培尊师的师长,也是忘年的挚友"[①]。黄炎培心目中的蔡元培是"衣冠朴雅、仪容整肃而又和蔼可亲"。"入室则图书满架,吾师长日伏案于其间,无疾言,无愠色,无倦容,皆大悦服。"蔡元培去世后仅一周,即1940年3月12日,黄炎培撰写了长长的挽联,奉悼其师。其中写道:

> 最初启示爱国者,吾师。其后提挈革命者,吾师。……
> 有所不为,吾师之律己;无所不容,吾师之教人。……[②]

三、"有所不为,无所不容": 蔡元培对黄炎培思想形成的影响

每一位教育家的思想观念既来自其所接受的家庭与学校教育,也来自他走向社会后与他人打交道过程中所经历的智性生活。古语云,亲其师,信其道。又曰:师者,传道,授业,解惑也。作为与蔡元培长期交往密切,并深受其器重的弟子,黄炎培的思想与人格形成无疑深受蔡元培的巨大影响。黄炎培在蔡元培去世之后,曾在所撰的哀悼辞的结尾说:"愿以一言慰吾师于地下,苟及吾师门者,当无不以至诚接受吾师遗教,如小子者,曾何敢以吾师之厚我而私哭吾师,只有本吾师言教与身教,自儆惕,自奋励,以终吾生,尽吾天职,答吾师之德。"师者之教,不外于言教与身教两个方面。人们常说,"身教重于言教"。其实,身教与言教皆有所长,皆有所短,两相结合,或更能相得益彰。身教,常常需要近距离,以身作则,耳提面命常有时,主要是人格的感召;言教则会超越距离,诉诸理性,心有灵犀一点通,主要是思想的激发。就本章节议题而言,黄炎培大职业教育主义思想的提出,应当说既与蔡元培所主张的"政潮外边,通力合作"的身教示范存有密不可分的联系,又与蔡元培倡说"普教像地基,职教像房屋"一类的言教鼓动存有内在相通的逻辑。

(一)身教示范:"政潮外边,通力合作"

前文提及,蔡元培在1923年1月辞北大校长时,曾发表了《关于不合作宣言》,表示自己"不再替政府帮忙的决心",因为"政府绝无希望","当局的坏人,大抵一无所能的为多,偶有所能,也是不适于时势的。他所以对付时局,全靠着一班胥吏式机械式的学者替他在衙署里面,办财政,办外交等,替他在文化事业上作装饰品。除了这几项外,他还有什么维持的能力呢?所以这班胥吏式机械式的学者,只要有饭吃,有钱拿,无论什么东西,都替他做工具,如俗语说的'有奶便是娘'的样子,实在是'助纣为虐'。他们的罪,比当局的坏人还多一点儿"。而蔡元

---

① 高奇.蔡元培与黄炎培[J].教育与职业,1995(02):38-39.
② 黄炎培.黄炎培日记:第6卷[M].北京:华文出版社,2008:256.

培自称"是一个比较的还可以研究学问的人","兴趣也完全在这一方面"。他讲道:"自从任了半官式的国立大学校长以后,不知道一天要见多少不愿意见的人,说多少不愿意说的话,看多少不愿意看的信。想每天腾出一两点钟读读书,竟做不到,实在痛苦极了。而这个职务,又适在北京,是最高立法机关行政机关所在的地方。只见他们一天一天的堕落:议员的投票,看津贴有无;阁员的位置,禀军阀意旨;法律是舞文的工具;选举是金钱的竞赛;不计是非,只计利害;不要人格,只要权利。这种恶浊的空气,一天一天的浓厚起来,我实在不能再受了。我们的责任在指导青年,在这种恶浊气里面,要替这几千青年保险,叫他们不致受外界的传染,我自恃实在没有这种能力。所以早早想脱离关系,让别个能力较大的人来担任这个保险的任务。"[1]

可以看出蔡元培这次辞职,主要与当时北洋政府的管理混乱有关,尤其是教育主管部门对北大进行过多无谓的干预,使得蔡元培身心俱累,不堪忍受。可是,这种心理的产生有一个深刻而长期的变化过程。"形势比人强",当初民国初立时,蔡元培之所以接受首任教育总长之职,并能有一番不错的作为,在蔡元培自己看来,是全凭自己和他人通力合作的结果。这就要说到当时与蔡元培搭班子的另一位教育家范源廉。

历史不长,但易遗忘。时间虽然仅过去不到百年,但今天的人们已经很少有人知道范源廉了,以至于他的名字到底是"范源濂"还是"范源廉",都需要有人来进行一番正名。[2] 傅任敢1936年撰文介绍:范源廉为我国"晚近之教育家",字静生,湖南湘阴县人。戊戌维新,他考入长沙时务学堂,曾三任民国教育总长,"其所主张,多见定议"[3]。他既受教于时务学堂,应该是曾主持过该学堂的梁启超的门生,而他与蔡元培之间多有交集,其中最重要的当数两次"钦点"对方:一是蔡元培任民国首任教育总长时,他主动请求范源廉任次长;二是1916年,袁世凯的皇帝梦破灭而一命呜呼之后,范源廉出任段祺瑞内阁教育总长时,主动恳请当时还远在法国参与主持留法勤工俭学活动的蔡元培回国,就任北京大学校长。当时,他一边极力游说各方,一边给蔡元培发电报催促。电文殷切:

> 国事渐平,教育宜急。现以首都最高学府,尤赖大贤主宰。师表群伦,海内人士,咸探景仰。用特专电敦请吾公担任北京大学校长一席。务祈鉴允,早日回国,以慰瞻望。[4]

其实,他们各有党派,相互之间的政见并不相同,而且办教育的观念亦有较大的差异,但彼此却能惺惺相惜,通力合作,一时被传为民国佳话。这在丁晓平所著的《世范人师——蔡元培传》中有如下呈现:

---

[1] 蔡元培.蔡元培全集:第四卷[M].高平叔.北京:中华书局.1984:311-313.
[2] 蒋纯焦."范源濂/廉"正名[J].书屋,2019(09):95-96.
[3] 傅任敢.近代中国教育人物像传[M].北京:首都师范大学出版社,2011:60.
[4] 高平叔.蔡元培年谱长编[M].北京:人民教育出版社,1999:613.

范源廉一九一二年参加清末立宪派发起组织共和党,是党内教育行政专家。蔡元培两次亲自登门拜访他,请其出任教育次长,坦诚相邀。

蔡元培说:"现在是国家教育创制的开始,要撇开个人的偏见、党派的立场,给教育立一个统一的智慧的百年大计。同盟会里面并不是寻不出一个次长;我现在请先生做次长,也不是屈您做一个普通的事务官。共和党随时可以组阁,您也可以随时出来邦教。与其到那个时你有所变更,不如现在我们共同负责。教育是应当立在政潮外面的。我请出一位异党的次长,在国民党里面并不是没有反对的意见;但是我为了公忠体国,使教育有全国代表性,是不管这种反对意见的。"

出于党派之争,范源廉思想上一时还是转不过弯来。

蔡元培说:"听说你们党里也有其他看法,劝告你不要自低身价,给异党、给老蔡撑腰,可是这不是为国民党或我个人撑腰,乃是为国家撑腰。我之敢于向你提出这个请求,是相信你会看重国家的利益超过党派的利益和个人的得失之上的。"

动之以情,晓之以理。蔡元培的一番话打动了范源廉,遂答应出任次长。

就全国的教育体制安排,蔡元培的兴趣偏向于高等教育,而范源廉则偏重于普通教育。

范源廉说:"小学没有办好,怎么能有好的中学?中学没有办好,怎么能有好的大学?所以我们第一步,先要把小学整顿。"

蔡元培说:"没有好的大学,中学师资哪里来?没有好的中学,小学师资哪里来?所以我们第一步,先把大学整顿。"

两个人有不同意见,说的都有道理,怎么办?就"把两人的意见合起来,就是自小学以至大学,没有一方面不整顿。"蔡元培在回忆他与范源廉合作的情形时说:"元年我在教育部,请范君静生相助,我偏于理想,而范君注重实际,以他所长,补我之短。"他把与范源廉的合作,尤其是在不同意见上的互补和调整上,称作"常持相对的循环论"。

············

后来,蔡元培在我《自我年谱》中这样回忆任教育总长时的用人原则:"我那时候只有能者在职的一个念头,竟毫没有顾到老同志的缺望,到正式组织时,部员七十人左右,一半是我提出的,大约留学欧美或日本的多一点,一半是范君静生所提出的,教育行政上有经验的多一点,却都没有注意到党派的关系。"范源廉则这样回忆与蔡元培共事时的情景:"在我们合作期间,部里的人都是知无不言,言无不尽,讨论很多,但都没有久悬不决的事。一经决定,立刻执行。所以期间很短,办的事很多。"[①]

[①] 丁晓平.世范人师——蔡元培传[M].北京:作家出版社,2015:82-84.

蔡元培与范源廉作为当时最高的教育行政领导,相互取长补短,良好合作,组织人员制定并颁布的《学校系统令》及各类学校法令,对初步形成现代新式学校教育体系作出了不可磨灭的贡献,"推进了民国前期教育事业的发展……推动了中国高等教育的早期现代化进程"。[1]

但是,我们联系前面蔡元培提出的"不合作宣言",便可见蔡元培与范源廉之间之所以能有良好的合作,至少是有三个前提条件的:一是"政潮之外"。换言之,不能以党派利益来管理国家的教育,必须有超越于党派利益之上的更大的格局来看待和处理教育事务。二是"能者在职"。换言之,就是必须任人唯贤,"一无所能"者必得退出,否则合作必然无效,甚至反效果。三是"常持相对"。换言之,彼此思维不能光是求同(或顺从),而是必须是基于彼此双方各自独立思考[2]之后的相互补充,"君子之争,和而不同",这样教育的理想之光才能更好地照进现实。可以说,这三个重要条件缺少一个,蔡元培与范源廉之间的合作都会大打折扣。

"政潮外边,通力合作",蔡元培与范源廉之间的榜样示范,对黄炎培凸显"社会合作"之重要的大职业教育主义思想的形成,无疑也有着"桃李不言,下自成蹊"的效果。1917年5月,蔡元培与范源廉俱列新成立的中华职业教育社48位发起人名册,并且经由他们颁布的教育制度中,为职业教育提供一席之地,建构了包括不同类型学校的现代教育系统,这至少为民国时期职业教育的发展提供了可能的社会空间。黄炎培在《提出大职业教育主义征求同志意见》一文中说:"国家政治清明,社会组织完备,经济制度稳固,尤之人身元气浑然,脉络贯通,百体从令,什么事业都会好。反是,什么事业都不会好。……只把界限划起来,此为'职业教育',彼为'非职业教育',已经不行哩。……还须有最高的热诚,参与一切;有最大的度量,容纳一切。其实岂但职业教育,什么教育都该这样,也许什么事业都该这样。"而这种理想的社会,也正是蔡元培与范源廉所期待的,并不断努力(竭力)想去创造的社会;有志之社会成员,彼此都能跨出各种"界"去,加强沟通与合作,这也是蔡元培与范源廉以身示范了的。

(二)言教鼓动:"普教像地基,职教像房屋"

本章开头言及张謇和蔡元培在黄炎培人生与事业发展中的角色,分别以"互动型重要他人"与"偶像型重要他人"来定位,但这并不意味着黄炎培与作为其毕生"偶像"的蔡元培没有多方面的积极"互动"。在职业教育这块思想的园地里,通过已有的历史史料我们可以看到较为清晰的两者互动的脉络。对黄炎培来说,1917年联络多方社会力量创办中华职业教育社是其职业教育思想走向独立的开始,而1925年撰写《提出大职业教育主义征求同志意见》则标志他的职业教育思想走向成熟。若以此两个年份为时间节点,我们大致可以看到蔡元培与黄炎培

---

[1] 田正平,阎登科.教育行政系统的内外合作与民国前期教育——基于蔡元培与范源廉三度合作的考察[J].社会科学战线,2013(3):225-231.
[2] 有学者将范源廉的主要教育思想概括为三点:一是"启民智:以基础教育为根本";二是"富民生:以实业教育为手段";三是"立民德:以修养教育为保障"。[见:刘学坤.范源廉:矢志不渝的近代民主教育领袖[J].教育与职业,2008(04):106-108]

之间在职业教育思想方面的互动呈现出三个阶段：1917年前，蔡元培在五育并举中提倡实利主义教育思想，黄炎培是其师所倡导思想的忠诚追随者与勇敢实践者①；1917年至1925年，黄炎培创办中华职业教育社后，蔡元培同黄炎培开始并肩成为为职业教育的发展进行鼓与呼的彼此激励者和相互启发者；1926年后，随着黄炎培提出大职业教育主义思想，蔡元培则成了黄炎培职教思想的坚定拥护者与积极宣传者。若此分段理据恰当，那么前两个阶段中的蔡元培无疑会对黄炎培提出大职业教育主义思想发挥了重要的影响。

首先，我们来看第一阶段，黄炎培是如何紧紧跟随并勇敢实践蔡元培先生倡导实利主义教育思想的。

甲午海战败于日本之后，时代发展的主题最鲜明的似乎只剩下一个：什么可以救国？蔡元培的答案是教育救国与兴业救国。两者的逻辑链条在于注重"有用之学"。教育救国，就必须废除"无裨实用"的科举，兴"讲有用之学"的学校；而兴业救国，若无"有用"的工农商等实业之学作为支撑，也必然落空。1900年，他在为浙江剡山二戴两书院撰写"学约"时，殷切期望："举业者，所以觇其学，非以为学也。……不可不明工食之理。……诸生有志为士，当思自有生以来，一切养生之具，何事不仰给于农工商，而我所以与之通易者，何功何事？不患无位，患所以立，怵然脱应试求官之积习，而急致力于有用之学矣。"②

1912年，民国初立，蔡元培出任教育总长，提出了新的教育宗旨，主张"公民道德、实利主义、军国民、世界观和美育"五育并举。其中，所倡导的实利主义教育，主要是指智育，但由于他提倡实业化，使学生所学的知识具有就业的本领，因而包含了实业教育之思想。它是"以人民生计为中坚。其主张最力者，至以普通学术，悉寓于树艺、烹饪、裁缝及金、木、土工之中。此其说创于美洲，而近亦盛行于欧陆。我国地宝不发，实业界之组织尚幼稚，人民失业者至多，而国甚贫。实利于主义教育，固亦当务之急也"。③他认为，在实利主义教育的课程设置上，要增加应用性的比重，国语国文有40%以上是实利的；历史、地理也是实利的；数理化等自然科学则当然是实利的；手工亦是如此。这体现了通过结合职业知识技能教育来改良普通教育的要求。

"实利主义"是杜威"实用主义"的另一译名。黄炎培也是杜威教育思想的信徒，又与其师蔡元培有着同样强烈的教育救国与实业救国的梦想，因此也正是他成了蔡元培所说的"主张最力者"。他在1913年至1917年年初，先后发表了《学校教育采用实用主义的商榷》(1913年8月)、《实用主义小学教育法》(1914年)、《实用主义产生之第一年》(1915年1月)、《实用主义产生之第二年》(1915年12月)、《实用主义产生之第三年》(1917年1月)等系列文章，在系统地论述了实用主义教育思想的同时，不断总结着中国当下教育运用此思想的实践具体经验，力图打破以往文字的平面教育，实行立体的实物教育。在他看来，实用主义教育偏重知识，但并不

---

① 需要说明的是，这里强调"提倡"或"倡导"之义在于：实利(用)主义教育思想是源自美国的杜威，并不是蔡元培本人的原创性思想。蔡元培提出的"美育代宗教"思想则非常具有原创性。
② 蔡元培.蔡元培全集：第一卷[M].高平叔，北京：中华书局，1984：93-97.
③ 同上书，131.

忽略谋生能力的发展,他把实业教育看作急务、最切实有用的教育、生利的教育。而且,他很快就把注意力从"实业教育"转向了涵盖性更为广泛的"职业教育",实现了从实业教育到职业教育的话语转换。在《学校教育采用实用主义的商榷》一文中,黄炎培说:"自社会困于生计,于是实业教育问题惹起一世之研究。一般论者,谓将以教育为实业之先导,不得不以实业为教育之中心。"①而到了《实用主义产生之第三年》一文的开头,黄炎培则云:"实用教育主义产生之第三年,谓是职业教育萌生之第一年,可也。"②

黄炎培从这种"敏于行"的"跟随"蔡元培过程中,不断地投入精力于职业教育的考察与调研、写作与反思中,努力在能使实用主义理论与实践相结合的教育园地圈出自己所能擅长的地盘,对职业教育也有了越来越深刻的独到认识,为其日后孕育大职业教育主义思想无疑提供了良好的"温床"。

其次,我们再来看第二阶段,他们之间是怎么彼此激励与相互启发的。

中华职业教育社创办之始,在社章(《中华职业教育社组织大纲》)的第一、二条分别提出一大目标与三大任务。一大目标是:"同人鉴于方今吾国最重要最困难问题无过于生计,根本解决惟有沟通教育与职业。"三大任务则为:"甲,推广职业教育;乙,改良职业教育;丙,改良普通教育,俾为适于普通教育之准备。"③这是黄炎培与包括蔡元培在内的众多发起人的共识。以此为基础,他们之后开始不断地对如何沟通教育与职业、沟通普通教育与职业教育等方面进行探索。对蔡元培来说,最具有代表性的体现在他1920年12月初新加坡之行④时,在南洋华侨中学等校欢迎会上作了题为《普通教育和职业教育》⑤的演讲。其中,他有这样的一番认识:

> 我今天就把普通教育和职业教育说一说。刚才从中学校来,知道中学内有商科一班,这却是职业教育的性质,不在普通小学校或中学校的普通教育范围以内。
>
> 普通教育和职业教育,显有分别:职业教育好像一所房屋,内分教室、寝室等,有各别的用处,普通教育则象一所房屋的地基,有了地基,便可把楼台亭阁等,建筑起来。故职业教育所注重的,是专门的技能或知识。
>
> ……………
>
> 我们人类,本是进化的动物,对于现状常觉不满足的。故这里有了小学,渐觉中学的不可少。办了普通教育,又觉职业教育的不可少了。南洋是富于实业的地方,我们华侨初到这里的,大多数从工事入手以创造家业。不过发大财成大功的,都从商务上得来。商业

---

① 黄炎培.中国近代思想家文库·黄炎培卷[M].余子侠.北京:中国人民大学出版社,2015:27.
② 同上书,101.
③ 同上书,106.
④ 当时新加坡、菲律宾等国所在的"南洋"一带华侨是中华职业教育社重要的资金捐助者。参见:黄炎培与中华职业教育社[EB/OL].http://www.cqlsmrw.com/home/mrxw/info/id/180/catId/14.html.
⑤ 蔡元培.蔡元培教育名篇[M].北京:教育科学出版社,2013:94-96.

> 在南洋，的确很当注意的，这里的中学，就应社会的需要，而先办商科。然若进一步去研究，商业的发达，必借原料的充裕，那原料，又怎样能充裕呢？不消说，全在农业的精进了。农业更须种种的农具；要求器械的供给，又宜先开矿才行，这又侧重到工艺上头。按我国制造的幼稚，实在不容不从速补救。开了铁矿自己不会炼钢，却将原料卖给别国，岂不可惜；若精了制造术，便不怕原料的一时跌价，因为我们能自己制造应用品出售，也可不吃大亏啦。
>
> 照现在的社会看来，商务的发达，可算到极点了，以后能否保持现状，或更有所进步，这都不能有把握。万一退步起来，那么，急须从根本上补救。像研究农业，和开工厂等，都足为经商的后盾，使商务的基础，十分稳固，便不愁不能发展。

蔡元培的这次演讲从他在新加坡看到的普通中学办职业教育性质的商科班现象讲起，辨析了普通教育与职业教育之间的区别与联系：以建造房屋为喻，普通教育像是地基，职业教育则像是在地基上建造的房屋；普通教育这一"地基"必须坚实，职业教育的"楼台亭阁"才可能建筑得好。关于两者的关系，还不限于如此，在演讲的最后，蔡元培又结合南洋的社会发展实际，进一步认为：职业教育是人类社会"进化"到当今的产物，是"应社会的需要"而出现的，"商业的发达"需要"像研究农业，和开工厂等，都足为经商的后盾"，因此，职业教育的健康发展必须使"学生中有天性近农近工的，不妨分头去研究，切不可都走一条路"。换言之，社会越发展，分工越细致，职业教育所能展开的面理应就越广泛。

与五年之后黄炎培提出的大职业教育主义的思想相对照，蔡元培的上述认识无疑可以带来直接的启发意义。笔者以为最起码有两层思想的启发：

一是在教育内部打破不同类型教育之间的界限。即不仅看到职业教育与普通教育的区别，更要看到二者之间的有机联系。这与黄炎培在《提出大职业教育主义征求同志意见》中所说的下面一段话的意思几乎是完全一致的：

> 只从职业学校做工夫，使得职业学校以外各教育机关总觉得你们另是一派，与我们没有相干。岂知人们常说什么界什么界，界是分不来的。不要说师范教育、医学教育等等都是广义的职业教育，就是大学、中学、小学，和职业教育何尝没有一部分关系？大学分科、高中分科，是不用说了，初中何尝不可兼设职业科，小学何尝不可以设职业准备科？何况初中还有职业指导，小学还有职业陶冶呢。要是此方认为我是职业学校，与一般教育无关系，彼方认为我非职业学校，与职业教育无关系，范围越划越小，界限越分越严，不互助，不合作，就不讲别的，单讲职业教育，还希望发达吗？

二是用现代社会各业发展之间的有机联系的观念来看职业教育的发展。在蔡元培看来，表面上当时南洋社会是"商业"发达,但它的基础却是"农工",所以办职业教育必须有前瞻而宽广的眼光,才能更好地为当地社会的健康发展服务。这与黄炎培在上述同一文章中所说的另一段话的意思也是精神上相一致的。他说:

  办职业学校最大的难关,就是学生出路。无论学校办得那么好,要是第一班毕业生没有出路,以后招生就困难了。万一第二班再没有出路,从此没有人上门了。怎样才使学生有出路呢?说几句联络职业界的空话是不够的。设什么科,要看看职业界的需要;定什么课程,用什么教材,要问问职业界的意见;就是训练学生,也要体察职业界的习惯;有时聘请教员,还要利用职业界的人才。不只是参观啦,实习啦,请人演讲啦,都要职业界帮忙哩。最好使得职业界认做为我们而设的学校,是我们自家的学校,那就打成一片了。所以只从教育界做工夫也是不行的。

  社会是整个的。不和别部分联络,这部分休想办得好;别部分没有办好,这部分很难办的。……农、工业不会好,农、工业教育那里会发达呢?

  韩愈《师说》中云:"弟子不必不如师,师不必贤于弟子,闻道有先后,术业有专攻,如是而已。"如果上述比较不显得牵强的话,那么我们还可以进一步推想:作为蔡元培在教育志业(认同"教育救国"主张)上最得意的学生,黄炎培对其师关于职业教育的言论非常留意收集,经过几年的消化吸收,可以说达到了烂熟于心的程度,距离"大职业教育主义"思想的提出,只剩下"呼之欲出"之功了。

  还值得一提的是,在1926年后,即两人互动的第三阶段,蔡元培利用自己作为"大学院院长"的身份影响力,直接或间接地为黄炎培的"大职业教育主义"主张进行宣传。如:1928年5月,中华职业教育社第10届年会在苏州召开时,全国最高学术教育行政机关大学院代表朱经农,代表时任大学院院长蔡元培发言说,从小学到大学的一切教育都应当职业化,普通教育与职业教育应当打成一片,使全部教育都有职业的兴味。并根据以往职业教育的弊病提出,办理职业教育者也要改进职业教育,以应对不同环境的要求。有学者指出:"这个发言从官方的角度出发,与'大职业教育主义'相呼应就更明显。"[1]

  总之,从上面的分析我们不难看出"教育思想的师承与创新"是人类教育事业获得良好发展的重要议题。从最初黄炎培对蔡元培(思想)的紧紧跟从,到黄炎培独立提出自己成熟的职教思想,再到蔡元培对黄炎培(职教思想)的一唱一和,这种"大写"的师生关系无疑是中国教育思想史上最生动、也最华丽的篇章。

---

[1] 彭干梓,夏金星.蔡元培与黄炎培:上世纪初中国主流职业教育思想的师承与创新[J].职教论坛,2006(05).

第五章 梁启超对黄炎培大职业教育主义思想形成的影响

> 每代人都以为自己是崭新,其实他只是传统当中。梁启超的"多变"说明他是开放的……始终希望看到一个更自由开放强大的中国,他从来没变过这些东西。[①]
>
> ——许知远

梁启超(1873年2月23日—1929年1月19日),广东新会人,字卓如,号任公,别署饮冰子、哀时客、中国之新民等。他是大时代风云骄子式的人物,从年少举人到维新志士,从著名报人到议会政治弄潮儿,从政府部长从到清华国学院导师制领衔人,梁启超所拥有的种种身份正是他跌宕起伏的多面人生展现。仅在教育方面,他既是晚清"废科举,兴学校"运动中思想界的积极鼓吹者,又是民国成立前后倡导"培育新民,以便具有世界人之资格"思想的中坚人物。黄炎培与梁启超在教育理念与精神上多有"神交"或默契,这也是后者能作为核心成员被吸纳进最初成立的"中华职业教育社"的重要原因;而梁启超在1922年专门针对教育问题发表了一系列富有新意、很是轰动的著名演讲,其中也包括8月在中华职业学校以《敬业与乐业》为题所作的讲演,这些演讲所阐发的教育思想对黄炎培提出大职业教育主义思想有着较为直接且深远的启发意义。

一、"不惜以今日之我与昨日之我战": 梁启超的教育人生

大凡天才人物,总有一番常人难以企及的淋漓气象。作为一个鲜活而丰富的生命个体,作为一个深度参与中国历史进程且塑造了"中华民族"(梁启超首创之词)精神的大写之人,梁启超肯定是值得后人不断书写的历史人物。目前关于梁启超的传记有多部,笔者比较熟悉的主

[①] 许知远: 可能我跟梁启超有点像,开放真诚摇摆不够强力[EB/OL]. https://news.sina.com.cn/o/2019-06-06/doc-ihvhiews7044221.shtml.

要有这样五部：第一部是《梁启超自述》①。这部书是后人将梁启超以往分散发表的文章进行汇合整理而成的，包括自述生平、师友交往、学术主张、政治主张等四编。第二部是吴其昌所著《梁启超传》②。作者毕业于清华国学研究院，为王国维和梁启超的得意门生。他是扶病著述，只成半部，"这半部传记出版时已成为吴氏的遗著"。初读这本书，我感觉这本书没有抓住重点，对梁启超本人着墨不多，但读至最后方能感觉作者的用心乃是"把我的神魂，钻入这个人的时代，并立于这个人的环境，透视了这个人的情绪、性格"，因而时代与环境之客观呈现是作者首先追求的效果之所在。当然，市面上有此书的多个版本，几乎都将前面提及的《梁启超自述》相关内容作为附录。第三部是徐刚所著《烂漫饮冰子——梁启超传》③。作者是一位著名的诗人，他在大量文献里穿梭，化枯燥史料为鲜活的生活场景，以文学的手段，激活沉睡的历史，并站在时代的高度挖掘梁启超的思想价值，让一位长期被误读的历史伟人呈现出真相。第四部是解玺璋的《梁启超传》(上、下)④。解玺璋是知名文化评论家、近代史学者，在历史人物研究领域里深耕多年，其代表作《梁启超传》问世之初，一时洛阳纸贵，成为梁启超研究领域里未来相当一段时间难以逾越的经典之作。第五部是许知远的《青年变革者：梁启超(1873—1898)》⑤。这是作者计划中的"梁启超三部曲"之第一部。许知远通过五年积淀，回访历史现场，用"共情书写"来"状摹青年梁启超的希望与挫败，复活时代的细节与情绪，展现几代人的焦灼与渴望、勇气与怯懦"。⑥

阅读上面的五本书，令笔者能够走进梁启超的生命史及他所处的社会史。但基于本研究之目的，笔者打算基于少量的史料细节与特定主题，尝试分三个阶段简要地介绍作为教育家的梁启超的教育人生。前两段是受教，包括家教和师教；后一段是从教，包括做大学导师治学问及启迪大众作讲演。

（一）早年母教立其诚

人所受的教育，不外乎家庭教育、学校教育和社会教育。家庭教育是人生第一阶段的教育，父母或其他共同生活的长者对儿童成长影响的重要性，自是不必说的。它与学校教育对人的影响两相比较，往往各有侧重。教育学界较为普遍的共识是，人的人格成长更多取决于家庭，而非学校；而在人的智力成长方面，则往往学校优于家庭。回到家庭教育来说，至于是父亲的影响大，还是母亲的影响大？人们的说法不一。有人说，"一位好父亲胜过一百位老师"，也有人说"真正推动世界的手就是当初推动摇篮的母亲的手"。伟大的德国心理分析学家弗洛伊德则提供了男孩的"恋母情结"与女孩的"恋父情结"，为我们建构了审视家庭教育的新框架，虽

---

① 梁启超.梁启超自述[M].北京：人民日报出版社，2000.
② 吴其昌.梁启超传[M].南京：江苏人民出版社，2015.
③ 徐刚.烂漫饮冰子——梁启超传[M].北京：作家出版社，2014.
④ 解玺璋.梁启超传：上，下[M].北京：化学工业出版社，2018.
⑤ 许知远.青年变革者：梁启超(1873—1898)[M].上海：上海人民出版社，2019.
⑥ 解悦.许知远推出转型力作《青年变革者：梁启超》[N].南京日报，2019-05-07.

然有争议,但认可的人也相当多。前些年,澳大利亚心理学家实验分析,儿童在智力的遗传特性上更多的是性别交叉的,即儿随母,女随父。笔者以为,上述研究或说法,在某种程度或一定范围内都有成立的理由,但常常忽视了儿童日益增强的主体性,这种主体性往往会让"一厢情愿"式的父母教育大打折扣。说得更明白一点,家庭教育的效果取决于父母与子女之间的互动情形。笔者的这个观点若用来分析梁启超早年的成长经历,恐怕更为合适。

据梁启超的自述,特别是其《我之为童子时》一文,我们可以看出他母亲对他一生品格形成的深刻影响。文章不长,照录如下:

我为童子时,未有学校也。我初认字,则我母教我,直至十岁,皆受学于我祖父、我父。我祖父母及我父母皆钟爱我,并责骂且甚少,何论鞭挞。然我亦尝受鞭三次,至今犹历历可记,汝等愿闻此老受鞭之故乎?

我家之教,凡百罪过,皆可饶恕,惟说谎话,斯不饶恕。我六岁时,不记因何事,忽说谎一句,所说云何,亦已忘却,但记不久即为我母发觉。时我父方在省城应试也。晚饭后,我母传我至卧房,严加盘诘。我一入房,已惊骇不知所措。盖我母温良之德,全乡皆知,我有生以来,只见我母终日含笑,今忽见其盛怒之状,几不复认识为吾母矣。我母命我跪下受考问。我若矢口自承其罪,则此鞭或遂逃却,亦未可知。无奈我忽睹母威,仓皇失措,妄思欺饰以霁母怒。汝等试思母已知我犯罪,然后发怒,岂复可欺饰者?当时我以童子无识,出此下策,一何可笑!汝等勿笑,可怜我稚嫩温泽之躯,自出胎以来,未尝经一次苦楚,当时被我母翻伏在膝前,力鞭十数。我母当时教我之言甚多,我亦不必一一为汝等告,但记有数语云:"汝若再说谎,汝将来便成窃盗,便成乞丐!"汝等试思,我母之言,得毋太过否?偶然说句谎话,何至便成窃盗,便成乞丐?我母旋又教我曰:"凡人何故说谎?或者有不应为之事,而我为之,畏人之责其不应为而为也,则谎言吾未尝为;或者有必应为之事,而我不为,畏人之责其应为而不为也,则谎言吾已为之。

夫不应为而为,应为而不为,已成罪过矣。若己不知其为罪过,犹可言也,他日或自能知之,或他人告之,则改焉而不复如此矣。

今说谎者,则明知其为罪过而故犯之也。不惟故犯,且自欺欺人,而自以为得计也。人若明知罪过故犯,且欺人而以为得计,则与窃盗之性质何异?天下万恶,皆起于是矣!然欺人终必为人所知,将来人人皆指而目之曰,此好说谎话之人也,则无人信之。既无人信,则不至成为乞丐焉而不止也!"

我母此段教训,我至今常记在心,谓为千古名言。汝等试思此为名言否耶?最可怜者,我伯姊陪我长跪半宵,犹复独哭一夜。伯姊何为哭?惧我父知之,我所受鞭扑更甚于今夕也。虽然,我伯姊之瞑徒惧矣。我母爱我甚,且察我已能受教,遂未尝为我父言也。呜呼!吾母弃养将三十年矣,吾姊即世亦且十年。吾述此事,吾涕沾纸矣。汝等有母之人,须知天下爱我者,无过于母。而母之教训,实不易多得,长大而思母训,恐母不我待矣。①

上面的文字记录梁启超六岁时,不记因何事,忽说谎一句,被母亲严加盘诘,命她跪下受考问的过程。梁家严厉的家规,那就是孩子犯错皆可原谅,唯对说谎不可饶恕。对此,梁启超是有刻骨铭心体会的。从自述的行文来看,此文更像是梁启超写自己子女的家信。从梁启超后来的人生经历来看,他给人们以"善变"的印象,但他光明磊落的君子风范,也是世人对他的一致评价。在任清华国学院导师时,他勉励"诸君"要养成四个良好的习惯,除了"深切""敬慎""不倦"这三条之外,排在第一条的是"忠实"。他说:

但凡不肯忠实,必定一事无成。学问上的不忠实,无如剿说与盲从。绝对不用自己的脑筋思想,一味听人指使,这叫做盲从;自己并无心得,随便以古人所说,改头换面,这叫剿说。这两种都是做学问的大忌,简直是学术界的蟊贼,若些微有点此种坏习惯,简直把终身都糟蹋了。②

或许,可以这样说:"立其诚"与"善变"的完美统一,是梁启超为人、从政与治学都能赢得良好口碑的根本所在。

(二)青年师教识时务

俗话说,识时务者为俊杰。在历史上,梁启超的名字总是与康有为的名字联系在一起的,可以早识时务的康有为是最为强烈地"颠覆"梁启超"三观"的人;而日后梁启超主笔《时务报》,独创"新民体",则是梁启超的思想与精神走向真正独立的标志。所以"识时务"是梁启超接受师教的重点所在。

梁启超天资颖异,聪明早慧。他9岁时能下笔千言,10岁时赢得神童名声,得一位善教的先生周惺吾,1884年12岁时在院试中胜出,中了秀才,17岁再中举人。中举后的第二年(1890),他在同学陈千秋陪同下偶访仍是秀才的33岁康有为,被康有为的学识和抱负所折服,于是依毅然退出学堂,跟从康有为学习三年,自称"生平知有学自兹始"。许知远《青年变革者》中有这样一段生动的描写:

正式谈话开始后,梁启超的沾沾自喜几乎立即消失了。康先生气势逼人,声线洪亮、滔滔不绝,语气中充满了不容置疑的判断。

即便有了陈千秋的事先铺垫,康先生带来的震撼还是超越想象。夏末广州的炎热暂

---

① 吴其昌.梁启超传[M].南京:江苏人民出版社,2015:96.
② 梁启超.梁启超文存[M].刘东,翟奎凤.南京:江苏人民出版社,2015:579.

时被遗忘了,甚至时间都凝滞了,辰时开始的见面,一直到戌时才结束。"先生乃以大海潮音,作狮子吼,取其所挟持之数百年无用旧学更端驳诘,悉举而摧陷廓清之",梁启超日后写道。

走出房门的梁启超感到如"冷水浇头,当头一棒"。……这是梁启超人生中碰到的第一个强有力的人格,或许是最强有力的一个。不管学识、阅历还是个人风格,比梁启超年长十五岁的康有为都像是来自另一个世界。①

康有为喜好游历,17岁时读到《瀛寰志略》,"知万国之故、地球之理"。而这本书在16年后,梁启超是在前不久才刚刚接触到。世界上原来还有五大洲之说,中国只不过是其中的一国,这对梁启超来说属于"意外发现"。这种书本上的"意外发现"仍属轻浅,现在关键是一个元气淋漓的大活人康有为站在面前,他"混杂着古今中外奇怪学识。他痛陈时代弊端,雄辩滔滔,既能大谈孔子之道,也能描述西洋事物,比起寻常学者的木讷、低调,他似乎显得过分生机勃勃了"②。这里值得插一句的是,中国教育史的叙述向来缺少生动的故事,相比孔子与弟子对坐论道时的慨叹"吾与点也",梁启超问学于康有为时的"冷水浇头,当头一棒",显得同样十分难得,两者看似一正一反,其实都可以构成中国教育史最生动的、最有教育意义的瑰丽诗章。

西学致用,咸与维新。启民智,才能真正强国家。而要启民智,必须厉行兴学校、创学会、办报纸三策。"学校的对象,是培植青年后起人才。学会的对象,是联络成年智识阶级。报纸的对象,是启发社会一般民众。"③而正是在办报方面,梁启超的杰出表现,使24岁的他在言论方面声名大噪,成为时代巨子。他任主笔所办的报纸名字叫《时务报》。

《时务报》确立起一种独特风格,这位年轻主笔的光芒尤其闪耀,《变法通议》的系列文章迅速征服了读者的心。在接下来几期,梁启超围绕学校连续写了几篇论说。他在《学校总论》中描述了一场全面性教育危机的到来……这些文章都展示出梁启超对"民智"的强烈信念——"言自强于今日,以开民智为第一义",倘若人人都能拥有正确的知识训练,中国必定变得强大。④

梁启超晚年,因尿血而住进协和医院,被手术之误而割错了肾(割去了没病的右肾,而留下之前被诊断为染病的左肾),但识时务的他却并不计较,反而在《晨报》上发表《我的病与协和医院》一文,公开为协和医院辩护,声明:"我盼望社会上,不要借我这回病为口实,生出一种反动

---

① 许知远.青年变革者:梁启超(1873—1898)[M].上海:上海人民出版社,2019:66-67.
② 同上书,69.
③ 吴其昌.梁启超传[M].南京:江苏人民出版社,2015:51.
④ 许知远.青年变革者:梁启超(1873—1898)[M].上海:上海人民出版社,2019:186-187.

的怪论,为中国医学前途进步之障碍。"①这种"识时务"而置个人得失于不顾的行为,令当时的人们感慨不已。

(三) 壮年从教重趣味

生于晚清与民国之间异代的知识人,大多"在政治与学术之间游走":往往是政治宽松点,出来从政,而政治黑暗时,则退回书斋。梁启超无疑是其中的典型代表。1895 年,他随康有为到京赴考,参与"公车上书",助康有为组织"强学会"。1898 年,他参与领导戊戌变法。戊戌政变后,出亡日本,广读西书。1902 年创《新民丛报》。1912 年回国,参与政治活动,担任过司法总长、财政总长等。1918 年,梁启超决定到欧洲考察。12 月 26 日,前往欧洲考察前夕,他曾在上海和张东荪、黄溯初做过彻夜长谈,相约把重心转到思想文化上来。他在《欧游心影录》中说到那一夜的通宵之谈:"着实将从前迷梦的政治活动忏悔一番,相约以后决然舍弃,要从思想界尽些微力,这一席话要算我们朋辈中换了一个新生命了。"

这样,梁启超生命的最后十年,他便把更多的精力投入治学与从教中来。作为学者,他学识渊博,于学无所不窥,于论无所不及,其著作内容宏富,涉及政治、经济、历史、新闻、文化、艺术、语言、音韵、教育、宗教诸多方面,一生勤奋治学,著作等身,留下了 1 400 多万字的著述,被人们公认为"世界第一之博学家"。他为何能取得如此高的成就? 这就要说到他所特别主张的趣味主义。

1922 年 4 月,梁启超 50 岁的时候,曾经在直隶教育联合会作了一次《趣味教育与教育趣味》的演讲,其中详述了自己对于"趣味"之理解,并自称崇尚"趣味主义":"假如有人问我:'你信仰的什么主义?'我便答道:'我信仰的是趣味主义。'有人问我:'你的人生观拿什么做根柢?'我便答道:'拿趣味做根柢。'"他又说:如何能有趣味?"'研究你所嗜好的学问。'嗜好两个字很要紧,一个人受过相当的教育之后,无论如何,总有一两门学问和自己脾胃相合。而已经懂得大概可以作加工研究之预备的,请你就选定一门作为终身正业(指从事学者生活的人说),或作为本业劳作以外的副业(指从事其他职业的人说)。"②同年 8 月,在东南大学作题为《学问之趣味》的演讲中,梁启超又说:"凡属趣味,我一概都承认他是好的,但怎么样才算'趣味',不能下下一个注脚。我说:凡一件事做下去,不会生出和趣味相反的结果的,这件事便可以为趣味的主体。……所以能为趣味之主体者,莫如下列的几项:一、劳作;二、游戏;三、艺术;四、学问。"③

梁启超生命的最后十年是将治学与从教融为一体的。如果要在当时的中国找一个体现现代大学将"教学与研究相结合"的教师代表,梁启超虽不能说是唯一人选,但也是所有人选中的佼佼者。曾聆听过梁启超演讲的梁实秋如此绘声绘色地写道:

---

① 吴其昌.梁启超传[M].南京:江苏人民出版社,2015:260.
② 梁启超.梁启超趣味人生论美学文萃[M].金雁.北京:中国文联出版社,2017:17 - 21.
③ 同上书,22 - 25.

先生博闻强记，在笔写的讲稿之外，随时引证许多作品，大部分他都能背诵得出。有时候，他背诵到酣畅处，忽然记不起下文，他便用手指敲打他的秃头，敲几下之后，记忆力便又畅通，成本大套地背诵下去了。他敲头的时候，我们屏息以待，他记起来的时候，我们也跟着他欢喜。

先生的讲演，到紧张处，便成为表演。他真是手之舞之足之蹈之，有时掩面，有时顿足，有时狂笑，有时叹息。听他讲到他最喜爱的《桃花扇》，讲到"高皇帝，在九天，不管……"那一段，他悲从中来，竟痛哭流涕而不能自已。他掏出手巾拭泪，听讲的人不知有几多也泪下沾襟了！又听他讲杜氏讲到"剑外忽传收蓟北，初闻涕泪满衣裳……"，先生又真是于涕泗交流之中张口大笑了。

这一篇讲演分三次讲完，每次讲过，先生大汗淋漓，状极愉快。听过这讲演的人，除了当时所受的感动之外，不少人从此对于中国文学发生了强烈的爱好。先生尝自谓"笔锋常带情感"，其实先生在言谈讲演之中所带的情感不知要更强烈多少倍！①

梁实秋夸大其词没有？没有。另有熊佛西的怀念文字可以对梁实秋上述说法提供一个极好的佐证：

（梁启超）先生讲学的神态有如音乐家演奏，或戏剧家表演：讲到幽怨凄凉处，如泣如诉，他痛哭流涕；讲到激昂慷慨处，他手舞足蹈，怒发冲冠！总之，他能把他整个的灵魂注入他要讲的题材或人物，使听者忘倦，身入其境。②

说实在话，笔者受教多年，不曾遇到这样有趣味、有学问的老师；自己从教多年，也想做既有趣味又有学问的老师，但距离这一理想仍然相去甚远。当然，教与学是"相长"的，教师要能遇上梁实秋和熊佛西这般"有心的学生（或听众）"，同样也是需要众多机缘的。梁实秋作为文学家后来能创作出令人读来喷饭的《雅舍小品》，熊佛西作为戏剧家后来能提出作为美学主张的"趣味中心"，各自成就了自己创造性的文艺人生，从其受教经历来讲，明显都是有来源的。而其中，梁启超肯定是不能被排除在外的。

二、"心有灵犀一点通"：梁启超与黄炎培的交往考索

关于梁启超与黄炎培的交往，鲜见有研究性的文献资料。网络上，将两人的名字放在一直搜索，最有价值的信息主要有两个，一是中华职业教育社成立，两人同为发起人；二是有"世纪三问"的提法，除去李约瑟之问（"如果中国的朋友们在智力上和我完全一样，为什么直到中世

---

① 梁实秋.雅舍忆旧[M].江苏人民出版社，2014：83-85.
② 熊佛西.记梁任公先生二三事[C].追忆梁启超[M].夏晓虹.南京：江苏人民出版社，2014：83-85.

纪中国还比欧洲先进,后来却会让欧洲人着了先鞭呢?怎么会产生这样的转变呢?"),另外两个就是黄炎培之问("我生60多年,耳闻的不说,所亲眼看到的,真所谓'其兴也勃焉,其亡也忽焉'……都没能跳出这周期律的支配力……中共诸君如何找出一条新路?")和梁启超之问("郑和下西洋乃'有史以来,最光焰之时代','而我则郑和之后,竟无第二个郑和'?")此三问虽然都与近代中国如何陷入衰败、如何能走向强大(科技先进、政治民主)有关,但是将它们放在一起,有点显得"不对等"。对李约瑟之问,近些年学界多有讨论,人们比较熟知;黄炎培之问,由于是与中共领袖毛泽东在延安窑洞里进行的关于"历史周期率"对话,每每成为人们谈论民主议题的"典故",传播率极高,可能丝毫不低于前者;而梁启超之问,相比前两问来说,知道的人恐怕甚少。

民国时代是"弱政府,强社会"的时代,社会组织纷纷兴起,知识人为鼓动风潮而进行的社会交往日益频繁。作为共学社与讲学社①发起人的梁启超与中华职业教育社发起人的黄炎培之间到底有着怎样的交往?笔者根据有限的史料,尝试进行一番考索。我们可以从如下两个方面看出他们之间交往的"同道"性质。

(一)同列美专校董会

20世纪80年代中期,著名历史学者唐振常出版了《蔡元培传》,风行一时,成为传记典范。30多年后,唐振常的弟子熊月之为此书的重新出版,撰写了3万多字的"读书笔记"作为开篇的导读材料。在这篇读书笔记中,论述蔡元培美育思想时提及:

> 蔡元培对社会上凡是与美育有关的事情,无不热情支持,尽力扶助。刘海粟领导的上海美术专科学校、郑觐文在上海创办的大同乐会,是当时中国最为重要的两个民办美育机构,蔡元培均鼎力支持,亲自担任两个机构的董事长或校董,实实在在地给他们以支持。上海美专在1917年12月建立校董会,蔡担任董事会主席,并提名梁启超、袁希涛、沈恩孚、黄炎培等关心美术事业且有一定社会声望的人士担任校董。他在北京,与上海联系不便,便委托他以前在南洋公学的学生,也是他的好友黄炎培为驻沪代表,处理相关事务。②

虽然1917年5月成立中华职业教育社时,梁启超的名字已被列其中,但无资料证明他参加了当时的成立大会。笔者根据已有的阅读材料估计,这得力于张謇与梁启超的早先相识和结交,才使他被列入名单的(本书第七章有稍微进一步的说明)。而黄炎培与梁启超直接打交道,很可能就始于同年12月上海美专成立的这个校董会。校董即合作学校或私立学校的主要

---

① 共学社在1920年4月成立于北京,共学社提出的目标"培养新人才,宣传新文化,开拓新政治"。在共学社成立前,中国的教育先驱者已先后建立了政闻社、中华职业教育社、尚志学社、新学会等思想学术团体,这为共学社及梁启超随后(1920年9月)发起成立的以邀请国外名家讲学为目的的讲学社的建立奠定了良好的基础。(参见:共学社和讲学社[EB/OL].http://www.2499cn.com/wenhua/10.htm.)
② 唐振常.蔡元培传[M].上海:上海人民出版社,2018:导读39-40.

出资者(资金投资或学术投资)，构成了学校董事会，可以抉择学校的各项重大事务。正常情况下，学校规模大，校董成员多时，校董之间可能彼此不一定熟悉，但1917年创办的上海美专还是一个"新生事物"，规模不大，校董成员也较少，彼此之间的联系必然是有一定社会能量的"同道"(都是"关心美术事业、且有一定社会声望"之人)，黄炎培代蔡元培行校董主席之职，与梁启超等校董日后多有联络，自然不在话下。

(二) 结伴任公湘鄂行

1922年9月初，黄炎培与梁启超曾结伴赴湖南、湖北进行了为期近一周的学术巡回演讲。周积明的《1922年梁启超的武汉之行及其关于湖北文化的演讲》一文介绍：

> 1922年9月2日下午五时，从南京、上海、南通、长沙一路演讲过来的梁启超，风尘仆仆来到武汉，与他同行的有黄炎培。……9月6日晨，梁启超和黄炎培同游黄州赤壁。次日晚，黄炎培离汉返回南京。梁启超则于八日离汉前往河南。[①]

而我们查看1922年同一时段(9月1日至8日)的黄炎培日记，提到梁启超则仅见于9月1日一处：

> 晨，商务早餐。八时至十时，青年学会讲：《我之人生观》。十一时，楚怡小学演说。午，至省议会，观任公说或闹。楚怡凤芳、竞存邀食。三时，商会偕农工茶会，摄影，演说，买物。晚，省教育会公宴，见允昕主席，演说。十一时，专车行。[②]

从黄炎培这一时段的日记中，我们似乎看不出他和梁启超是同行者，但联系前面周积明的文章，我们可以在黄炎培赴武汉出发前的9月1日，有"午，至省议会，观任公说或闹"的记载，这里的任公即梁启超，可以推断，当天晚上"十一时，专车行"，肯定是两人同行。更重要的是，从黄炎培精简的文字中，"笔锋常带感情"的梁启超能在时任江苏省议会厅这样"严肃"的场所，能让黄炎培看到他的"说或闹"，再加上准备一同出去讲演，即使梁启超比黄炎培年长近5岁，也可说明他们之间关系定是相处无疑、彼此不会生分的同道或朋友关系。另外，同时代的美国著名教育学者杜威偕夫人于1919年5月1日一抵达中国土地讲学，就在两天后的5月3日家信中告诉远在美国国内的女儿，说："中国人是很吵闹的，虽然还说不上喧闹，也易于相处——

[①] 周积明.1922年梁启超的武汉之行及其关于湖北文化的演讲[N].光明日报,2004-07-20.文章中说，"梁启超这次武汉之行，在《梁启超年谱长编》和《梁启超传》中仅是一笔带过。更重要的是，梁启超在武汉大学作的《湖北在中国文化史上之地位及将来之责任》的演讲，在这两部著作中均未提及。演讲全文亦未见收入《饮冰室文集》。"

[②] 黄炎培.黄炎培日记：第2卷[M].北京：华文出版社,2008：142-143.

一般说来,很有人情味。"①杜威夫妇对"中国人特质"的捕获,从侧面可以印证黄炎培记下当日梁启超表现的日记时,在心里至少"默认"彼此是"易于相处的"。

湘鄂行的过程中,两人的互动表现也确实是非同一般。有研究者据当年当月 9 日与 10 日的《申报》报道资料作了如下的简括:

> 1922 年 9 月,黄炎培陪同梁启超在湖南、湖北进行巡回演讲。梁启超做了题为《对无业游民发一总攻击》的激烈演讲,梁启超放言无忌,称掌权人物为"高等乞丐",一般政客为"高等流氓","至于高等强盗,即各省督军、巡阅使是也","于是全国人民,都在许多强盗支配下",社会的最大弊害,正是在这些高等乞丐、高等流氓、高等废物、高等强盗所谓"无业阶级"上,言论界必须对无业阶级发起一总攻击,否则,"若长此任其猖獗,吾等国民,非至破产不可"。梁启超演讲之后,黄炎培起立发言,称:"今日梁先生所说,极为痛快,诸君都知兄弟来鄂,专为研究职业教育,梁先生所讲有业阶级应与无业阶级奋斗,却好做兄弟的职业教育开篇好文章。据兄弟看来,无业阶级亦是我们同胞,应当设法将他化为有业,再施以职业上教育,使手与脑互相联络,发展其功用,结果国家与社会,必两受其裨益。"梁启超在黄炎培演讲结束后也称自己抨击军阀尽管言辞激烈,但实质是消极的方法,只有黄炎培所讲的职业教育才是救国的积极办法。②

如果这段引文的结尾梁启超所言并非尽是谦虚之辞的话,那么从中可以想见黄炎培与梁启超的这次结伴"出(来)演(讲)",大有"彼此发挥,相得益彰"之效,同时亦可反映他们彼此在思想层面的相识相知程度之深。

(三) 终对任公出绝联

对联是中国先民利用汉语言的特点创造出来的特有的高级文字游戏,向为中国文化人所喜好。玩得溜的人通常需要熟读古书,通晓地理风俗,会用典,还要加以音韵常识。史载,梁启超和张之洞第一次见面的过招就是对对联。张之洞听说梁启超是个少年才子,在他来湖南求见时,便叫手下人先送一个上联给他:"四水江第一,四时夏第二,老夫居江夏,谁是第一?谁是第二?"梁启超不愧为少年英才,见过上联后,张口即来:"三教儒在前,三才人在后,小子本儒人,岂敢在前?岂敢在后?"梁启超对的内容十分工稳,而且尽显不卑不亢的态度,让张之洞大为佩服,于是相见甚欢。

黄炎培和梁启超一样,都是富有文才之人。对对子这种文人游戏,也同样为黄炎培所好。关于对联,他们之间还有这样一个生动的故事:

---

① 约翰·杜威,艾丽斯·C.杜威.杜威家书:1919 年所见的中国与日本[M].刘幸,译.北京:北京师范大学出版社,2016:152.
② 吴雄江.黄炎培:从传统到现代的"过渡形象"[D].北京:中国社会科学院,2000:15.

梁启超的"绝对"是由黄炎培用南汉辰对出的。1921年,梁启超在北京到友人夏曾佑(字穗卿)处,见夏正在读《春秋左氏传》,就触景生情地吟一上联,曰:"冬蛰庵中,夏穗卿研究春秋传。"但两人谁也没有对出下联,后向蔡元培、黄炎培等友人征求下联,也无人对出。直到1951年冬,黄炎培、夏衍等在郭沫若家小聚时,因南汉辰、白杨被田汉拉到东华门外去看梅兰芳的《红娘》彩排而耽误了一会儿,田汉等到了郭家讲起此事后,黄炎培听罢马上来了灵感,对出了30年前未对出的下联。联曰:"东华门外,南汉辰欣赏北西厢。"[①]

梁启超的上联包含春夏秋冬四个季节,同时巧妙地将夏穗卿的名字融入其中,堪称才子巧思,令人拍案叫绝。而40年后黄炎培的下联包含东西南北四个方位,还包括了南汉宸的名字,可以说天造地设,十分完美。据说,郭沫若听了此事的缘由,说:"此联如此浑成,真是天造地设,无意中得以巧合。"其实,"灵感是一个不喜欢拜访懒汉的客人",黄炎培的这种"无意"是他对梁启超一直"有心"倾慕的结果。

1929年1月19日,梁启超因医疗事故在北京协和医院溘然长逝,终年56岁。黄炎培于当月27日,不仅自己撰写了挽联,还代当时的江苏省省长陈陶遗撰写一份。其日记有如下记载:

> 挽梁任公
> "我朝受命夕饮冰",舍事业论文章,今吾遂是,故吾岂遂非也?
> "一卧沧江惊岁晚",从丙辰溯戊戌,败者未败,成者尚未成乎?
> 代陶遗挽任公
> 戊戌何人?丙辰又何人?功业稍为文章所掩耳。
> 故吾安在?今吾复安在,笔墨能令情感长存耶?[②]

挽联的写作要求必须能真实地概括逝者的生平、成绩和美德,既是对亡者的哀悼,亦是对活人的慰勉。从黄炎培撰写的这两副挽联中,我们不难读出他与梁启超之间定然有着的"心有灵犀"。

三、"敬业与乐业": 梁启超对黄炎培思想形成的影响

梁启超自言,"十年饮冰,难凉热血",并以"世界无穷愿无尽,海天寥廓立多时"之诗句"自励"。他作为一名晚清至民国的杰出思想家,他对时潮的影响几乎无人可及。胡适曾多次相当正面地评说梁启超的思想贡献。例如:1912年11月10日,身在美国留学的胡适在得知流亡

---

① 王树人.前贤"绝对"后辈对[J].钟山风雨,2019(02):55-58.
② 黄炎培.黄炎培日记:第3卷[M].北京:华文出版社,2008:130.

海外多年的梁启超归国时,在日记中写道:"梁任公为吾国革命第一大功臣,其功在革新吾国之思想界。……使无梁氏之笔,虽有百十孙中山、黄克强,岂能成功如此之速耶?近人诗'文字收功日,全球革命时',此二语唯梁氏可以当之无愧。"①20世纪50年代,旅居香港的我国现代著名记者和作家曹聚仁先生在其出版的著作《文坛五十年》中说:"近五十年间,中国每一知识分子,都受过梁启超的影响,此语绝无例外。"②

从职业教育思想的承继来说,近年人们已经开始关注梁启超对黄炎培的影响。有学者概括指出:"梁启超在全国率先提出'智农工商'的职业教育思想,而后又参与创建了黄炎培发起成立的中华职业教育社,并曾任职其中;1922年,他应邀到上海中华职业学校发表了题为《敬业与乐业》的关于职业教育的著名演说。"③笔者以为,作为1917年成立的中华职业教育社这一学会组织的主要发起人,梁启超的贡献其实是无可替代的思想性指导。因为早在20年前他就在风靡一时的《时务报》发表了《论学会》这一名文,对办学会重要意义的阐述及办学会要做的具体事项皆有独到的见识④。对此,只要将《论学会》与《中华职业教育社宣言书》及其附件《中华职业教育社组织大纲》两相对照,定可发现他们之间的承继关系。而从本著及本章的主旨来说,意欲探讨的是梁启超对黄炎培提出大职业教育主义这一思想的影响,笔者通过一番文献爬梳之后,几近可以清晰地发现了他们之间联系的线索:前面提及的1922年9月,黄炎培与梁启超有过一起赴湖南、湖北的讲演同行。就在这同一年,梁启超先后发表了三篇甚为相关的著名的教育演讲稿:一是4月10日在天津直隶教育联合研究会作的题为《趣味教育与教育趣味》的演讲;二是8月4日在东南大学作的题为《教育家的自家田地》的演讲;三是8月14日在中华职业学校作的题为《敬业与乐业》的演讲。笔者下面的文本分析意欲揭示:黄炎培写于1925年的《提出大职业教育主义征求同志意见》,与梁启超这三篇演讲稿,尤其是《敬业与乐业》存在着"借题发挥"和"对号入座"的"文本间性"⑤。前面三章,笔者多次引用了黄炎培的著名文本,想必读者已经较为熟悉了,因而这里特别有必要呈现一下梁启超《敬业与乐业》这一篇幅近于2 500字的讲演稿全文:

> 我这题目,是把《礼记》里头"敬业乐群"和《老子》里头"安其居,乐其业"那两句话,断章取义造出来的。我所说的是否与《礼记》《老子》原意相合,不必深求;但我确信"敬业乐业"四个字,是人类生活的不二法门。

---

① 胡适.胡适全集:第27卷[M].季羡林.合肥:安徽教育出版社,2003:222-223.
② 曹聚仁.文坛五十年[M].北京:三联书店,2010:72.
③ 李静.梁启超职业教育思想探析[J].职教通讯,2013(13):59.
④ 梁启超.梁启超文选[M].夏晓虹.福州:福建教育出版社,2020:21-24.
⑤ 文本间性(intertextuality),又译为"互文性",是法国符号学家、女性主义批评理论家朱丽娅·克里斯蒂娃在其《符号学》(1969)中最早提出的一个术语。指文本与文本之间的横的联系和纵的发展所形成的新文本性质。(参见:汪民安主编.文化研究关键词[M].南京:江苏人民出版社,2020:130.)笔者这里所谓的"借题发挥"则偏向于"横的联系",与笔者在本著的第一章中所讲的知识生产方式的"接着说"存有更多的相似之处;而"对号入座"可以说是偏向于"纵的发展",也可以说是"某种思想或理论的具体应用"。

本题主眼,自然是在"敬"字、"乐"字。但必先有业,才有可敬、可乐的主体,理至易明。所以在讲演正文以前,先要说说有业之必要。

孔子说:"饱食终日,无所用心,难矣哉!"又说:"群居终日,言不及义,好行小慧,难矣哉!"孔子是一位教育大家,他心目中没有什么人不可教诲,独独对于这两种人便摇头叹气说道:"难!难!"可见人生一切毛病都有药可医,惟有无业游民,虽大圣人碰着他,也没有办法。

唐朝有一位名僧百丈禅师,他常常用两句格言教训弟子,说道:"一日不做事,一日不吃饭。"他每日除上堂说法之外,还要自己扫地、擦桌子、洗衣服,直到八十岁,日日如此。有一回,他的门生想替他服务,把他这天应做的工悄悄地都做了,这位言行相顾的老禅师,老实不客气,那一天便绝对地不肯吃饭。

我征引儒门、佛门这两段话,不外证明人人都要有正当职业,人人都要不断的劳作。倘若有人问我:"百行什么为先?万恶什么为首?"我便一点不迟疑答道:"百行业为先,万恶懒为首。"没有职业的懒人,简直是社会上的蛀米虫,简直是"掠夺别人勤劳结果"的盗贼。我们对于这种人,是要彻底讨伐,万不能容赦的。今日所讲,专为在职业及正在做职业上预备的人——学生——说法,告诉他们对于自己现有的职业应采何种态度。

第一要敬业。敬字为古圣贤教人做人最简易、直捷的法门,可惜被后来有些人说得太精微,倒变了不适实用了。惟有朱子解得最好,他说:"主一无适便是敬。"用现代的话讲,凡做一件事,便忠于一件事,将全副精力集中到这事上头,一点不旁骛,便是敬。业有什么可敬呢?为什么该敬呢?人类一面为生活而劳动,一面也是为劳动而生活。人类既不是上帝特地制来充当消化面包的机器,自然该各人因自己的地位和才力,认定一件事去做。凡可以名为一件事的,其性质都是可敬。当大总统是一件事,拉黄包车也是一件事。事的名称,从俗人眼里看来,有高下;事的性质,从学理上解剖起来,并没有高下。只要当大总统的人,信得过我可以当大总统才去当,实实在在把总统当作一件正经事来做;拉黄包车的人,信得过我可以拉黄包车才去拉,实实在在把拉车当作一件正经事来做,便是人生合理的生活。这叫做职业的神圣。凡职业没有不是神圣的,所以凡职业没有不是可敬的。惟其如此,所以我们对于各种职业,没有什么分别拣择。总之,人生在世,是要天天劳作的。劳作便是功德,不劳作便是罪恶。至于我该做哪一种劳作呢?全看我的才能何如、境地何如。因自己的才能、境地,做一种劳作做到圆满,便是天地间第一等人。

怎样才能把一种劳作做到圆满呢?唯一的秘诀就是忠实,忠实从心理上发出来的便是敬。《庄子》记佝偻丈人承蜩的故事,说道:"虽天地之大,万物之多,而惟吾蜩翼之知。"凡做一件事,便把这件事看作我的生命,无论别的什么好处,到底不肯牺牲我现做的事来和他交换。我信得过我当木匠的做成一张好桌子,和你们当政治家的建设成一个共和国家同一价值;我信得过我当挑粪的把马桶收拾得干净,和你们当军人的打胜一支压境的敌军同一价值。大家同是替社会做事,你不必羡慕我,我不必羡慕你。怕的是我这件事做得不妥当,便对不起这一天里头所吃的饭。所以我做这事的时候,丝毫不肯分心到事外。曾文正说:"坐这山,望那山,一事无成。"我从前看见一位法国学者著的书,比较英法两国国民性质,他说:"到英国人公事房里头,只看见他们埋头执笔做他们的事;到法国人公事房里头,只看见他们衔着烟卷像在那里出神。英国人走路,眼注望,像用全副精神注在走路上;法国人走路,总是东张西望,像不把走路当一回事。"这些话比较得是否确切,姑且不论;但很可以为敬业两个字下注脚。若果如他所说,英国人便是敬,法国人便是不敬。一个人对于自己的职业不敬,从学理方面说,便亵渎职业之神圣;从事实方面说,一定把事情做糟了,结果自己害自己。所以敬业主义,于人生最为必要,又于人生最为有利。庄子说:"用志不分,乃凝于神。"孔子说:"素其位而行,不愿乎其外。"所说的敬业,不外这些道理。

第二要乐业。"做工好苦呀!"这种叹气的声音,无论何人都会常在口边流露出来。但我要问他:"做工苦,难道不做工就不苦吗?"今日大热天气,我在这里喊破喉咙来讲,诸君扯直耳朵来听,有些人看着我们好苦;反过来,倘若我们去赌钱去吃酒,还不是一样在淘神、费力?难道又不苦?须知苦乐全在主观的心,不在客观的事。人生从出胎的那一秒钟起到绝气的那一秒钟止,除了睡觉以外,总不能把四肢、五官都搁起不用。只要一用,不是淘神,便是费力,劳苦总是免不掉的。会打算盘的人,只有从劳苦中找出快乐来。我想天下第一等苦人,莫过于无业游民,终日闲游浪荡,不知把自己的身子和心摆在哪里才好,他们的日子真难过。第二等苦人,便是厌恶自己本业的人,这件事分明不能做,却满肚子里不愿意做。不愿意做逃得了吗?到底不能。结果还是皱着眉头,哭丧着脸去做。这不是专门自己替自己开玩笑吗?我老实告诉你一句话:"凡职业都是有趣味的,只要你肯继续做下去,趣味自然会发生。"为什么呢? 第一,因为凡一件职业,总有许多层累、曲折,倘能身入其中,看它变化、进展的状态,最为亲切有味。第二,因为每一职业之成就,离不了奋斗;一步一步的奋斗前去,从刻苦中将快乐的分量加增。第三,职业性质,常常要和同业的人比较骈进,好像赛球一般,因竞胜而得快感。第四,专心做一职业时,把许多游思、妄想杜绝了,省却无限闲烦闷。孔子说:"知之者不如好之者,好之者不如乐之者。"人生能从自己职业中领略出趣味,生活才有价值。孔子自述生平,说道:"其为人也,发愤忘食,乐以忘忧,不知老之将至云尔。"这种生活,真算得人类理想的生活了。

我生平最受用的有两句话:一是"责任心",二是"趣味"。我自己常常力求这两句话之实现与调和,又常常把这两句话向我的朋友强聒不舍。今天所讲,敬业即是责任心,乐业即是趣味。我深信人类合理的生活应该如此,我望诸君和我一同受用![1]

---

[1] 梁启超.梁启超趣味人生论美学文萃[M].金雁.北京:中国文联出版社,2017:35-39.

诚如《青年变革者》的作者许知远所说,"他(梁启超)的才能不是在孤立中孕育的,而要在碰撞中展现。"①梁启超的这次演讲也未免不是与黄炎培某些的想法相碰撞过程中激发出来的。演讲地发生在中华职业学校,对象是"专为在职业及正在做职业上预备的人——学生",而这所学校在1918年立校之初,黄炎培就将校训确定为"敬业乐群",并对其进行了具体阐释("敬业":"对所习之职业具嗜好心,对所任之事具责任心。"乐群:"具优美和乐之情操及共同协作之精神"②)。还有,从一张色彩斑驳的老照片中,可以较为清楚地看出在中华职业学校校办工厂的门口,贴有"使无业者有业,使有业者乐业"的标语。③ 由于笔者无法确认照片拍摄的年份,因此只能假设梁启超1922年在此演讲时这些"学校(工厂)的文案标识"已经存在的话,那么就可说明"敬业"与"乐业"二词,已然在黄炎培念兹在兹的积极语汇之中。梁启超假如看到了,按常情,"借题发挥"一下,让听演讲的学生能够"身临其境"其实应当说是不错的开场。可是,梁启超没有这样做。他在演讲开头说自己题目是"把《礼记》里头'敬业乐群'和《老子》里头'安其居,乐其业'那两句话,断章取义造出来的",而不说自己是从眼前现成的两个"文献"中来,假如这种"回避"是有意存在的话,则可以表明梁启超有"语不惊人死不休"的智力竞争之意味。

下面,笔者从两个方面具体展开分析黄炎培的大职业教育主义所受梁启超的影响:一方面,从"敬业"之义上看,他是对梁启超提出"欲富国必自智其农工商始"思想的"相反相成"式表述,强调"办职业学校的(人)"必须"和一切教育界、职业界努力的沟通和联络",这才称得上是敬业;另一方面,从"乐业"之义上看,他是对梁启超提出的"从自己职业中领略出趣味"思想的"对号入座",强调"提倡职业教育的(人)"必须"同时分一部分精神,参与全社会的运动……对外须有最高的热诚,参与一切;有最大的度量,容纳一切",这才算得上是乐业。

(一)办职校者之"敬业":从"智其农工商"到"须农工商之智"

在介绍蔡元培对黄炎培大职业教育主义思想产生的影响时,我们在前一章中曾提到1900年蔡元培在为浙江剡山二戴两书院撰写"学约"时,期望学子为学"不可不明工食之理",要注重"有用之学"。而早在三年多前的1896年9月,梁启超就在当时影响甚大的《时务报》上发表《学校总论》,提出广设学校为"开民智"之策,应当"农学、工学、商学,皆有学堂"。因为"凡国之民,都为五等:曰士,曰农,曰工,曰商,曰兵。士者学子之称,夫人而知也。然有农之士,工有工之士,商有商之士,兵有兵之士。农而不士,故美国每年农产值银三千一百兆两……而中国只值三百兆两。工而不士,故美国每自创新艺,报官领照者,二万二百十事,……而中国无闻焉。商而不士,故英国商务价值二千七百四十兆两,……而中国仅二百十七兆两。兵而不

---

① 许知远.青年变革者:梁启超(1873—1898)[M].上海:上海人民出版社,2019:246.
② 中华职业教育社.社史资料选辑:第2辑,内部资料,1981:10.
③ 《上海中华职业教育社志》编纂委员会.上海中华职业教育社志[M].上海:上海古籍出版社,2007:插图页面10.另外,黄炎培在1957年5月6日中华职业教育社成立四十周年所写的材料中说:"社初成立时,发出口号:'使要无业者有业,使有业者乐业。'"[见:黄炎培.黄炎培教育文集:第四卷[M].中华职业教育社.北京:中国文史出版社,1995:255.]

士……如无一兵。今夫有四者之名,无士之实,则其害且至于此。"①两年之后的1898年,梁启超又在《公车上书请变通科举折》中,强烈表达出"为国事危急,由于科举乏才,请特下明诏,将下科乡会试,及此后岁科试停止八股试帖,推行经济六科,以育人才而御外侮"的呼声。折中写道:

> 且科举之法,非徒愚士大夫无用已也,又并其农、工、商、兵、妇女皆愚而弃之。夫欲强国必自智其农、工、商始,欲强其兵必自智其兵始?……吾之生童无专门之学,故农不知植物,工不知制物,商不知万国物产,兵不知测绘算数,妇女无以助其夫。是皇上抚有四万万有用之民,而弃之无用之地,至兵不能御敌,而工、农、商不能裕国,岂不可痛哉!……人皆智而我独愚,人皆练而我独暗,岂能立国乎?②

梁启超的这些实业教育思想,与同时代的张之洞、严复等人相呼应,在晚清1904年颁布并实行的"癸卯学制"中得以落实,变成了势不可挡的教育潮流。虽然"实业教育"一词后来被更为宽泛一点的"职业教育"一词所取代③,但无可否认的是梁启超"强国必自智其农、工、商"④的思想对后来不断兴办的实业学堂及职业学校具有先导的观念地位。

从逻辑链条来看,梁启超提出的命题是:

农工商等实(职)业有学,(国家)必须兴办实(职)业学堂(校)来培养这方面人才。(这样,才能发达经济,强盛国家。)

这一命题所意旨的主体(或逻辑主语)则为"国家"或"政府"。而我们概括一下,黄炎培在《提出大职业教育主义征求同志意见》,这里的标题中可以明确的逻辑主语是"同志",具体来说就是正文中所指的"办职业学校的(人)"和"提倡职业教育的(人)"。黄炎培希望这样人应当怎么做呢,两条:

> 办职业学校的,须同时和一切教育界、职业界努力的沟通和联络;提倡职业教育的,同时须分一部分精神,参加全社会的运动。

细细体会一下,不难发现:这里的第一条说的是敬业,而第二条说的则是乐业。

---

① 梁启超.梁启超文选:上[M].夏晓虹.福州:福建教育出版社,2020:15-21.
② 梁启超.饮冰室文集:第一册[M].北京:北京日报出版社,2020:233.
③ 张宇.论"实业教育"到"职业教育"称谓的转变[J].天津大学学报(社会科学版),2012(03).
④ 梁启超的这句话,有研究者将其简成"智农工商"四字,从文字节约与具体语境结合来说,也可以。[参见:彭干梓,卢璐,夏金星.梁启超在近代职业教育发展中的历史贡献[J].职教论坛,2008(11).]但笔者以为独立使用存在两个问题:一是它与"士农工商"这古就有的四民之说的区别度较小,很容易"智"被名词化,赞同于"士",若这样,就容易远离梁启超的本意。二是简要表达里,将"其"字省略了,但有其好理解,一看就明白"智"为动词,意思是农工商都有学问要研究与开发。而这样也完全合乎梁启超的本意。

结合梁启超的"敬业"观,我们首先来看第一条。黄炎培强调,要努力地和一切教育界沟通和联络,是为不"使得职业学校以外各教育机关总觉得你们另是一派,与我们没有相干";且要努力地和一切职业界沟通和联络,是为了"最好使得职业界认做为我们而设的学校,是我们自家的学校"。而梁启超所讲的"敬业"之义就是要"把一种劳作做到圆满"。那么,作为"办职业学校的"职业人,他的职业特点应当是什么呢?这就要引用梁启超在《教育家的自家田地》中对"教育家"这一职业角色的认知与定位,他说:

> 无论做何种职业的人,都各各有他的自家田地。但要问哪一块田地最广最大最丰富,我想再没有比得上教育家的了。教育家日日做的、终身做的不外两件事,一是学,二是诲人。学是自利,诲人是利他。人生活动的目的,除却自利利他两项外更有何事?然而操别的职业的人,往往这两件事当场冲突——利得他人便不利自己,利得自己便不利他人。就令不冲突,然而一种活动同时具备这两方面的效率者,实在不多。教育这门职业却不然,一面诲人,一面便是学;一面学,一面便拿来诲人,两件事并作一件做,形成一种自利利他不可分的活动,对于人生的目的之实现,再没有比这种职业更为接近更为直捷的了。①

没有自利与利他的两者结合,"教育家"之职业所存在的意义就没有了。这就要求,"办职业学校的"教育家,必须考虑"自利"的"同时",也要"从利"他方面多加考虑。因为只有这样,才能将自己的职业使命达到"完满"。因此,黄炎培的大职业教育主义,是借梁启超"敬业"之题,进一步发挥"办职业学校的(人)"的职业应有的"敬业"之意包括两个必不可少的部分:一是做好内部的工作(黄炎培的原话是:"可是一味务外而置对内工作于不顾,当然不行。"),二是在做好前面的内部工作的基础之上,"须同时和一切教育界、职业界努力的沟通和联络"。如果光有第一部分,没有第二部分的话,就是黄炎培所说的"依这样方针,用这样方法,吾就不说'不对',吾总要说'不够'"。

由此不难看出,黄炎培这里的命题显然是梁启超上述命题的反命题:

要办好职业学校(培养出"有出路"的农工商等职业人才),必须使职业之学融入教育,将职业界更多的职业之学"资源"引到职业学校中来。

若要再简化一点的表述,梁启超的命题是,智其农工商,须兴办职业学校。而黄炎培的命题则是,办好职业学校,须农工商之智。两者是相反相成的表述。区别在于,梁启超谈的是强国之策,黄炎培谈的是敬业之道。可以,他们之间存在后者对前者的"借题发挥"。或如《易经》所讲的"阴阳转化"。

---

① 梁启超.梁启超趣味人生论美学文萃[M].金雁.北京:中国文联出版社,2017:58-63.

（二）倡职教者之"乐业"：从"领略出趣味"到"拥有最高热诚"

如果说梁启超的《教育家的自家田地》一文阐发了教育者的责任心或"敬业"之意涵，那么他的《趣味教育与教育趣味》一文则阐发了教育者的趣味或"乐业"之价值。

黄炎培提出的第二条命题是："提倡职业教育的，同时须分一部分精神，参加全社会的运动。"显然，作为黄炎培所说的"征求意见"的"同志"，"提倡职业教育的"是包含"办职业学校的"这些人在内的更广泛的人群结合体。那么，为何说它表示的是梁启超所讲的"乐业"之义呢？

最能体现梁启超所以乐业之义的是这样一句话："人生能从自己职业中领略出趣味，生活才有价值。"

梁启超认为，趣味是内发情感与外受环境的"交媾"，是个体、众生、自然、宇宙的"进合"，也是蕴溢"春意"的"美境"。"趣味主义"是梁启超精神生命的写照；"拿趣味做根柢"是他立身处事的重要律条。他说："我所做的事，常常失败——严格的可以说没有一件不失败——然而我总是一面失败一面做。因为我不但在成功里头感觉趣味，就在失败里感觉趣味。"[1]他说自己每天除了睡觉外，没有一分钟一秒钟不是积极的活动，不仅不觉疲倦，还总是津津有味，兴会淋漓，顺利成功时有乐趣，曲折层累时也有乐趣，问学教人时有乐趣，写字种花时亦有乐趣。他总结自己的趣味哲学，就是"得做且做"，活泼愉快；而不是"得过且过"，烦闷苦痛。

梁启超在中华职业学校这次讲演的最后落脚点在"责任心"与"趣味"，并将"责任心"与"敬业"、"趣味"与"乐业"两两结合，融为一体。而在整个行文（演讲）过程中，他也充分体现出趣味：观点，极见巧思，别出机杼；例子，信手拈来，鲜活生动。让读者或听者能充分感受到他言简意丰、痛快淋漓的文字表达，还有文字背后卓越的人格境界。梁启超早年与其师康有为一道，最想做的是辅佐独一人的"帝王之师"，后来他变成唤醒亿万大众的"新民之师"。晚年从政治中游离出来之后，梁启超致力于教育与学术。在从事教育过程中，他将"趣味主义"贯彻在其职业生活之中。在题目为《趣味教育与教育趣味》的著名演讲中，梁启超对教育者提出这样鲜明的主张：

> 我们主张趣味教育的人，是要趁儿童或青年趣味正浓而方向未决定的时候，给他们一种可以终生受用的趣味。这种教育办得圆满，能够令全社会整个永久是有趣的。……
>
> 教育事业，从积极方面来说，全在唤起趣味，从消极方面说，要十分注意，不可以摧残趣味。……
>
> 在教育界立身的人，应当以教育为唯一的趣味，更不消说了。一个人若是在教育上不感觉有趣味，我劝他立刻改行，何必在此受苦？既以打算拿教育做职业，便要认真享乐，不辜负了这里头的妙味。[2]

---

[1] 梁启超.梁启超趣味人生论美学文萃[M].金雁.北京：中国文联出版社，2017：58-63.
[2] 同上.

话语表达的社会效果往往取决于是否有针对性,能锁定特定的对象作为目标人群。黄炎培所说的"提倡职业教育的(人)",是"办职业学校的"人群的进一步拓展。这一人群结合体,肯定不会完全等同于梁启超所说的"在教育界立身的人",它至少还应当包括在政府部门、农工商等职业界对发展职业教育持积极态度与肯定看法的更广范围的人群。黄炎培期望这些人:

  那么,怎样才好呢?积极说来,办职业学校的,须同时和一切教育界、职业界努力的沟通和联络;提倡职业教育的,同时须分一部分精神,参加全社会的运动。消极说来,就算没有吧吧的声音、颜色,只把界限划起来,此为"职业教育",彼为"非职业教育",已经不行哩。换一句话,内部工作的努力不用说了,对外还须有最高的热诚,参与一切;有最大的度量,容纳一切。其实岂但职业教育,什么教育都该这样,也许什么事业都该这样。这样职业教育方针称他什么呢?大胆的称他"大职业教育主义"。

再回过头来对照梁启超《敬业与乐业》演讲的结尾:"我生平最受用的有两句话:一是'责任心',二是'趣味'。我自己常常力求这两句话之实现与调和,又常常把这两句话向我的朋友强聒不舍。今天所讲,敬业即是责任心,乐业即是趣味。我深信人类合理的生活应该如此;我望诸君和我一同受用!"这一表述,可以将黄炎培的上面的话作如下改装:

  那么,怎样才好呢?积极说来,办职业学校的,须同时和一切教育界、职业界努力的沟通和联络【如此,堪为高级"敬业"】;提倡职业教育的,同时须分一部分精神,参加全社会的运动【如此,才算"乐业"】。消极说来,就算没有吧吧的声音、颜色,只把界限划起来,此为"职业教育",彼为"非职业教育",已经不行哩。换一句话,内部工作的努力不用说了【"有业"皆当如此,努力达到初级"敬业"】,对外还须有最高的热诚,参与一切;有最大的度量,容纳一切【高级"敬业"升华为"乐业"】。其实岂但职业教育,什么教育都该这样,也许什么事业都该这样。【敬业与乐业相结合,这是"人类合理生活应当如此"。】这样职业教育方针称他什么呢?大胆的称他"大职业教育主义"。【也可称为全面的"教育趣味主义"精义所在。】

如此改装,可以说:职业达至神圣之义,需要人们学会"敬业"与"乐业",而教育达至创造之境,需要人们注重"责任"与"趣味"。黄炎培的大职业教育主义之说在文辞的背后,在思想方式与观念意涵中与梁启超的教育趣味主义表现出如此"息息相通"的关系,因而不能不说,黄炎培对梁启超思想的"借题发挥"或"对号入座",无论是"正话反说",还是"反话正说",都能显示出他们两者之间的共存于彼此"志同道合"的话语场中,而最重要的区别在于两人所站的社会位置不太一样：黄炎培是以职业教育为志业的教育革新家①，梁启超则是远远超越于职业教育范围进行思考的教育思想家②。

当然，还需要进一步说明的是：从社会建设的整体性出发，强调个体行为的自觉性，是黄炎培思考大职业教育主义的基本方法。而在这一点上，他同样也是受到了梁启超的启发。也是在1922年，梁启超在其发表的名文《五十年中国进化概论》里说："革命成功将近十年，所希望的件件都落空，渐渐有点废然思返，觉得社会文化是整套的，要拿旧心理运用新制度，决计不可能，渐渐要求全人格的觉悟。……这五十年来，中国具体的政治，诚然可以说只有退化并无进化，但从国民自觉的方面看来，那意识确是一日比一日鲜明，而且一日比一日扩大自觉。觉些什么呢？第一，觉得凡不是中国人，都没有权来管中国的事。第二，觉得凡是中国人，都有权来管中国的事。"③黄炎培在《提出大职业教育主义征求同志意见》文章中说："社会是整个的。不和别部分联络，这部分休想办得好；别部分没有办好，这部分很难办的。譬如农业学校和农家联络，工业学校和工厂联络，是不用说的了。可是在腐败政治底下，地方水利没有办好，忽而水，忽而旱，农业是不会好的；在外人强力压迫底下，关税丧失主权，国货输出种种受亏，外货输入种种受益，工业是不会好的。农、工业不会好，农、工业教育那里会发达呢？国家政治清明，社会组织完备，经济制度稳固，尤之人身元气浑然，脉络贯通，百体从令，什么事业都会好。反是，什么事业都不会好。……(所以，办职业学校的与提倡职业教育的)内部工作的努力不用说了，对外还须有最高的热诚，参与一切；有最大的度量，容纳一切。"对比之下，梁启超的论述更宏观一些，而黄炎培则具体化一些，但两者的精神实质却是相通的、一致的。

据上面的分析，我们不难得出结论：黄炎培所讲的大职业教育主义，要说的核心内容就是："办职业学校的"和"提倡职业教育的""同志"们如何才能做到梁启超所说的"敬业与乐业"。不过，仍有一个问题需要进一步说明。这一问题是基于吴雄江的研究观点而提出来的。在其硕士论文《黄炎培：从传统到现代的"过渡形象"》中，他认为："大职业教育主义的提出，更多的是出于对现实困境的考虑，它是职业教育思想在现实困境中所做不得已的调适，从实质上却正逐渐丧失了强调职业分工的现代意义。"④黄炎培的大职业教育主义的提出确实与职业学校办学的现实困境紧密相关，是"不得已的调适"，但若说它"从实质上却正逐渐丧失了强调职业分工的现代意义"则纯然是对黄炎培思想的误解。黄炎培的文章中不仅说"同时分一部分精神……"，又说"内部工作的努力不用说了"，而且结尾又说"可是一味务外而置对内工作于不

---

① 这样的定位是有时段性，即主要指他在1917年创办中华职业教育社至1925年年底提出大职业教育主义期间。而且，这一定位主要依据了他自己在这一时段对职业教育的独到认识。如："讲教育一定要从经济上着想——从职业上着想——徒言普及教育，强迫教育，是没有用的。教育要带职业，职业要带教育。职业教育是救国的上策。发达职业教育是吾们唯一的目的。"(黄炎培.职业教育[J].教育杂志,1921.)
② 梁启超在国民教育、德育、教育改革、师范教育、子女教育、高等教育、职业教育、学科教育、家庭教育、社会教育等方面都有一定的较为系统的思考，他"以国家富强和民族振兴为职志，擘画教育，躬行实践，解放国民思想，开启国民智慧等方面作出了的艰辛努力"。(参见：安尊华.梁启超教育思想研究[M].北京：知识产权出版社,2017：自序.)
③ 梁启超.梁启超文存[M].刘东,翟奎凤.南京：江苏人民出版社,2015：252-253.
④ 吴雄江.黄炎培：从传统到现代的"过渡形象"[D].北京：中国社会科学院,2000：16.

顾，当然不行，是万不可误会我的主张的"。明显地，"办职业学校的"与"提倡职业教育的"，皆是"有业"之人，在做好自己职业分内的事的同时，要与教育界、职业界甚至更广泛的社会成员或组织之间加强沟通与联络。吴雄江的这一误解，正可提醒我们，黄炎培撰写的文本思路与梁启超在《敬业与乐业》这一演讲中的文本思路其实是"同构"的，即都从"有业"到"敬业"再到"乐业"。只不过，他们一样地将言说的重点都放在了后两者而已。不明白这一点，不可谓懂"大职业教育主义"之真义。

第六章　杜威对黄炎培大职业教育主义思想形成的影响

> 杜威氏之来华,实予吾人以实施新教育最亲切之兴味与最伟大之助力。……于是吾人知识渐归于系统而措之行事亦觉有条理可寻而无所惑矣。①
>
> ——黄炎培

约翰·杜威(John Dewey,1859年10月20日—1952年6月1日),美国著名哲学家、教育家、心理学家,实用主义的集大成者,也是机能主义心理学和现代教育学的创始人之一。他一生著作颇丰,最具代表性的是1916年出版的《民主主义与教育》。1919年中国五四运动前夕,杜威到访中国,立即被深度地"卷入"学生运动之后,开始积极主动地参与了当时中国知识(思想)市场的竞争,以至于原计划的短期访问变成了两年有余的学术交流。他对中国教育界发表了若干学术演讲,思想传播极广,对后来1922年民国政府出台的学制的美国化影响甚巨,而他在之前的1920年5月份先后分别在南京高等师范学校所作的题为《教育家之天职》与在上海中华职业教育社所作的题为《职业教育之精义》的两场演讲,对黄炎培提出大职业教育主义思想的提出亦有着非常深刻的影响。

一、"最伟大的美国哲学家":杜威用哲学书写精彩的教育人生

杜威所生活的时代是美国社会不断转型的时代。在他出生的1859年,美国还是一个农业为主的国家,教育也沿袭传统,为教会所控制。但是,到他1952年离世时,其间经过两次世界大战的洗礼,美国已经一跃成为世界领先的工业化国家,在经济实力和军事力量上都成为西方发达国家中的翘楚。同时,它也是一流的教育强国,世界优秀人才主要汇集于此,包括中国在内的多国学子纷纷求学于此。"杜威一生见证了美国不断转型:从教会主导社会到拥有大型

---

① 黄炎培.黄炎培日记:第2卷[M].北京:华文出版社,2008:63-64.

组织社会;从宗教知识主导到科学主导;从精英共和到人民民主;从乡村社会到具有世界竞争力的国家,并发展为全球超级大国。"①正是面对如此不断变化或转型的时代,杜威用哲学书写了他精彩的教育人生。

(一) 工作即生活,教学写作两相宜

杜威1859年10月20日诞生于一个中产阶级的杂货商家中。他的家乡在新英格兰的维蒙特州的贝林顿。这个地方向来习于自治,崇尚自由,笃信民主制度。杜威小的时候有点害羞,并不是很聪明的小孩,不过他很喜欢看书,是大家公认的书虫。他在中学毕业之后,就进入当地的维蒙特大学就读。大学的时候,杜威修过希腊文、拉丁文、解析几何及微积分,大三开始涉猎自然科学的课程,大四时,他才更广泛地接触到人类智能的领域。1879年,杜威大学毕业,开始了他一直想要从事的教职工作,并且继续研读哲学史。1882年,杜威首次发表论文,被刊登在全国唯一哲学学术论文的杂志上,对他自己来说,这无疑是一个相当大的鼓舞。1884年,他获约翰·霍普金斯大学哲学博士学位,然后在美国密歇根大学教授哲学,并结识了与自己同年出生,但作为首批接受美国高等教育女性之一的艾丽斯,很快坠入爱河,并于1886年结婚。1894—1904年,他在芝加哥大学任哲学系、心理学系和教育系主任,并跟妻子一起创立了实验小学,后因归并的问题,遂辞职离去。1904—1930年,他在纽约哥伦比亚大学哲学系任职。其间,他曾经先后到访过日本与中国,还去了苏联、土耳其、南非及墨西哥等地。

杜威曾提出过"教育即生活"的哲学命题,意思是教育是生活的过程,而不是未来生活的准备。对于杜威来说,可以说他生活的核心内容是工作,而工作的核心内容就是教学与研究。研究成果的标志就是出版了远超过"等身"程度的多种著作。杜威和艾丽斯共育六个孩子,其中最聪颖的老三后来不幸因病夭折,对他和太太的打击很大。简·杜威是和杜威晚年一起生活的女儿,在1952年杜威去世之后对他人这样说起自己的父亲:"他的生活在很大程度上是他的职业。"②杰伊·马丁在杜威传记中专列章节介绍"杜威的教学风格",开头一段这样写道:

> 杜威拥有多重身份,丈夫、父亲、哲学家、社会变革推动者、活动家、政治评论员,此外,他还是一名教师。1879年,杜威在宾夕法尼亚州的石油城中学开启教学生涯。1949年,已从哥伦比亚大学退休多年的杜威仍参加哲学聚会,与研究生辩论。七十年间,杜威写了许多文章和书,做过上百场讲座,然而比起这些活动,他更多的时间和精力都用于教学。他的教学风格随时间推移而变化,但一贯强调系统、长期的探究式教学。杜威并未给大家提供一种固定教学模式,他只是教。与其哲学思想一致,他认为教学是师生思想共同体的探究活动。这种教学没有单一的教条模式。在他看来,课堂的意义在于转化生成。首先是教师生成、学生接受,再反过来学生生成、教师接受,以此往复,循环上升,直到课堂或整

---

① 杰伊·马丁.教育人生:约翰·杜威传[M].杨光富,等译.上海:华东师范大学出版社,2020:主编前言.
② 同上书,328.

个课程结束。①

杜威的写作史是一部辉煌的创造史。我国著名的外国教育史研究学者单中惠教授曾在1987年编译过一册《杜威传》②。这应当是改革开放之后我国学人最早有意识地、全面地向国人介绍世界级教育家杜威的生平研究。全书221页,其中作为"附录二"出现的"杜威著作目录",竟然从80页列到178页,几近100页,接近全书的一半篇幅。有豆瓣网友抱怨"内容详细是详细,就是有点鸡肋"③。其实,这种著作年谱,对相关的专业性研究者来说是很好的文献导引,而对杜威本人来说则肯定是他最愿意向世人展示的生平业绩。据我国著名的西方哲学史研究者刘放桐教授介绍,杜威一生在不同地方出版了著作40多部,在140多种刊物上发表过论文700多篇。为了深入系统地重新研究杜威各方面的理论,很有必要把他的论著收集起来重新出版。正是出于这种考虑,美国南伊里诺大学杜威研究中心和哲学系决定牵头编辑《杜威全集》,由杜威研究中心当时的主任乔·安·博伊兹顿教授担任主编,前后花了30年时间,终于编成了《杜威全集》。从得知美国哲学界在编辑《杜威全集》时起,我国学者就想进行翻译,但直到2004年复旦大学成立杜威与美国哲学研究中心后才得以正式着手。《杜威全集》篇幅极为浩大,内容涉及古典和现代哲学、美国和国际政治、社会、法律、历史、教育、各种形态的文化、艺术、道德、逻辑、心理、宗教、科学技术等广泛的学术和现实生活领域。④ 2010—2015年,华东师范大学出版社陆续出齐了37卷本加1本索引、1 600万字的《杜威全集》中文版。

杜威的教学与写作是互相促进的,因为这两者只是杜威思考问题的不同形式而已。杰伊·马丁认为,"凡事都有度,杜威在他的哲学文章和专著、政治新闻、社会争议、文学与艺术文章中都运用了不同的恰当表达。正如那句沙利文名言:内容决定形式。与写作一样,教学是杜威生活的核心,更给杜威带来了倾听经历,这些经历反过来又会被他应用到写作上。交谈或教学也日益成为杜威的创作源泉"。⑤

(二) 交往存异见,争议名流受力挺

人以群分,物以类聚。我们要真正认识一个人,最可靠的方式或许是看他和谁站在一起。杜威在1910年出版的《我们如何思维》时坦诚自己:"我要着重提及我的夫人对我的帮助。本书中的一些观念,是在她的鼓励下形成的,这也是同她于1896—1903年间在芝加哥实验学校的工作联系在一起的,在实践中,经过检验和具体化,使这些观念牢固地建立了起来。"⑥杜威夫人艾丽斯则曾坚定地说:"就算我和我的孩子们挨饿,我也不愿看到约翰牺牲自己的原则。"⑦"这里

---

① 杰伊·马丁.教育人生:约翰·杜威传[M].杨光富,等译.上海:华东师范大学出版社,2020:178.
② 简·杜威.杜威传[M].单中惠,编译.合肥:安徽教育出版社,1987.
③ 参见:https://book.douban.com/subject/3003528/.
④ 刘放桐.《杜威全集》的出版翻译及其价值[N].中国社会科学报,2014-10-8.
⑤ 杰伊·马丁.教育人生:约翰·杜威传[M].杨光富,等译.上海:华东师范大学出版社,2020:181.
⑥ 杜威.我们如何思维·经验与教育[M].姜文闵,译.北京:人民教育出版社,2005:9.
⑦ 杰伊·马丁.教育人生:约翰·杜威传[M].杨光富,等译.上海:华东师范大学出版社,2017:167.

所涉及的原则有：言论自由、表达自由、学术自由，简言之，即自由地思考和行动。这些自由对杜威所信赖和珍视的民主社会内的动作，至关重要。"①读当代最权威的杜威传记《教育人生：约翰·杜威传》可知，杜威的交往世界可谓绚丽多姿。除了与哈利斯(W. T. Harris)、莫里斯(George S. Mooris)、霍尔(Stanley Hall)、皮尔士(Charles Sanders Peirce)、詹姆斯(William James)等美国哲学界的名流交往之外，与苏联作家高尔基、苏联流亡政治家托洛茨基、英国哲学家罗素三位的交往，尤其是这三位遭到非难时，杜威能挺身而出，为他们辩护，给人留下了知识分子"铁肩担道义"的伟大形象。

高尔基(Maxim Gorky)是1868年生人，沙俄至苏联时代的著名作家，其作品中的自传体三部曲《童年》《在人间》《我的大学》及散文诗《海燕》，向来为我国广大读者所熟悉。沙俄在日俄战争(1904—1905年日本帝国和俄罗斯帝国为争夺朝鲜半岛和中国东北而进行的战争)中遭到失败，国内阶级矛盾更加激化，局势动荡不安，终于爆发了1905年的社会革命，并震动了整个西方资本主义世界。作为"异见分子"的高尔基被囚禁在圣彼得堡的一个要塞里，在国际舆论的强烈抗议和谴责下，一年后沙皇反动当局不得不释放了高尔基。1906年4月，高尔基访问美国，为那些对抗俄国沙皇和女沙皇不公正统治的革命者寻求支持和募集资金。那时美国人全力支持俄国在民主化上的行动。当时的美国学界，"社会主义"和"民主主义"经常互换使用，所以高尔基在这赞同自由的浪潮中来到了纽约，并受到了大批记者的欢迎。其中包括美国著名作家马克·吐温。但热烈欢迎不久，东道主的气氛就急转直下。"美国人可以接受，甚至赞赏高尔基的革命热情；他们可以捐钱给武装革命者；他们甚至可以支持社会主义——尤其是为了俄国人。但是他们不能公然违反传统的伦理道德。"什么事令美国人如此义愤填膺呢？原来陪高尔基一同来美国，被高尔基称作其妻子的名为安德烈耶娃的女人，并非高尔基的妻子，而是同居多年的情人。而"真正的"妻子和两个孩子仍然在俄国。虽然高尔基对登门来访的美国记者们解释，他因为跟沙皇当局和教会的关系很紧张，才导致至今没有办法正式离婚手续的，并且申辩说"没有比男人和女人之间的结合更神圣的事了"，他和安德烈耶娃的爱情生活远远超出所谓法律与世俗偏见所能约束的范围，但他似乎没能说服任何人。马克·吐温等名流也开始退避三舍，"避免与高尔基在同一个场合露面"。更惨的是，没有一家酒店愿意再接纳他们，为他们提供住宿。就在这个时候，杜威夫妇伸出了援手。由于从一开始，杜威就是高尔基来访的委员会成员之一。他认为，既然列夫·托尔斯泰都曾经邀请过高尔基和安德烈耶娃到他的寓所，并热情地欢迎他们，"难道没有一个美国人能表现出同样的礼貌吗？"于是，高尔基和他的情人很快到了杜威一家的公寓。"杜威因为这一慷慨的举动而受到恶毒的攻击。"当地的美国人似乎期待，杜威所任教的哥伦比亚大学会出面干预一下，甚至会"秋后算账"，但是都没有。哥大当时的校长是尼古拉斯·默里·巴特勒，他"是那么有人性的一名校长，从来没

---

① 杜威.经验的重构：杜威教育学与心理学[M].李业富.上海：华东师范大学出版社，2020：编者序.

有动摇过对杜威的支持"①。

托洛茨基,1879年生人,是苏联工农红军、第四国际的主要缔造者。他在俄国的地位曾经仅次于列宁。他在列宁缺席、国内复杂的情况下,亲自领导了起义,组建了红军,保卫了新生政权。他曾任苏维埃政府外交委员会委员,在新生苏维埃政府中是列宁的亲密战友。在列宁死后,被斯大林视为政治异己而遭排挤、打压和迫害。他在1927年的党内斗争中失败,被开除了党籍,1929年被驱逐出境,成为一个"地球籍公民"。他先后到过中国边境、土耳其、法国、挪威及墨西哥,他的每一次转移都是为了在斯大林日益增长的敌意下找到一个安全的地方。斯大林为了巩固权力,把任何与托洛茨基有关的人都看作敌人,加以肉体消灭。他还让司法部部长宣布,逃亡在墨西哥的托洛茨基犯有"曾密谋暗杀斯大林,并鼓动德国和日本对苏联发动战争"之罪,动员苏联内外力量加以抓捕。其时,法国与美国都设立了托洛茨基保护委员会,这两个团体都要求成立国际法庭"听取"斯大林发出的指控,并允许流亡之中而不愿回莫斯科接受审判的托洛茨基为自己辩护。由于法国团体选不出合适的法庭成员,听证会的任务就落在了美国团体身上。美国团体认为,一个全部由托洛茨基同情者组成的法庭很难在国际上获得认可,他们需要这个团体尤其是法庭主席在国际上有公正的声望,这个主席的正直要折服所有自由主义者、苏联同情者和世界各地的知识分子。很快,他们找到了最合适的人选是杜威。可是一开始,不仅杜威自己表示反对,因为他有研究与写作任务要赶时间,而且熟悉与关心他的人大多纷纷表示反对,其中也包括他的儿子。不止于此,有人听此消息,还给杜威发匿名的死亡威胁信。"最终杜威接受了听证会主席的职务,并且清楚地表明了接受的原因:为了信仰。……他给朋友写信说:'我一生都在寻找真理。令人沮丧的是,我们国家的一些自由主义者认为我们的人民不宜知道太多俄罗斯发生的暴行。但是人类进步的主要动力是真理而不是资产阶级的妄想。''不是为委员会而是为我自己,我曾经希望他们能找一个经历更适合承担这个艰难而微妙任务的人做主席。但我已经把我的一生奉献给教育事业了,我设想中的教育是为了社会利益和公众教化。如果我最终接受了现在的职务,那是因为我意识到如果不这么做的话,那会是我毕生工作的错误。"②由于杜威率领的听证委员会恪尽职守,最终得出结论是苏联指控托洛茨基的罪名不成立。"在托洛茨基的'审判'中,杜威展现出了政治选择的真正基础,即做出公正的裁决。死亡的威胁、名誉的攻击、家人和朋友的恳求和物质的贿赂,他都不在乎。此外,审判对杜威还有特殊的意义……很好地展现了杜威的性格、思想、哲学和社会行动主义,生动地表现了杜威的性格:他的个性,承诺,理想和为理想采取的行动。"③

生于1872年的罗素是英国著名的哲学家。1919年,受邀到中国做学术访问的杜威提议中方也邀请罗素来讲讲学,于是有了罗素的中国之行。与杜威受到中国社会知识阶层的热情

---

① 杰伊·马丁.教育人生:约翰·杜威传[M].杨光富,等译.上海:华东师范大学出版社,2020:167.
② 同上书,276-280.
③ 同上书,285.

追捧,以至延期至两年有余相比,罗素近九个月的中国之行则相对平淡得多。无论是对中国知识界而言,还是对罗素本人而言,都未能取得预期的效果。第二次世界大战期间,欧洲战火纷飞,素有反战者(一战期间因参与反战而被剑桥大学开除)之称的罗素于1939年搬到美国,在加州大学洛杉矶分校以教学与研究谋生,并很快被任命为公立的纽约城市大学教授,但是终因宗教势力的阻挠而功败垂成。1940年2月,纽约高等教育董事会全票通过了对罗素任命的决定。但此决定消息一经传出,立刻引起了宗教势力的"高度重视",他们对罗素这位公开的无神论者即将"登陆"纽约极为不满。在纽约高等教育董事会的投票四天之后,素有坚定的保守主义者之称的纽约主教威廉·T.曼宁就通过媒体发表了针对罗素及其任命的长篇抨击。抨击中引述了罗素的很多言论,其中包括支持婚姻及性自由的言论(比如"在没有孩子的情况下,性关系纯属私人事务,与国家或邻居都无关系"),以及批评宗教的言论(比如"基督教的核心教义上帝和永生在科学上都无根据")。主教并且质问道:基督教家长或任何其他家长会愿意自己的孩子接受这种观点的教育吗?任何在乎国家福祉的人能愿意这种教育进入我们的学院和大学吗?主教的文章犹如惊蛰的雷声,引来了大量宗教团体的响应,纷纷出来施压,敦促纽约市长及高等教育董事会不要让这种对基督教的"最新侮辱"过关。[①] 一位有名的律师和一位叫凯(Jean Kay)的家庭主妇一起手里拿着罗素的四部著作(《我的信仰》《婚姻和道德》《教育和美好生活》《教育和当代世界》)出现在法官面前,并且从这些著作中挑选一些内容做了评价。"他们坚持这个被提名的教授的著作充斥着'淫荡、猥亵、好色、贪欲、邪恶、色情、激发淫欲、无神论、傲慢无礼、心胸狭隘、虚伪和缺德'的内容。另外,还有罗素的自传作为支持的根据……法官莫吉翰翻阅了这些带有罪行的卷宗,1940年3月30日他痛责罗素和纽约市高等教育委员会。他说,委员会对罗素的任命使城市学院有了一个'下流的教授'。莫吉翰宣布解除罗素的教授一职。"[②]当然,罗素也有自己的支持者,这些支持者反复指出,罗素将在纽约市立学院开设的课程是跟科学有关的数学、逻辑、哲学,而非遭教会火力轰击的伦理和宗教。在罗素的支持者中,包含了一些著名学者,比如哲学家杜威与物理学家爱因斯坦等。其中,爱因斯坦发表声明表示:"伟大的精神总是会遭遇平庸者的反对。当一个人不盲目接受传统偏见,而是诚实及有勇气地运用他的智慧,并且完成以清晰形式表述思考结果的责任时,平庸者是无法理解的。"[③]而杜威密切关注着罗素案件的进展。法院判决后的第三天,杜威和一些人代表文化自由委员会联名写了一封支持罗素的信,并把此信交到了当时纽约市长的手中,同时将信的复本交给了时任的教育委员会主席。信中强调,他们这一委员会一致认为法官莫吉翰对罗素的判决"相当于'对苏格拉底和伽利略的迫害',是偏执的,是'由于美国免费教育导致的并且依然维持着的最严重的倒退'。"[④]万幸的是,经由哲学家杜威的牵线,一个名叫巴恩斯基金会(Barnes

---

① 卢昌海.罗素的1940[EB/OL].http://www.360doc.com/content/20/1223/10/73042194_952988052.shtml.
② 杰伊·马丁.教育人生:约翰·杜威传[M].杨光富,等译.上海:华东师范大学出版社,2020:298-299.
③ 转引自:卢昌海.罗素的1940[EB/OL].http://www.360doc.com/content/20/1223/10/73042194_952988052.shtml.
④ 杰伊·马丁.教育人生:约翰·杜威传[M].杨光富,等译.上海:华东师范大学出版社,2020:299.

Foundation)的艺术教育机构愿以 6 000 美元的年薪聘请罗素,让他讲授他想讲授的一切题材。这一薪资虽比纽约市立学院和加州大学洛杉矶分校的都低,对当时的罗素却无疑是及时雨,罗素立刻就接受了。《教育人生:约翰·杜威传》的作者认为,"他(杜威)几乎凭一己之力保障了罗素的物质生活水平。缓解了罗素的焦虑。他勇敢地捍卫言论自由,并且和许多杰出的知识分子一样,使报纸对自由问题产生兴趣。"①值得一提的后话是,1945 年,随着第二次世界大战结束,罗素将自己在巴恩斯基金会期间所撰的《西方哲学史》整理出版,一时间"洛阳纸贵",并于 1950 年因该著作及"支持人道主义思想和思维自由"获得了诺贝尔文学奖。

(三) 哲学爱教育,经验改造弭分裂

如果要在世界哲学史上要找出一位哲学家最钟情于教育理论与实践的人,那么当仁不让的恐怕只能是杜威。华东师范大学杜威教育思想研究中心彭正梅教授认为,杜威"不仅把教育问题视为社会哲学的中心问题,也把教育视为哲学本身的中心问题。他的哲学思考体现了'爱教育',而非哲学本义上的'爱智慧'。"②杜威被视为最具美国精神的哲学家,他拥有从根本上改造一切传统哲学的雄心。在其哲学代表作《确定性的寻求》中,他称自己是在实现一场伟大的"哥白尼式的革命"。一如从托勒密以地球为中心的宇宙体系转向了哥白尼以太阳为中心的宇宙体系,杜威努力将哲学的根本问题由"哲学是什么"这种看似形而上的问题转化为"哲学是做什么的"这样实践性的问题。

一方面,他对过去的哲学传统进行全面而系统的批判。他认为,在古代的形而上学之下,知行(理论与实践)是二元对立的,人对确定性的寻求是一种逃避到抽象的、绝对的、固定实在的寻求,而忽视了真正重要的现实生活的安全性。为了完成寻求确定性的任务,古希腊以柏拉图为代表的哲学家便开始人为地划分出两个世界:一个是高级的、不变的、真实的理论世界;另一个是低级的、变化的、不真实的现象世界。前一个世界是独立于人们生活经验之外,独立于一切变化的理想的永恒的世界,哲学就是要通过求知来达到这一世界。而后一世界则充满了各种不确定性,人们在现象界的行动总是带有危险性的,哲学就是要努力使人们从这一世界中逃离出来,以获取生存的安全。自柏拉图以来,知行二元论就已经在哲学中确立起来,哲学就把认知与行动,或"理论"与"实践"区分开来,并且神化前者而贬低后者。杜威认为,自己所身处时代的哲学正面临着"对确定性的寻求"危机,这种危机来自古希腊以来整个欧洲哲学所积淀的历史遗产。这种遗产在根源上就已经分离了知识与行动的关联,阻断了源自古希腊语义上的理论与实践的联系。彼此被分割成了对立的"两个世界":"在实验性认知得到任何重要的进展之前,在哲学尚未根本转向之前,我们可以说,'两个世界'被明确地区分开来了——在一个世界中,人类思考着和认知着,而在另一个世界当中,人类则生活着和行动着。"③

---

① 杰伊·马丁.教育人生:约翰·杜威传[M].杨光富,等译.上海:华东师范大学出版社,2020:202.
② 同上书,主编前言.
③ 杜威.确定性的寻求:关于知行关系的研究[M].傅统先,译.上海:上海人民出版社,2005:225.

另一方面,杜威以实用主义的经验观对哲学传统进行改造,旨在消解这种抽象的、绝对的、固定的确定性,通过消解二元对立来使哲学服务于对具体问题的解决,最终将传统哲学那种本质主义的"确定性的寻求","改造"为当代哲学工具主义的"安全性的寻求"。在杜威看来,人们首先要的东西就是"生活"(living),哲学并不外在于人的生活,它的起源恰恰是人生活的内在需要。这是杜威观点中不同于传统哲学的地方,也是杜威改造传统哲学寻求确定性思想的视角。他在《哲学的改造》一书中认为:"哲学不是在哲学家的头脑中臆造出来的,它必须在哲学的发展中,在工业、宗教、政治、经济、社会和科学的发展所产生的深刻的变化和危机中,去寻找哲学改造的可能性和必然性,去建筑新哲学发展的生长点。"[①]作为具有强大历史使命感的大哲学家,杜威对哲学职能的"生活"方向转化寄予了极大的期望。他期望将哲学的真正目的归结为以哲学的手段去研究生活的经验。在他看来,哲学的主要职能就在于将经验的可能加以合理化,尤其是将人类的集体性的经验加以合理化。不过,"杜威意义上的经验还是具有高度选择性的,并非有机体与环境的一切互动都能形成经验,或者说,并非只要有机体与环境互动就能使经验得以完成。杜威的真正选择似乎是:那些形成了意义的、有价值的互动,才能成为经验,反之则不然"[②]。而这种杜威所认定的经验,从来源上很大程度上来自教育,更确切地说,来自生活形态的"民主"的教育。这正是杜威的教育哲学代表作《民主主义与教育》的旨归所在。或许一句话可以概括杜威的学术使命,即哲学的改造经由经验的改造,经验的改造经由教育的改造,教育的改造最终达至社会理想与方法的改造。

二、"极大地影响了中国人": 杜威在中国受欢迎的原因分析

世界知名的教育史专家 W. F. 康内尔曾说:"杜威既没有鼓动和领导运动的性格,也没有为鼓舞和引导运动所需的口才。"[③]但若问有史以来哪一位西方教育思想家对中国的教育甚至社会发生的影响最大,答案却恐怕非杜威莫属。当然,影响之所以发生受制于多种的机缘条件,而这些条件中特别值得提出的是中国社会当时的思想状况、杜威在哥伦比亚大学教过的一批中国留学毕业生在当时中国社会的影响力及杜威本人来中国后进一步接触与认识中国社会加以思考所释放出来的思想魅力。

(一)晚清民初,文化真空须填补

冰冻三尺,非一日之寒。晚清覆亡,也属积重难返。孙中山先生说:"世界潮流,浩浩汤汤,顺之者昌,逆之者亡。"1894年甲午战败,沉重地打击了清王朝的傲慢。被洋枪洋炮打开了国门之后,随之而来的就是"西学东渐"。晚清士人为了保国保种,以应危机无法不做出回应。张之洞等人提出的"中体西用"方案为晚清统治者所采用。

[①] 杜威.哲学的改造[M].许崇清,译.北京:商务印书馆,1958:31.
[②] 刘陶,刘悦笛.杜威[M].西安:陕西师范大学出版总社,2020:36.
[③] W. F. 康内尔.二十世纪世界教育史[M].张法琨,等译.北京:人民教育出版社,1990:157.

张之洞以为,前者是内学,可"治身心";后者是外学,可"应世事"。这是1894年"甲午战争"失败四年后,国人对外部世界最著名的、关涉日后教育发展最深远的思想回应。一时间,日本语以其强劲姿态塑造着汉语系统。如带"化"的组词方式,大家至今耳熟能详的"民主化""革命化""近代化""机械化""科学化""世界化"等都是从日本引入的;又如缀以"性""式""型""观""力""界""的"等字产生的词语,也纷纷源于日语形态。新名词纷纷登场,令张之洞颇感不适。他在一份文件中很是警惕地写道:"不要使用新名词。"可是,其手下喝洋墨水最多的辜鸿铭却指出:"'不要使用新名词'中的'名词'这个用语本身就是新名词。这是从日本引进的,张大人。"据传,说完两人相视大笑。①

1898年,张之洞的这种方案并没有能挽救清王朝。辛亥革命开了新的历史纪元。随着民国初立,一切似乎有新的气象,一切又似乎老调重弹。政治人物像走马灯一样换着,一些剪去辫子的普通大众在心中仍然渴望有一个皇帝,于是帝制复辟,接着又是二次复辟。"再造共和",何其艰难。从臣民社会走向公民社会,从皇权社会过渡到民权社会,从老大自居的闭关锁国走向需要斗争才能赢得国族平等的国际社会,在这"过渡时代"里,言论骄子梁启超认真地反思了戊戌变法失败的原因,于1902年提出的方案与张之洞不同,他以为,"新民为今日中国第一急务","有新民,何患无新制度,无新政府,无新国家"。② 人们认为,梁启超为1911年辛亥革命的爆发点燃了思想之火。

定义新民,个别新锐的思想者可以先行一步;培育新民,却需要一大批吸收这些新思想的人来从事文化的教化。诚如杰伊·马丁所说:

> 杜威夫妇来到中国时,正值新文化运动爆发。新文化运动致力于废除传统传家文化残余势力以及封建思想。正如后来艾丽斯指出的那样,杜威夫妇看到了"一个国家的诞生"。随着孙中山领导的民主社会主义革命在全国范围内展开,封建王朝于1911年覆灭,袁世凯的复辟企图也在1916年被粉碎,这就创造了一个文化空白期(为新文化运动创造了条件)杜威夫妇来到中国时,文化变革已经势在必行,因为人们相信要想维持政治上的胜利,就必须依靠文化上的改革。③

1919年的杜威刚好60岁,正是处于思想完全成熟的年龄。对他来说,或许内心最大的渴望就是将自己已然成熟的思想传播得更广,与更多的世人分享。而东方神秘的文明之邦中国,是他"想象中的异邦",无疑会激发他这位在"美洲新大陆"现代文明孕育出的知识分子智力上

---

① 刘猛.教育的传统、现代与现代化[J].教师博览,2020(06).
② 梁启超.梁启超文选(上)[M].夏晓虹.福州:福建教育出版社,2020:76-79.
③ 杰伊·马丁.教育人生:约翰·杜威传[M].杨光富,等译.上海:华东师范大学出版社,2020:215.

持久的兴趣。

（二）哥大校友，激扬文字居潮头

杜威来华讲学之所以能够成行，离不开师生之谊，各取所需。一方面，杜威想要通过游历中国来深刻了解这个多少有些神秘的东方文明古国；另一方面，杜威的中国弟子们盛情相邀，试图借重乃师的名望来推行自己的主张，从而实现改造中国的愿望。①

1919年4月30日，从日本驶来的"熊野丸"号游轮抵达上海，刚刚登岸的杜威夫妇受到了北京大学代表胡适、南京高等师范学校代表陶行知、江苏教育会代表蒋梦麟的迎接。迎接杜威的这三个人都曾是杜威在哥伦比亚大学亲自教过的学生，而且他们在中国所从事的文教事业也刚刚开始风生水起。

胡适（1891—1962），安徽绩溪人，曾于1910年19岁时考取庚子赔款官费生，留学美国达7年之久，其中最后两年师从杜威。胡适去美国之时，还是清朝末年，可待他回国之日，已到处飘荡着中华民国五色旗。留美之前，胡适先后有过9年（1895—1904）在家乡接受国学启蒙和6年（1904—1910）在上海接受新学教育的经历。留美7年，胡适经历过两次转变：前一次是在康奈尔大学时期，出于个人"兴趣和禀赋"的考虑，由将所学专业由农科改为文科，为今后的人生道路"开辟了一个新的方向"；后一次则是从康奈尔大学转入哥伦比亚大学之际，立志"屏绝万事，专治哲学，中西兼治"。此后两年间，他师从杜威，系统地接受了实验主义的哲学理论和方法论。这次转变对胡适"其后一生的文化生命"，"有着决定性的影响"，他自称"从此以后，实验主义成了我的生活和思想的一个向导，成了我自己的哲学基础。"②1917年回国之时，胡适认为当时的中国除了改旗易帜之外，并没有看到其他新气象。尤其是在思想文化领域，依旧死气沉沉。振衰时弊，舍我其谁！国人导师，当仁不让。他于当年夏天受聘为北京大学教授。胡适第一次亮相非在课堂上，而在秋季开学典礼用一口绩溪普通话作了题为《大学与中国高等学问之关系》的演讲，中心意思是希望用现代大学的理念来改造中国的大学，尤其是北京大学。首次亮相当即博得了满堂彩，这个年轻教授以他儒雅的气质、渊博的知识、缜密的逻辑征服了差不多年纪的学生。教完一年的课，胡适《中国哲学史大纲》（上）的讲义也编印出来了，是以他的博士论文为基础增改扩充而成的。1919年2月，就在胡适的导师到访的前夕，这本书由上海商务印书馆出版，校长蔡元培亲自为书作序，提出四大思想价值：证明的方法、扼要的手段、平等的眼光、系统的方法。不到两年，他便靠在北大的学术地位与他在当时陈独秀主编的《新青年》杂志上发表的大量理性而清晰的文章，如《文学改良刍议》等，"暴得大名"，"一跃而成为新学术、新思想的领导人物"。③

陶行知（1891—1946），安徽歙县人，与胡适同龄并同乡的他1914年开始赴美国留学，先入

---

① 陈文彬.邀请美国教育家杜威访华的台前幕后[J].兰州学刊,2006(07).
② 胡礼忠.胡适、杜威与实验主义：哥伦比亚大学时期[J].史林,2005(04).
③ 余英时.现代学人与学术[M].桂林：广西师范大学出版社,2006：243.

伊利诺伊大学攻读市政学,次年获政治学硕士学位。在该校毕业后,陶行知正巧取得了庚子赔款的留学生派遣制度下的"半费生"资格,有了维持继续深造的起码的经费,便于1915年9月转入哥伦比亚大学师范学院,攻读研究院教育行政学博士课程。校方安排的博士论文导师是斯特雷耶(G.D.Stayer)教授。"斯特雷耶教授是美国著名的教育行政学专家,学问渊博,但有些学究气。杜威的专长是教育哲学,他虽然不是陶行知的博士论文指导教师,但陶行知选修了他所讲授的'学校与社会'这门课程,与他时相过从,求学请教。相较之下,他在思想上对陶行知的影响远远比斯特雷耶要大得多。"①杜威"教育即生活,学校即社会"的观点对陶行知产生了很大的影响。1917年8月,陶行知应自己的"师兄"、杜威的第一个中国弟子、时任南京高等师范学校校长郭秉文之聘,提前回国,在南京高等师范学校主讲教育学、教育行政、教育史、教育心理等。仅6个月后的次年3月,陶行知便任南京高等师范学校教务长;5月,南京高师成立教育专修科,他任教育科主任。1919年,与刘伯明等组织南京学界联合会筹备会,被选为会长;作为南京高师代表参与新教育改进社、《新教育》月刊事务。1919年2月,发表《教学合一》,同年在南京高师将"教授法"改为"教学法",不久为全国教育界所采用。杜威到访之前一个月(4月),他刚好发表了《第一流的教育家》,提出"今日的教育家"必得"敢探未发明的新理"与"敢入未开化的边疆"。

蒋梦麟(1886—1964),1898年入绍兴中西学堂,求学近两年,蔡元培正好是那里的"总理"(相当于校长)。1904年,他赴上海入南洋公学读书,1908年8月赴美留学。1909年2月,他入伯克利加州大学农学院,同年秋季转入社会科学学院。1912年,他以教育为主科,历史与哲学为附科,毕业于加州伯克利大学教育学系,后旋赴纽约入哥伦比亚大学教育学院深造,并于1917年3月取得教育学博士。蒋梦麟长胡适6岁,两人同受业于美国著名教育家及哲学家杜威博士的门下,可谓"师出同门"。1917年,两人皆学成返国,胡适则应聘为北京大学教授,蒋梦麟则到张元济领导的上海商务印书馆,担任《教育杂志》编辑和《新教育》杂志主编,并"在他上班的第一天,黄炎培就代表江苏教育会与张元济另行约定,在蒋梦麟担任商务印书馆编辑的同时,得拿出不少于三分之一的时间和精力担任江苏教育会的事情,江苏教育会给蒋梦麟一个理事的头衔,并为他提供膳宿"②。依托主办机构新教育共进社(后改组为中华教育改进社)的平台优势,《新教育》杂志为蒋梦麟提供了一个很好的施展自己所学教育理论的舞台。该杂志从创刊号开始就打出"养成健全人生,创造进化之社会"的旗帜,提倡平民主义,主张以欧美教育为样板来改造中国的旧式教育,这一主张深受教育界与知识界同人的好评,每期发行量超过6 000册,成为全国鼓动教育革新的重要理论阵地,并与陈独秀创办的《新青年》南北呼应,成为鼓动"西潮与新潮"的主要刊物。当蒋梦麟、胡适、陶行知等听说杜威正在日本讲学,便商请北京大学、南京高等师范等,筹集基金邀请杜威来华讲学,分担全部费用,并精心策划了对杜威思

---

① 周洪宇.学术新域与范式转换——教育活动史研究引论[M].武汉:华中科技大学出版社,2011:89.
② 马勇.蒋梦麟传[M].北京:红旗出版社,2009:84.

想的宣传。1919年3月,刚刚创刊的《新教育》就在第2期以近10个版面,刊发了郑宗海翻译的《杜威氏之教育主义》一文,从5个方面比较全面地译介了杜威的教育思想,为杜威来华做铺垫、造声势。1919年第1卷第3期,杜威刚一抵达中国,《新教育》便迅速推出"杜威号",集中刊发了胡适的《杜威哲学的根本观念》与《杜威的教育哲学》、蒋梦麟的《杜威之伦理学》、刘经庶的《杜威之论理学》等重要论文,对杜威教育哲学、知识论、平民主义教育、伦理学以及道德教育思想作了全面阐述,把宣传介绍杜威的教育思想推向高潮。① 还有就在这一年的年初,蒋梦麟被聘为北京大学教育系教授。

虽然迎接杜威的是胡适、陶行知、蒋梦麟,但由于他们都是各自代表着一定的组织或机构的,因而时任北京大学校长的蔡元培、南京高等师范学校校长的郭秉文,以及江苏教育会正副会长张謇、黄炎培,这些机构或组织的领导者无疑都是这次杜威之行的"幕后推手"。由于蔡元培、张謇与黄炎培在本著的其他章节已有介绍,这里还有必要简单介绍一下的是郭秉文(1880—1969)。他是南京浦口人,1908年,已经工作12年、年近30岁的郭秉文弃职就学,负笈重洋,到美国俄亥俄州的伍斯特学院攻读理科。1911年,郭秉文从伍斯特学院毕业后随即去哥伦比亚大学攻读教育学。1914年,郭秉文收到正在筹备之中的南京高等师范学校江谦校长(张謇最得意的门生)的聘书,邀请他做教务主任。同年,他以题为《中国教育制度沿革史》("The Chinese System of Public Education")一文获得哥伦比亚大学博士学位,成为中国最早在国外获得哲学(教育学)博士的人。此博士论文1915年由哥伦比亚大学师范学院出版了英文本,杜威在哥大的最好的同事、美国著名教育家孟禄为之作序。1916年由周槃译述、黄炎培作序的论文中译本交由上海商务印书馆正式出版,成为现代中国第一本教育制度通史。并且此论文的"写作模式成为此后同门蒋梦麟、胡适、陶行知等人撰写博士论文参考借鉴的样板"。② 1918年3月,江谦因病休养,由郭秉文代理校长。第二年9月初,教育部正式委任郭秉文为校长。正是郭秉文从师弟陶行知等人那里得知正在日本讲学的杜威有意"顺便"到中国进行短暂访问,他便和北京大学陶孟和教授一道,在正欲赴欧洲考察战后教育状况之时,途经日本顺道拜访了杜威并盛邀其来华。在得到杜威的应允之后,这帮居于国内新文化运动潮头的"师弟们"便开始一步一步地积极张罗起来,尤其是分头完成了与杜威所在学校的哥大校方的交涉,落实了杜威访华期间的事项安排及所需经费。

(三)杜威思想,经验哲学接地气

杜威夫妇是喜欢接受新事物的人,他们以相当友好的态度,对日本和中国充满了认识与了解的兴趣。他们夫妇写给仍生活在美国的女儿的家信充分表现了这一点。到华的前一天,他们还在游船上写信给女儿大谈"(日本)艺伎是这个世界上最无私的人",而到华后的第二天(5

---

① 王博.《新教育》杂志与民初科学教育思潮的勃兴[J].大学教育科学,2013(03).
② 周洪宇,李艳莉.郭秉文与现代中国实用主义教育学术范式的建立——基于《中国教育制度沿革史》及相关论著的研究[J].教育学报,2014(05).

月1日)便在家信中这样写道：

> 不夸张地讲,上海已经是一个国际化都市了,但是我还没有领会到它的独特之处在哪里。……我饶有兴趣地想要知道,在这个真正意义上非常古老的国家,人们是不是也像日本一样大量讨论"万世一系"。①

所谓"万世一系",是指日本为神权国家,实行政教合一,天皇被宣扬为创世神天照大神的后裔,在日本人的脑海中成为一条坚定不移的人生信仰。显然,杜威夫妇想把不同于美国的日本政治作为另一个参照,来表达对中国政治了解的渴望。他们想要尽快发现中国人生存所依赖的政治与经济"背景",然后才能更好地去理解他们的文化与社会需求。

就在一年之前的1918年年初,曾发现胡适是个人才并举荐其赴北大任职的陈独秀在《新青年》杂志上发表文章说：

> 反对《新青年》的人,无非是因为我们破坏孔教,破坏礼法,破坏国粹,破坏贞节,破坏旧伦理,破坏旧艺术,破坏旧宗教,破坏旧文学,破坏旧政治,这几条罪案。这几条罪案我们直认不讳。但是只因为拥护那德莫克拉西(Democracy)和赛因斯(Science)两位先生,才犯了这几条滔天的大罪。要拥护那德先生,便不得不反对孔教,礼法,贞节,旧伦理,旧政治。要那赛先生,便不得不反对旧艺术,旧宗教。要拥护德先生,又要拥护赛先生,便不得不反对国粹和旧文学。西洋人因为拥护德、赛两先生,闹了多少事,流了多少血,德、赛两先生才渐渐从黑暗中把他们救出,引到光明世界。我们现在认定只有这两位先生,可以救治中国政治上道德学术上思想上一切的黑暗。若因为拥护这两位先生,一切政府的迫压,社会的攻击笑骂,就是断头流血,我们都不推辞。②

陈独秀在"破坏"与"拥护"之间决绝的选择姿态无疑是振聋发聩的。一年之后,杜威的到访及随之爆发的轰轰烈烈的五四运动,呼唤"德、赛两先生"一下子成了时代的最强音,而杜威通过实用主义哲学之集大成式的理论建构,对民主与科学的观念多有新颖的"经验性"阐发,正切合了当时中国文化与思想运动的需要。正因如此的殊胜因缘,在这场文化与思想的运动之中,杜威当仁不让地成了"传经送宝"的西洋思想界之"特派员",成了"觥筹交错"的中国思想盛宴之"座上宾"。

---

① 约翰·杜威,艾丽斯·C.杜威.杜威家书:1919年所见的中国与日本[M].刘幸,译.北京:北京师范大学出版社,2016:143-144.
② 陈独秀.本志罪案之答辩书[J].新青年,1919:6(1).

三、"应从大计划着手职教"：杜威对黄炎培大职业教育主义思想形成的影响

历史学者徐国琦在其著作《中国人与美国人：一部共有的历史》中，有专门一章（第五章《约翰·杜威：洋孔子兼文化大使》）介绍和研究杜威对中国的影响。他认为："尽管杜威的教育哲学和理论（之前）并不广为人知，但是就在他踏上中国的那一刻起，中国可能已经成为让他的教育思想生根的最佳土壤。以杜威极为重视的教育为例，当他开始在中国进行巡回演讲的初期，他设想中国和美国的传统社会都被工业化所摧毁，因而必须进行重建。他主张只有通过教育才能完成这样的重建，而教育则有赖于受过教育的人。有意思的是，有少数杰出的中国人在教育的重要性上也同杜威的看法一致。……杜威或许找不到比这里更好的地方来观察教育如何被用来改造社会的了！"[①]这里"少数杰出的中国人"所指不仅包括胡适、陶行知、蒋梦麟等杜威亲炙的弟子，还应包括对杜威学说有着深入了解，进而比较信奉的黄炎培等人。而"改造社会"则是杜威思想追求的终极旨趣。美国学者罗伯特·B.塔利斯在介绍"最伟大的思想家"杜威时，用了"四个改造"来串联杜威思想的发展轨迹，即：从"改造哲学"到"改造经验"，再到"改造知识"，最终"改造社会"。[②]

社会政治哲学与教育哲学是杜威来华讲演的两大重点。前者主要是胡适对杜威的建议，因为来华之前，杜威在许多领域的思想都有专著面世，唯独在社会政治哲学方面没有专著。1919年9月20日，杜威受蔡元培的邀请出席了北京大学的开学典礼。当天为周六，下午4点，杜威便在北大的法科大礼堂为同学们带来了他的第一个长篇系列讲座《社会哲学与政治哲学》，以后每周同一时间进行讲演，共讲了16回。杜威对实用主义社会政治思想作了全面的阐述，强调社会政治哲学是解决社会政治问题的有效工具。杜威的教育哲学系列讲演进行过两次：一次是1919年9月21日至1920年2月22日，在北京教育部讲了16场。其中，第14场讲到职业教育问题。杜威认为，对职业教育来讲，最主要的观念是职业教育并不只是养成本行业的专业技能，而应该注重使学生懂得职业所应知的科学方法，使学生心思耳目都极灵敏和随时可以进步。另一次是1920年4月4日至5月16日，在南京高等师范学校讲了10场。其中，第6场讲到职业教育，主要探讨职业教育与科学的关系以及从职业教育方面讨论科学的教学。杜威认为，一切教育都带有职业的性质，但学校教育又不应当都是职业教育。笔者以为，上述系列性的重点演讲虽然主要现场听讲的人是大学生，但杜威或许考虑更多的是哲学专业及教育学专业的同行，因而它更侧重于哲学分析的思辨层次或普遍性问题的探讨上，因而他所产生的影响也很容易局限于知识界的上层。若将黄炎培所提供的大职业教育主义思想与杜威来华所进行的200多场演讲的内容两相对照，则可以明显发现杜威有两次分别作了《职业教育之精义》与《教育家之天职》的演讲，对后来的黄炎培提出的大职业教育主义多有精神上的直接

---

① 徐国琦.中国人与美国人：一部共有的历史[M].尤卫群，译.成都：四川人民出版社，2019：218.
② 罗伯特·B.塔利斯.杜威[M].彭国华，译.北京：中华书局出版社，2014.

启发意义。

（一）职业教育之精义："和社会生出一种更密切的关系"

杜威访华之前，对现代教育体系中的职业教育就已经有了较为成熟的思考。1916年，杜威出版了教育哲学方面的皇皇巨著《民主主义与教育》。西方学界一致认为，这是一部堪与柏拉图的《理想国》、卢梭的《爱弥儿》相提并论的巨著。其中，杜威认为，"民主社会的教育问题在于消除教育上的二元论"，这种二元论"体现在将人类永远划分成两种人的政治理论之中，一种人能够过理性的生活，因而有他们自己的目的，另一种人只能过欲望和劳动的生活，需要他人给他们提供目的。这两种心理方面和政治方面的区分，用教育的术语来表达，就是造成自由教育和有用的、实际的训练之间的区分：一方面是自由教育，和致力于为认知而认知的自给自足的闲暇生活有关；另一方面是为机械的职业而进行的有用的实际的训练，缺乏理智的和审美的内容"。①可以说，"职业是唯一能使个人的特异才能和他的社会服务取得平衡的事情。找出一个人适宜做的事业并且获得实行的机会，这是幸福的关键"。②因此，他指出："现在职业教育所以占有极其重要的位置，是因为它要集中全力解决两个基本问题：是离开人类利用自然的活动最能练习人的智力呢，还是在人类利用自然的活动最能练习人的智力呢？个人的文化修养是在利己的条件下最能获得呢，还是在社会的条件下最能获得呢？"③杜威不愧是美国教育界思想泰斗式的人物，他前瞻性的思考触及了工业革命时代职业教育问题的核心，其理论阐述也具有历史与现实交织的恢宏视野，其解释力不要说在当时，就是放在今天依然卓然有效。

1920年5月29日，当杜威在上海中华职业教育社讲演时，他在中国的生活刚好超过了一年，他在过去的一年之中对中国社会近距离的观察与思考，充分地融入了这次的演讲之中：

> 无论什么人，总应该有一种职业；有了职业，一方面可以对社会有所贡献，一方面可以发展自己的才能；其结果则不但个人享幸福，而且社会幸福也可因此而日长增高。……
>
> 普通学校的目的，固然不是要养成一种职业界的专门人才，然而从普通学校里毕业的学生，天然也要到社会去服务，那么对社会上的职业也不能不先在学校中加以研究。……
>
> 使普通学校成为职业化，仍是广义的职业教育；至于今天开会的中华职业教育社创办一所职业学校，却是偏于狭义的职业教育。就是要使这职业学校的学生，学到一种智识，练成一种技能，可和社会生出一种更密切的关系。
>
> 今天我所要贡献于职业教育社诸君的，就是在现在中国提倡职业教育，当先有一个大计划，从大计划着手方好。要实施大计划，自然要抱实验的态度，经过的时间也许要长久一些；然而比那零零碎碎的计划，东做一点西做一块的，却更容易引起国人的注意，得到国

---

① 杜威.民主主义与教育[M].王承绪，译.北京：人民教育出版社，2001：278-279.
② 同上书，327.
③ 同上书，339.

人的赞助。……

现在一般提倡或讨论职业教育的人,每每忽略那很重要的一点,就是:中国实业教育的范围应该把它扩大一些。……必须为一般学徒谋补习教育的方法,要谋学徒的补习教育,自然应该由注重职业教育的人发起,和工商界的人联络进行,那是不必说了。

还有一层,在中国讲职业教育,固然应该注意到基本实业。……照我的意思,现在谈职业教育,应当提倡一种新式的学校。新式的学校,要使一方面是学校,一方面是工场商铺,两者衔接。……学校果真能成为工场化,工场果真成为学校化,则物质的幸福可以享受,学生的手力脑力可以训练,不必说了。并且可借此解决由经济实业而发生的种种问题,如资本劳动等问题也许不致发生。所以中国在实业之始,不必处处把西洋做模范,亦步亦趋地跟上去;能够独辟蹊径,未尝不可,这是提倡职业教育的人所当注意的。总之,我这个大计划,可用极简单的话来概括一下,就是:一切的学校即是工场、商铺,一切的工场、商铺即是学校。

……在中国提倡职业教育的宗旨,不应当专门从个人方面着想,使得个人学一种机械的智识,在职业界可以谋生,就算了事。应该把店铺中或家庭中已有的工业,用科学的方法加以分析研究,洞悉其利弊所在,然后去谋改良的方法。……

我今天所讲关于职业教育的计划,在原理上讲,有两个要点。(1)打破社会上智识界和劳动界的阶级,就是要使以后的社会上没有劳心劳力之分。本来有了这种阶级区别的存在,是很不好的。智识阶级的人,专门探讨抽象的知识,自以为文雅,诗词歌赋,视为娱乐,而对于手工、机器、材料等,则一概藐视。劳动阶级的人,终年劳动,自朝至暮,刻无暇晷,所以不能有获得智识的机会,而对于一切事情不能明白的了解,彻底的辨别。这两种阶级,自经学校和工场合化以后,自然可以破除。(2)提倡职业教育,不当专从个人方面着想,应该顾及社会和国家。增加个人的生产力,使得他谋生容易,工资增加固然好;但如果职业教育只限于这一种狭义的,则不免太偏于物质方面,也无怪人家批评职业教育,以为是根据金钱主义、饭碗主义,充其量不过弄几块面包一些牛油而已。反之,若从社会国家方面着想,去提供职业教育,增加社会一般人的生产力,增进一般人的生活程度,使全社会的人大家享受幸福,大家能利用余暇享受快乐的生活,则职业教育岂不是当务之急呢?[①]

曾经发生的事都成了过往的历史。当时在现场聆听杜威报告的人,他们作为直接受众当时是如何反应的,100年后的今天,已经没有多少人知道。回到这篇演讲稿的文本本身,题目虽然是《职业教育之精义》,但它并不是一般思辨式的纯粹哲学思考,也不是一二三四观点的教

---

① 杜威.杜威在华教育讲演[M].单中惠,王凤玉.上海:华东师范大学出版社,2016:236-239.

条罗列,而是基于对当时中国社会与教育现实较为充分的考察与了解,再用较多反思与批判的方式联系西方社会经济制度演变对职业教育的影响作为参照,从三个层面和两个要点描摹出切合中国国情的职业教育发展的大计划。在这个大计划里,消弭社会阶级差别(或不平等)和增进全体国民福祉,是鲜明的价值导向。就从今天来看,这样的价值诉求仍然没有丝毫的过时之感。这就不能不佩服杜威的远见卓识。对照杜威最后所明确的两条"原理",不难发现,他这里所提的"职业教育大计划"之大,与黄炎培所讲"大职业教育主义"之大在精神实质上是完全一致的。黄炎培说:

办职业学校的,须同时和一切教育界、职业界努力的沟通和联络;提倡职业教育的,同时须分一部分精神,参加全社会的运动。

这种表达难道不是黄炎培在用自己更鲜活的语言来表达他对杜威所说的两条原理的个人化的理解吗?! 从人类教育思想的继承与发展来说,黄炎培这样做丝毫不会有损于他的思想的力量,正相反,因为"站在巨人的肩膀上",他比别人看得更远。这也正是黄炎培提出大职业教育主义思想之后,能够得到当时教育界更多的人积极呼应的原因所在。

(二) 教育家之天职:"深信教育为改造社会的唯一方法"

文化与思想的传承与创新要靠教育,教育要靠教师。离开教师谈教育改革必然是一句空话。杜威在华演讲中非常重视教师在教育变革中的角色使命。专门围绕教师(教育家、教育者)的话题,杜威在华期间至少作过七次演讲,主(标)题分别是:《教育家之天职》(1920年5月8日在南京高等师范学校的讲演)、《教育者的天职》(1920年5月29日在上海第二师范学院的讲演)、《教育者之责任》(1920年6月6日在南通的讲演)、《再说教育者的责任》(1920年6月28日在南京高等师范学校的讲演)、《教育者为社会领袖》(1921年4月13日在福建省立第一师范学校的讲演)、《教师职业之现在机会》(1921年6月22日在北京高等师范学校的讲演)、《教育者的工作》(1921年7月18日在济南的讲演)。[①] 可以看出,七次中有四次发生在张謇与黄炎培领导的江苏教育会能"照应"到的"地盘"。由于当时张謇年事已高,黄炎培作为江苏教育会实际上的主要领导人,在当时的报业资讯传播较为发达的情况下,他对杜威这些有关教师的演讲内容应当很容易了解与掌握得到的。细读这七次的演讲内容,第一次所讲的《教育家之天职》无疑是最为纲领性的。由于"教育家"是"教育者"或"教师"职业的理想境界,因而从某种程度上似乎可以说,后六次的演讲是第一次演讲的进一步发挥,某些方面甚至明显是为了强调而进行的重复。下面对这第一次演讲作如下摘要:

---

① 杜威.杜威在华教育讲演[M].单中惠,王凤玉.上海:华东师范大学出版社,2016:372-397.

> 教育家包含教育行政人员与学校教师。在不同的教育家中,求其共同之点,就是有"领袖的责任"。领袖是教育家的第一责任。要能尽领袖责任,就要有领袖资格。……教育的领袖有三种要素或三种资格:(1)对于知识有热诚;(2)对于被领者有兴趣与共同利益;(3)明白所做的事对于社会的价值。
>
> ……
>
> 教育家须明白所做的事业对于社会的关系要有真切的观念,认明教育为改良社会唯一的利器。
>
> 教育家在社会上不止做分内狭小的事业,还要做社会的领袖,做教育政治家,负指导社会舆论的天职。
>
> 人人承认教育为改造社会惟一可靠的方法,人人知道要利用学校系统制度来改造社会。
>
> 余初来宁,听人说,从前此地有480个庙宇("南朝四百八十寺"),现在还有一半存在。怎么样能建筑这许多呢? 就是有感情、有信仰、有热诚的缘故。
>
> 教育家亦当有同样的信仰,看教育做神圣,看自己做僧侣,深信教育为改进社会的惟一方法,虽有种种障碍当前,还是要战胜它的。
>
> 前人所能做的,后人也能做。前人能造寺观,传到现在;现在的人也能建设学校,拿来改进社会。
>
> 信仰为物,最有价值。一方自信很有能力,能做事、不怕什么障碍限制;一方又信自我提倡以后,必有继起的人。①

可以看出,杜威基于自己实用主义的社会政治哲学及教育哲学理念,对教师角色做出了不同于以往的全新解释,重点所在或念兹在兹的就是将改造(进)社会视作教育家(者)的神圣之天职。教师的职业不仅要社会化,更有责任去"化社会"。黄炎培从办好职业教育的方针来思考,认为办职业学校的(人)和提供职业教育的(人)都应当在杜威所讲的教育者之时代要求之内:

> 社会是整个的。不和别部分联络,这部分休想办得好;别部分没有办好,这部分很难办的。……换一句话,内部工作的努力不用说了,对外还须有最高的热诚,参与一切;有最大的度量,容纳一切。其实岂但职业教育,什么教育都该这样,也许什么事业都该这样。

可以说,黄炎培这里所说对"办职业学校的(人)"与"提倡职业教育的(人)"的要求,正是杜

---

① 杜威.杜威在华教育讲演[M].单中惠,王凤玉.上海:华东师范大学出版社,2016:372-374.

威对教育家之天职的最高要求。杜威认为,教育家要践行改造社会的天职,就必须"有感情、有信仰、有热诚";黄炎培则说,办职业学校的人或提倡职业教育的人在做好内部工作的同时,"对外还须有最高的热诚,参与一切"。

在今天的日常生活中,人们仍然常常会讲教师要做好自己的本职工作,至于"本职工作"的内涵到底包括哪些,恐怕更多的人仅仅理解成惯常说法"教书育人",但要进一步细论,更多地局限于学校范围里的思考,而对于学校范围之外的更加广阔的社会上的教师应当具有什么样的角色使命,相信许多人的思考不甚了了。如果笔者这样的观察符合客观实际,那么我们便可得出,从杜威与黄炎培的思想来说,他们的超前性仍然是值得我们今天立志想做教育家的教师或校长们必须去很好继承的。

第七章　黄炎培大职业教育主义思想形成的知识谱系考察

> 　　进入了北京、上海等大都市的知识分子，虽然失去了土地，却获得了天空，那就是现代社会中属于知识分子的知识空间：学术社群和文化传媒。①
>
> ——许纪霖

　　历史学家熊月之曾说："黄炎培在职业教育方面所行，最能体现时代特点的地方有二：一是他特别注意依靠社群集体力量，而不是单靠个人的智力、财力。二是他特别注意引进西方先进教育模式，包括教育理念、教学内容、教育制度、教学方法。"②个体的生命过程总是被"嵌入"一定的社会形态之中。换句话说，特定的社会背景深刻地塑造着个体的成长路径。前面章节围绕着民国著名的思想领袖人物张謇、蔡元培和梁启超与美国著名学者杜威，对同时代的黄炎培形成大职业教育主义思想的影响。前三者为何能同黄炎培走到一起，共同成为"中华职业教育社发起人"，并且排名居于前列？另一方面，上述四人为何在杜威访华时都一致做出积极的响应？要进一步回答这两个问题，就有必要从这些愿意"抱团"在一起的人所共同拥有的"知识谱系"加以分析。

　　何谓知识谱系？在马克思看来，人是自为地存在着的存在物，"他必须既在自己的存在中也在自己的知识中确证并表现自身"。③梁启超先生也曾说地过："凡讲学莫要于合群。盖以得知识交换之功，而养团体亲爱之习。"④如果说宗谱、族谱是关涉一个人的家族血脉遗传的代际状况的话，那么借用一下可以说明所谓的知识（或思想）谱系，就是某一社会中有着相似精神追求的特定群体所普遍认同的学说，包括学说所内含的价值观念。在西方，知识谱系学的分析方法源自当代法国思想家福柯对欧洲启蒙时代知识状态的历史探讨，那时逻辑统一性的知识

---

① 许纪霖.读书人站起来[M].北京：中国人民大学出版社，2011：121.
② 熊月之.上海人解析[M].上海：上海教育出版社，2019：90.
③ 马克思,恩格斯.马克思恩格斯文集：第一卷[M].北京：人民出版社，2009：211.
④ 梁启超.梁启超传记菁华[M].北京：东方出版社，2015.

追求与权力系统存在着紧密的勾连,以至于不能被"统一"的知识成了非法的知识,被压迫的知识。因而知识谱系学研究触及被压迫的知识,"使之从知识等级中解放出来,使那些局部的、不连贯的、被贬低的、不合法的知识运转起来,来反对整体理论的法庭"。① 从本论题的旨趣来说,知识谱系的研究无非要突显两个方面:一方面强调每一个个体的思想产生与血脉遗传一样,其实都是有继承性的"出处"的;另一方面强调作为独立个体在思想形成过程中因为"差异"的存在而赢得自己难以被替代的"位置"。这两者之间实际上保持着继承与创新的张力。彼此之间不可偏废,无继承而谈创新必然是空谈,而仅继承无创新又必然导致因保守而带来的消亡。更进一步,这张力是人的生命自由意志的最充分表现,它是生命个体在努力发现外部世界(包括物质的世界、社会的世界及思想的世界)运行之必然规律之后,再努力落实到行动方案上的选择与安排。因此,我们需要"清晰地回答,如何使庞大而复杂的知识谱系成为学术研究涉身者实现新知增长的驱动力,而不是窒息和限制这种增长的知识囚笼或知识障碍。"②

一、经历相似的人物：读经、科考与游历

经历相似的人最容易走到一起,因为容易有共同语言和共同志向。作为中华职业教育社共同发起人的张謇、蔡元培、梁启超之所以和黄炎培能走到一起,相互激发,首先是基于他们之间有着大致相似的重要经历。这些经历在当时具有鲜明的社会标识度。这些人都有科举功名,都在四书五经中浸泡过,本来中学之功邃密,却又适逢"三千年未有之大变局"的时代,他们便不得不"睁眼"转向国门之外,主动阅读翻译过来的西方著作,或主动走出国门,实地了解西方,寻求能够为我所用的强国富国之良策,开始相信科学、教育与实业能够救国,其西学之求日趋强劲。借用以研究知识分子而显名学界的许纪霖教授的话说,就是,"他们通晓西方文化的精髓,也继承了中国文化的优雅"。③

(一)科举成功得资本

熟读"四书五经",参加科举考试,从乡试至省试,再殿试,层层选拔,如果每次都是第一名,就分别获得解元、会元、状元,俗称"连中三元"。考中解元,闻名县乡;考中会元,轰动省城;考中状元,则声震全国。读书改变命运,可以"朝为田舍郎,暮登天子堂";读书获得解放,享受"春风得意马蹄疾,一日看尽长安花"。"金榜题名时"千百年来被列为中国人"人生的四大喜事"最高级,超过"久旱逢甘雨、他乡遇故知、洞房花烛夜"。

将青春年少的大好时光,主要用来读中国古代经史典籍,以争取科举功名,是黄炎培所团结的教育思想群体的共同特征。由于前面相关章节,对张謇、蔡元培及梁启超的科举之路都有所介绍,这里就不再逐一说明了,以免重复。我们可以从下列的简表中对四人取得科举功名的

---

① 福柯.必须保卫社会[M].钱翰,译.北京：人民出版社,1999：8.
② 王列生.论知识谱系对学术研究的制约与超越[J].探索与争鸣,2019(02)：56-69.
③ 许纪霖.读书人站起来[M].北京：中国人民大学出版社,2011：228.

时间有一大致的了解。

表 7-1　中华职教社四位核心成员科举功名获得的时间对照表

人物	出生时间	中秀才	中举人	中进士（状元）
张　謇	1853 年 7 月 1 日	1869 年，16 岁	1885 年，32 岁	1894 年，41 岁
蔡元培	1868 年 1 月 11 日	1884 年，17 岁	1889 年，21 岁	1892 年，24 岁
梁启超	1873 年 2 月 23 日	1884 年，11 岁	1889 年，16 岁	/
黄炎培	1878 年 10 月 1 日	1899 年，21 岁	1902 年，24 岁	/

黄炎培虽然出身书香门第，但父母早亡，家境也不富裕，父祖辈对于他日后的成功并没有提供特别的社会资本。他与年长于自己的其他三位打交道的最容易被接受的名片即"同为举人"，可以在"同一个层面或平台"上说上话。历史学家熊月之认为，黄炎培之所以能在清末民初跻身社会名流靠的是四项社会资本，即举人出身、蔡元培学生、同盟会干事和创办新式教育事业。关于举人出身之重要性，熊月之认为：

黄炎培在 1902 年中举，三年以后科举即被废止。民国时期，举人、进士如同古董，都是日见稀少，不可再生的文化资源。尽管"五四"新文化运动对传统文化穷追猛打，深挖细铲，但社会心理的潜流并不像乡试、会试那样说停就停，说止就止，普通民众对于有举人、进士之类功名的人依旧相当看重，蔡元培、张元济、叶景葵等格外受士林推重，张謇、郑孝胥的字特别值钱，都与这种功名持续效应有关。黄炎培能够在名公巨卿、硕学鸿儒之间应付裕如，与他的举人身份不无关系。[①]

（二）游历海外开眼界

黄炎培所能"网络"到张謇、蔡元培、梁启超这三个关键人物，不仅是具有较高的科举功名，更重要的是他们还能"睁眼看世界"，主动向东洋与西洋寻求救国与治国的良策。因而，他们在思想上能够超越于中国传统士人的眼界，把中国不再仅视为"中国的中国"，而是置于"亚洲的中国"或"世界的中国"来看待自己所寄居的国族及国运问题。

1898 年"戊戌变法"失败后，梁启超亡命日本，超过十年之久。人生低潮更是激发了其思想的活力。后来他喜不自禁地自称："既旅日本数月，肆日本之文，读日本之书，畴昔所未见之籍，纷触于目，畴昔所未穷之理，腾跃于脑，如幽室见日，枯腹得酒，沾沾自喜。"[②] 又曰："自东居

[①] 熊月之.上海人解析[M].上海：上海教育出版社，2019：88.
[②] 梁启超.论学日本文之益[J].清议报第 10 册，1899.

以来，广搜日本书而读之。若行山阴道上，应接不暇。脑质为之改易，思想言论，与前者若出两人。"① 他从日文报刊中接触到了大量从前闻所未闻的西方新思想。穆勒、孟德斯鸠、卢梭等资产阶级思想家的大量著作，读得梁启超"如幽室见日，枯腹得酒"。其中，卢梭的《民约论》对他的影响尤大，他认为这是最适合医治中国之病的良药。1903年2月至10月，梁启超有一美洲大陆之行，游历了许多著名的城市，不仅拜会了当地华侨领袖，还拜会了当时的美国政要国务卿海约翰及当时的西奥多·罗斯福总统，甚至同当时已经相当著名的美国哲学家杜威有了亲密接触。梁启超自述："杜威以军乐迎于驿站，导至其家。款待殷勤，不可名状。其人美髯鹤立，目光闪人，一望而知为一大人物也。……窃意此人不死，十年以后，其势力必占美国一大部分。请悬吾言以俟之。"② 梁启超识人可谓不凡，其对杜威的预言后来得到了应验，然而对他自己而言，"不想这次游历起到了康有为不能起到的作用。从美洲回来后，梁启超的思想言论竟来了个一百八十度的大转弯，悄悄地收起了革命排满的主张，反对原来大力提倡的'破坏主义'，改弦易辙，声称与共和永诀"。③ 这是因为他在本质上是一个温和的改良派。

1903年，张謇在东渡日本进行访问和考察期间，目睹了日本的实业和教育在政府奖励与扶助政策下迅速发展的事实。这使得他进一步认识到：日本的强盛并不仅仅在于其实业和教育的发达，而且还在于其政治制度的优越。中国如不"去其病根"，仿效日本变革政体，则"实业救国"与"教育救国"也无回天之力。当年，"戊戌变法"失败，张謇曾对康、梁满怀同情。到了1912年，民国初立，张謇力促梁启超从海外回国，并专往天津迎候。致力于清明的政治制度建设，两人可谓志同道合。

1912年之前，蔡元培学习和吸纳西方文化主要有两个阶段。一是间接学习期（1894—1907）：其间，他主要阅读和翻译了大量西方书籍，还介绍了不少体现西方文化的报纸和杂志。"蔡氏博览西学群书，历史、地理、政治、军事、宗教、心理、数学、物理、化学、医学、农学等均有所涉略。既有原著，又有译本；既有本国人写的，又有外国人著的，涉及中国、英国、美国、日本等。其中，尤以老牌资本主义国家英国与亚洲新兴资本主义国家日本的为多。"④ 二是直接学习期（1907—1911）：其间，他留学德国，直接学习和体察西方文化，对西方培养学术精英人才所凭借的高等教育体制方面的认识尤有心得。

黄炎培对西学兴趣始于1896年。当时18岁的他，在姑父沈肖韵的藏书中读到第一本西学方面的书，就是英人赫胥黎著、严复翻译的《天演论》。"他恍然大悟'物竞天择，适者生存'的道理。"⑤ 为了能直接阅读西学著作，黄炎培1901年入读南洋公学特班后，在蔡元培的引导下，开始了外（日）文的学习、阅读及翻译。甚至还与蔡师一道去听复旦大学创办人马相伯先生讲

---

① 梁启超.梁启超文选：上[M].夏晓虹.福州：福建教育出版社，2020：288.
② 梁启超.饮冰室专集：第三册[M].北京：北京日报出版社，2020：182-183.
③ 齐春风.梁启超[M].西安：陕西师范大学出版社，2017：67.
④ 汤广全.教育家蔡元培研究[M].济南：山东人民出版社，2019：67.
⑤ 尚丁.黄炎培[M].北京：群言出版社，2012：18.

拉丁文。"英文方面,他也是通过刻苦自学而提高水平的。……他特拜上海裨文女校校长阿培女士为英文老师。可以设想,黄炎培如果没有很好的英文,1915年农商部物色赴美考察团成员时就轮不到他。如果没有那段在美考察的经历,他对于职业教育的见解可能就没有那么超拔卓越。"[1]

读万卷书,行万里路。黄炎培被后人誉为"中国教育界的徐霞客",他于1914—1917年考察了国内外多地的教育状况,先后出版了《黄炎培教育考察日记》四集。他进行国内外教育考察有着明确的目的:"以谓吾辈业教育,教育此国民,譬之治病,外国考察,读方书也;内国考察,寻病源也。方书诚不可不读,而病之所由来与其表象,不一研究,执古方治今病,执彼方治此病,病曷能已。"[2]1915年前,黄炎培的国内考察主要涉及江苏、江西、安徽、浙江、山东、直隶等省,而国外考察则主要涉及美国、日本、菲律宾等国。他在1915年年初选择美国作为国外考察的第一站,内在动力源于对当时美国职业教育快速发展之因的揭秘兴趣。从这一年的4月9日离沪至8月25日回沪,在美国3个月时间的行程中,他以"余之考察教育所竞竞于心者,不能忘一'我'字的态度",就自己认为国内教育最迫切的一些问题在美国各地进行了广泛的调查,访问了美国25个城市的52所各级各类学校,与教育界、实业界人士进行了广泛的接触,对美国职业教育从职业陶冶、职业学校、职业补习到职业指导、普通中学的选科及分科等一整套实施方法进行了全面了解,从而也深切感受到美国职业教育之发达的原因所在。在1917年1月初至3月初,黄炎培又与北京高等师范学校校长陈宝泉、武昌高等师范学校校长张渲、南京高等师范学校教务主任郭秉文、北京最高等师范学校附属中学主事韩振华及蒋维乔一行六人组团赴日本、菲律宾作第二次国外教育考察。黄炎培说:"同行者诸子考察之目的多重师范教育,而余重在职业教育,二者实互有关系也。"[3]这次考察回国两个月后,这同行的六人同列入中华职业教育社48位发起人的名单之中。

这些国内外的考察,带给黄炎培更为敏锐的思想触觉,他说:

> 凡关于方法上,吾国与各国差度虽大,总不若此一点差度之尤大,此一点维何?活动之精神也。以余所见英、法、德、美、日本之学校,其学生游息时,一种喧呼跳荡之声态,设以中国教师处此,将非呵斥禁止不可。然而,其教师见之自若,学生见其教师亦自若。及一闻号钟,徐徐敛其飞扬之气,整队入教室,然犹争先答问,戟其手、擅袖疾举,若不可遏,不似中国学生有屡问无答者。或疑日本不如此,德国不如此,不知两国学风之活泼,且有甚于他国者。……是故宽与严也,放任与干涉也,不成问题也。所异者,一取自然,一取强制;一取积极,一取消极;一主顺,一主逆。顺焉者养成其活动性,逆焉者养成其畏缩性,积

---

[1] 熊月之.上海人解析[M].上海:上海教育出版社,2019:88.
[2] 黄炎培.黄炎培日记:第1卷[M].北京:华文出版社,2008:37.
[3] 黄炎培.黄炎培教育文集:第一卷[M].中华职业教育社.北京:中国文史出版社,1994:332.

之久而国民性判焉。国家之权力与地位,亦从而判焉。两者之目的本同,而所以达之之手段不同,而结果遂因之大异,见微知著之君子,能无惧乎?①

黄炎培对比中西学生"活动之精神",前者是"逆焉者养成其畏缩性",后者是"顺焉者养成其活动性",并且进一步上升到"国民性"的高度,确实一针见血。将此"活动之精神"的发现上升到"我国图强所必要之训育方针"(上面引文的文章标题)的高度进行思考,与七八年后提出大职业教育主义时所强调的"社会是整个的。……国家政治清明,社会组织完备,经济制度稳固,尤之人身元气浑然,脉络贯通,百体从令,什么事业都会好。反是,什么事业都不会好。所以……提倡职业教育的,同时须分一部分精神,参加全社会的运动",这两者之间无疑有着"精神"的相通之处,也逐步鲜明形塑了黄炎培思考职业教育问题时总是强调"精神比方法更重要"的思想特色②。

由上可见,黄炎培、张謇、蔡元培、梁启超这些中华职业教育社之重要的发起人,他们之所谓的"开眼看世界",不仅是读西书获得了视野的拓展,颠覆了旧有的认知结构,而且表现在他们通过游历西洋(张謇是游历东洋——日本),获得了关于西方世界的实地考察经验。英国哲人培根曾说:"游历对于年轻人而言是一种教育,对年长者而言是一种经验。……一个旅行者回到本国之后,不可把曾经游历的国家完全置之脑后,而应该表现出来他没有用外国之习惯来替代本国之习惯,而仅仅是把他从国外学到的东西,择优融入其本国的习惯中。"③"纸上得来终觉浅",这些"进步教育家"亲身感受异国文明的洗礼,有助于他们在思想认识上将中国的发展置入世界发展的潮流之中,使其原来的思想认识升华为坚定行动的信念,从而也使得其所形成的思想具有一定的前瞻性与久远的生命力。

二、三缘交汇的组织:地缘、学缘与业缘

诚如马克思所说,"人是一切社会关系的总和"。一个人在社会上能取得多大的成就,除了决定于自身的勤勉努力之外,还与其成长与发展过程中所遭遇各种关键性的交往密切相关。这里所谓关键性的交往主要是指基于血脉传承的亲缘、基于同学与师生联系的学缘、基于职业选择的业缘,还有中国农业文明长期所重视的体现"老乡"或"同乡"情感的地缘。从黄炎培的事业发展来看,"基于地域认同而联结起来的同乡关系,在黄炎培的社交网络中,占据着基础性

---

① 黄炎培.黄炎培教育文集:第二卷[M].中华职业教育社.北京:中国文史出版社,1994:235-239.
② 对此,还可举一例子:1934年黄炎培撰文《从六年半的徐公桥得到改进乡村的小小经验》,其中讲道:"以上几件事(户籍片、分团指导、成绩计分法)都是比较精细刻实的办法,吾们还没有做到。但是单靠方法,是不行的。第一,方法以外更要紧的是人员。……第二,方法以外更要紧的是精神。六年半的徐公桥,虽算不了什么,还不至于全无结果,与其说是方法,无宁说是精神。"(见:黄炎培.黄炎培教育文集:第三卷[M].中华职业教育社.北京:中国文史出版社,1994:232-239.)
③ 培根.培根论人生[M].张毅,译.上海:上海人民出版社,2002:140-145.

的地位"[1],同时,"学缘带动业缘"的特点也非常明显。

(一) 有容乃大大上海

近代上海是一个具有很强地缘优势的城市,充满了各种机会。数百年前的上海,它不过是汪洋大海中的靠近陆地的一个小港,然而近代以来,尤其是1845年,在英国和清政府经过约两年的谈判之后,《上海土地章程》让英国在这个小港上开辟了近代中国大陆的第一个租界——上海英租界。之后,法、美陆续在上海开辟租界。英、法、美三国租界的开辟,一方面是近代中国百年来屈辱史的开端,另一方面也促进了上海城市化的形成和发展,使近代上海发展成近代中国最大的工商业城市。人口密集,人才荟萃,资金聚集,充满商机。当代作家木心曾有名篇《上海赋》,认为"海派是大的,是上海的都市性格,先地灵而人杰,后人杰而地灵;上海是暴起的,早熟的,英气勃勃的,其俊爽豪迈可与世界各大都会格争雄长"。[2] 当代历史学家唐振常也曾撰文,对民国时期上海的文化精神进行了归纳,以为"有容乃大,生意盎然,为天下先"三点最足以代表上海的特点。所谓有容乃大,是说上海人不排外,它本来就是一个移民城市,因而很难界定上海人和外地人的区别。所谓生意盎然,讲的是上海这个商业城市的节奏之快,之必须求其快,不快无以生存,非只商业、金融等如此,文化、出版、新闻亦如是。所谓为天下先,是说上海人敢为天下先,不惧人以异端看我,租界带来的政治制度、参政意识,也影响于华界……市民意识,向为中国所无,而上海有之。这是西方文化带来的产物。[3] 张謇能做大事(实)业、梁启超能成功办报、蔡元培开始委身教育,以及黄炎培能够聚合这些前贤一起创立"上海中华职业教育社"都离不开上海这一独特的地缘优势。

20世纪初叶,张謇的各项事业如日中天,蓬勃发展时,他并没有就此满足,而是选择走进上海,参与银行与金融业,为新兴事业的发展寻找更可靠的孵化器。他从1876年3月16日23岁时第一次踏上上海这方热土起,数十次来过上海,有的是路过中转(如1903年去日本考察),有的只是做短暂停留,进行些人际交往应酬,也有专程前来办理大事、要事的。而这些大事、要事对于张謇事业的开展有着重要的意义。就实际参与建校办校来说,1905年3月张謇就担任上海震旦学院院董,震旦学院学生退学后,张謇等人资助原创办人马良另觅校址,筹建新校。1906年2月,他参与创办中国公学,1910年7月28日到上海访问中国公学董事会诸君。1906年4月,张謇顺应大办学堂的大趋势,提议在上海建立图书公司。4月25日,他与其他著名人士联名在《申报》《时报》上刊登《中国图书有限公司缘起》并附有招股章程,宣告公司成立。中国图书公司是张謇当时在上海掌控的少数几个企业单位之一,1908年2月该公司总发行部在上海开业。他在上海的事业主要有三:文教、实业与政治。无论在哪个方面,上海(主要是上海租界)均提供了便利的交通、丰富的信息、自由的媒体。在文教方面,张謇办起事来得心应

---

[1] 张立程.黄炎培社会交往网络研究[D].北京:中国社会科学院近代史所,2010:26.
[2] 木心.哥伦比亚的倒影[M].桂林:广西师范大学出版社,2009:167.
[3] 唐振常.可比与不可比[J].读书,1995(04):55-59.

手,进展颇为顺利,这与他晚清状元的身份地位有关。但在实业方面,他却是另外一幅景象:举步维艰,困难重重。这与他初入行、资本少,尚未建立信誉,经济人脉奇缺等因素有关。在政治方面,张謇积极参与1905年的反美爱国运动、预备立宪运动与辛亥革命运动,他作为一个立宪代表人物走向全国是以上海为起点的。"从某种意义上讲,是上海成就了张謇;张謇也为上海这座城市增添了光彩。"①

对梁启超来说,是上海让他开了眼界,也是上海让他成了"名士"。梁启超《三十自述》:"己丑年十七,举于乡,主考为李尚书端棻,王镇江仁堪。年十八计偕入京师,父以其稚也,挚与偕行,李公以其妹许字焉。下第归,道上海,从坊间购得《瀛环志略》读之,始知有五大洲各国,且见上海制造局译出西书若干种,心好之,以无力不能购也。"②也即是,1890年,梁启超会试落榜之后返乡途中,路过上海,买了本书看了才知世界之大,并且有了"心好"西学之情。梁启超从京城南下家乡广东,路经之地何止一处上海,但正是上海令其难忘。正是上海这座政治意识觉醒的城市,"借由租界提供的自由,这里迅速成为探讨中国命运、寻求解决方案的首选之地"。③1896年年初,京师强学会主办的《中外纪闻》被迫停刊7个月之后,梁启超受黄遵宪等人之邀,南下上海,笔政主持8月9日创刊的《时务报》。初期,《时务报》的编撰工作由梁启超一人负责,不仅每天要写四千多字的评论,还要撰写、修改两万多字的文稿。他只能夜以继日地工作,"六月酷暑,汗蜡皆变流质,独居一小楼上,挥汗执笔,日不遑食,夜不遑息。"《时务报》既是维新派重要的宣传机关,也是他们推行新政、开展变法运动的重要基地。由于受众影响越来越大,梁启超被人誉为"舆论之骄子,天纵之文豪"。其文字所形成的"时务文体"风格,也成为其他维新派报刊撰文的楷模。

蔡元培早在参加科举考试的时候就曾经途经上海,戊戌变法失败以后,蔡先生对清政府彻底丧失了信心,于是他辞官回到了故乡绍兴投身教育。蔡先生在绍郡中西学堂做了一年多的校长。1901年,他来到了上海。上海是当时的一个新知识、新式教育的一个发源地。经朋友介绍,蔡先生来到上海去了澄衷学堂,但他只停留了一个月左右就去了上海交大的前身南洋公学特班任教,南洋公学当时开设了特班——经济特科,课程以西学为主,旨在养成新式从政人才。值得插入一笔的是,日后与蔡元培合作得相当出色的范源廉在之前两年的1899年,因为其师及师之师"康梁"二位思想主导的戊戌变法失败,而与同学蔡锷、唐才质离开(湖南长沙)时务学堂,结伴前往上海,投考南洋公学。结果范源廉考取外班生第五名,蔡锷列第六名。而"时梁启超在东京,函约东渡日本自费留学,范源廉遂与同学李穆筹集经费,相偕东渡,进入梁启超主持的东京大同学校学习"。④ 不然,依照四年学制的时间安排,作为先生的蔡元培与作为学生的范源廉很可能会早点就遇上了。可是,1902年11月,南洋公学发生了退学风潮,蔡先生

---

① 邵雍.张謇与晚清上海[EB/OL].http://m.zhangjianyanjiu.org/nd.jsp?groupId=37&id=679&m318pageno=2.
② 吴其昌.梁启超传[M].苏州:江苏人民出版社,2015:162.
③ 许知远.青年变革者:梁启超(1873—1898)[M].上海人民出版社,2019:225.
④ 范源廉.范源廉集[M].欧阳哲生,等.长沙:湖南教育出版社,2010:前言.

与学校当局据理力争未果,便与学生共同离开了学校。在中国教育会的支持下,蔡先生为这些一时没有书读的学生创办了爱国学社,接着又创办了爱国女校,为使女性与男性一样享有平等的受教育权利。当然,蔡元培还在上海参与办报,为当时的上海商务印书馆编译图书。张元济、蒋维乔、王云五这三位与蔡先生日后交往最为密切的人,他们的结交点是在上海。蔡先生在担任中央研究院的院长期间,大部分时间都是在上海度过的。1932年,蔡先生和宋庆龄先生等还在上海组织了中国民权保障同盟。

上海也是杜威访问中国的登陆之地。1919年4月30日,美国著名的哲学家、教育家约翰·杜威受北大等教育机构邀请,偕夫人一道抵达上海。北京大学代表胡适、南京高等师范学校代表陶行知、江苏教育会代表蒋梦麟前往码头迎接。杜威夫妇入住沧州饭店(今锦沧文化大酒店)。一天过后,他们在给美国的女儿的信中说:"我们在中国睡了一晚,但是现在还谈不上印象,因为中国还没有映入我们的眼帘。我们将上海和底特律、密歇根比较了一番,除了这儿没有那么多的烟囱之外,就描述不出太大的差别了。……虽说每个国家似乎都有它自己特点的邮局、门前的庭园。昨天晚上,当一辆车载我们走了一程之后,我们发现这辆车没法进入中国的城区,因为它没有那个街区的牌照。"①这里,杜威第一印象捕捉的两个细节其实也能说明一些问题。一是"烟囱"所代表的工业化程度,当时的上海可能还没法与美国的底特律等城市相比;二是"牌照"所代表的交通管理,当时的上海执行得相当严格。而后者正是城市文明的集中体现,它奠定了城市管理的基本秩序。

与前几位相比,黄炎培可谓是"地地道道的上海人"。他诞生于江苏省川沙县城厢镇(位于今天的浦东新区)的一户普通人家。作为浦东之子的黄炎培堪称"浦东开发"的先驱。1903年,从南洋公学学习归来的黄炎培被聘为川沙小学堂校长,随后与其兄黄洪培创办开群女学,并在该校任教。是年6月23日,他应邀到南汇县(今南汇已并入浦东)新场发表演说,因痛陈国家危亡、政府昏聩之状,被南汇县知县以乱党罪名逮捕。几经周折,在开明木材商人杨斯盛的帮助下,黄炎培才得以险里逃生,流亡日本。1906年,应"不怕毁家"为代价的杨斯盛邀请,黄炎培在浦东六里桥创办浦东地区第一所中学——"浦东中学"。当时的江苏提学使毛庆藩视察"浦东中学",对学校设施及教学诸方面交口称赞。这个"浦东中学"培养出了中国近当代史上很多知名的历史人物。杰出校友有张闻天、钱昌照、蒋经国,"两弹一星"功勋王淦昌、陈芳允等一批院士。1908年,黄炎培与其在南洋公学的校友童世亨等共同创办浦东电器股份有限公司,成为浦东地区最早的供电机构。之后,黄炎培逐渐开始接触欧美职业教育思想,强调教育救国、实业救国。在他的努力下,1917年在上海成立了中华职业教育社,次年创建了中华职业学校。1921年1月,致力于家乡建设的黄炎培召集同乡,计划发行股票,筹集资本金50万元,创建上川交通股份有限公司,修建浦东历史上第一条铁路。铁路由庆宁寺至川沙城再到南汇

---

① 约翰·杜威,艾丽斯·C.杜威.杜威家书:1919年所见的中国与日本[M].刘幸,译.北京师范大学出版社,2016:143-144.

祝桥镇,全长35公里。铁路于1921年开工,1925年通车,1926年最后竣工。这条上川铁路一直使用至1975年才结束了它的使命,它为浦东发展做出了重要的贡献。

(二) 爱师更兼师之友

前面章节谈到蔡元培对黄炎培的影响时,提到就读南洋公学是黄炎培人生的"第一个很大的转折点"。黄炎培与蔡元培这种师生缘分,对黄炎培的事业发展所起的作用似乎怎么强调也不会显得过分。著名历史学家熊月之认为:

> 黄炎培与蔡元培的关系,对黄炎培日后事功影响极大。……蔡对黄相当器重,而黄对蔡极其敬重,一口一个"蔡师"。民初蔡元培出长教育部,想到的第一个助手人选就是黄炎培,要他去当司长。黄因事无法就任,亲到南京向蔡师解释,并荐他人以代。日后,黄在教育方面,凡需蔡师照拂时,总是毫不犹豫地请蔡师出场,蔡也有求必应,或挂名担任董事,或亲自到场演讲。人生的道路很长,关键的地方只有几步,黄炎培从事教育、投身革命这两大路口,都得到蔡元培的悉心指点与热情帮助。这样,前清翰林、教育总长、北大校长蔡元培那么丰沛的社会资源,在一定程度上就转化为黄炎培的社会资源。蔡、黄师徒两人,一办大学教育,一办职业教育,各有非凡成就,成为民国教育界一对"双子星座",相互辉映。[①]

张謇、梁启超、范源廉等一大批富有影响力的社会名流,能够加盟黄炎培创办的中华职业教育社,这种业缘结缔的背后,其实多多少少都有着蔡元培的帮助或影响。

蔡元培与张謇、梁启超都是参加1894年京城会试的举人,不过结果各异。43岁的张謇中了状元,被授予翰林院修撰;26岁的蔡元培则应散馆试,被授予翰林院编修;而16岁便中举人、当时才21岁的梁启超却因为主考官的"阴差阳错"[②]而名落孙山。1912年年初,南京临时政府成立,张謇任实业部部长,蔡元培任教育部部长,两人成为临时政府内的同僚。1916年,袁世凯因复辟帝制败亡,张謇不愿重返政治舞台,而将主要精力用于南通的地方自治上。他与蔡元培的交往主要转向教育领域,他们共同具有"教育救国"的思想。而蔡元培和梁启超之间的交往则更多的是"神交"。二人虽是己丑(1889年)乡试同年,但此后,"蔡科第连捷,数年间,

---

[①] 熊月之.上海人解析[M].上海:上海教育出版社,2019:89.
[②] 徐刚在《烂漫饮冰子:梁启超》中写道:"主考官也在那边厢睡不着觉,慈禧太后手下的那些守旧官僚们,都知道康有为也来应试了,比日本兵占辽东还风声鹤唳。务必不能让康有为榜上有名的责任,便落到了徐桐身上。徐桐与副考官李文田、唐景崇、启秀相约:凡是文笔狂放、思路悖谬如康有为之流的卷子一律弃之。不过为此还得读读《康有为所著》《新学伪经考》,虽然煞风景,却也无奈。'帝党'那边,也有人嘱康有为:作文、立论务取平和。精神高度紧张的徐桐在阅卷时,取的是'宁可错杀不能放过'的大刀阔斧式。副考官李文田虽然也是守旧之辈,却有爱才之心,为一举子的试卷大加赞叹,说:学问、才情加之娟秀的字迹,无出其右者。徐桐阅后却不以为然:'不是康有为便是其门生。'丢在一边了。李文田据理力争,如此判法还能判出状元来吗?徐桐答道:'出不出状元无所谓,只要没有康有为便好。'李文田无奈,便在这份试卷上批了两句诗:'还君明珠双泪垂,恨不相逢未嫁时。'事后得知,这一份卷子便是梁启超的。放榜之日,京师轰动,康有为中进士第八名,梁启超落榜。徐桐目瞪口呆,声言:'此人我决不与之谋面。'"(徐刚.烂漫饮冰子:梁启超[M].北京:作家出版社,2014:47.)

点翰林,授编修,跻身帝都文苑。而梁则文场受挫,屡试不中,转而投入康有为门下,开始踏上维新启蒙之途。……中日甲午战争之后,士林风气陡变,梁启超传播西学,倡扬维新,名满海内。此时,蔡元培方开始系统接触新学,在他痛感'闻道之晚'的求新知过程中,梁启超所著《西学书目表》和《读西学书法》二书,适时地起到了提示门径的作用。蔡获读梁书,认为'甚便翻检,识语皆质实',可谓得益不浅"。[1] 1902年,蔡元培编订三卷本《文变》,向学界推荐反映"世界风云之所趋"的范文,内中突出收录梁氏当年发表于《时务报》《清议报》上的若干文章,其选入篇目之多,显居同书"当世名士著译"之首。此时,蔡在沪、杭等地办学,与宋恕、章太炎、马相伯、蒋智由等广泛交游,同汪康年、张元济更是多年知交。这些人均系梁启超旧友,又大多还与之保持着联系。避居海外的梁启超开始闻知和关注蔡元培其人,或许就在这一时期。至于二人直接面识,则已是民国以后的1917年。是年暮春,支持对德宣战的外交后援会在京召开例会,共同与会的梁启超和蔡元培得以首次见面。其时,蔡元培已就任北京大学校长,而梁启超作为政界要人亦正举足轻重。但这一点不妨碍蔡元培早已与梁启超的弟子范源廉早已"打得火热"。1912年,蔡元培出任首任教育总长时,选定的次长为范源廉。范源廉自称是"梁启超的忠实追随者",在梁启超门生中的知名度或许仅次于讨伐称帝袁世凯的蔡锷。到了1916年,时任教育总长的范源廉物色北京大学校长时,却坚定地选择了当时远在欧洲游学的蔡元培。

相比于蔡元培与梁启超的交往,张謇与梁启超的直接交往要紧密得多。据庄安正的文献研究,光绪二十年(1894年),张謇状元及第。梁启超时奉康有为命进京,专门"与京师所谓名士者,多所往还",其中就包括张謇。甲午中日开战,张謇受梁启超建议,通过其师翁同龢劝告李鸿章对日主战。后来,康有为遭人参劾,处境危难,张謇亦受梁启超之托,求助于翁同龢。光绪二十一年(1895年),康有为、梁启超发起"公车上书"后,在北京成立强学会,随后又建上海强学会,张謇欣然同意列名发起人,并认为"中国士大夫之昌言集会自此始"。后来维新变法步伐日趋加快时,张謇劝梁启超稳中求进,"勿轻举"。1912年,张謇力促流亡日本14年之久的梁启超回国,并专往天津迎候。梁启超回国后,张謇多次拜访相商,两人联手开展了组党参政活动。1913年,张謇的统一党、共和党与梁启超的民主党合并组成进步党,两人同被推为理事。同年,一起入熊希龄内阁,张謇任农商部总长,梁启超任司法部部长。两人的私交亦很频繁,包括经济援助。张謇之子张孝若回忆:"在他(指梁启超)经济状况最窘迫的当口,我父还帮助他好几回。"1914年,熊希龄在袁世凯下属逼迫下辞职,梁启超亦连带辞职。1915年下半年,袁世凯称帝野心日显,张謇坚决与其决裂,辞职回到家乡南通。梁启超则举起反袁旗帜,支持蔡锷发动护国战争。梁启超的这一举动亦得到张謇的暗中支持。1920年后,张謇受梁启超启发,发起筹建中比航业及贸易公司,开始涉足中国的国际航运及贸易领域。对于梁启超创办的共学社与讲学社,张謇不仅列名发起人,而且还成为重要的经费赞助人。1926年,张謇去世,

---

[1] 张晓唯.蔡元培、梁启超的"有限合作"[J].书屋,2008(08):49-53.

梁启超拟写挽联:"一老不遗,失恸岂惟吾党;万方多难,招魂怕望江南。"①

1905年,黄炎培能加入张謇领导的江苏学务总会,与他当时在上海办学开始风生水起有关,当然恐怕也少不了蔡元培的举荐,因为他不只是蔡元培所器重的学生,也是蔡元培所秘密领导的上海同盟会的重要成员。张謇最尊敬的导师是"两朝帝师"翁同龢,最得意的门生是江谦,而梁启超最尊重的导师是"大海潮音,作狮子吼"的康有为,最得意的门生中,前已提及的范源廉肯定也要算一个。这样,蔡元培与张謇的人脉资源,日趋汇集到黄炎培这里,结成一张广泛的师生、同学之关系网。这张关网是中华职业教育社能在1917年成立,且日后能大有作为、延续至今的重要而可贵的社会基础。在1917年黄炎培作为第一责任人发起成立中华职业教育社时,除了张謇(名列第三)、梁启超(名列第二)、蔡元培(名列第四)这些"师辈"之外,更有"同学辈"或"生辈"的范源廉(名列第七)、江谦(名列第十二)等人。还有蔡元培的至交,如张元济(名列第十一)、蒋维乔(名列第二十五)。限于目前笔者所掌握的史料仍显不足,但我们或许可以通过"大胆假设,小心求证",中华职业教育社成立之初的44位发起人中,绝大部分的成员可能先与蔡元培、张謇有密切的关系,而后才与黄炎培有了联系。其中固然有年龄大小的影响,但更有"闻道先后"的必然。

三、 中外碰撞的背景: 本土、东洋与西洋

历史学家蒋廷黻在其名作《中国近代史》的开篇说道:"中华民族到了十九世纪就到了一个特殊时期。在此以前,华族虽已与外族已有了关系,但是那些外族都是文化较低的民族。……到了十九世纪,来和我们打麻烦的不是我们东方世界里的小弟们,是那个素不相识而且文化根本互异的西方世界。"②而上海无疑是近代中西文化交流与碰撞的枢纽之地,并对周边的苏浙一带构成了强劲的辐射。文学家木心的说法更加形象:"有道是凡混血儿或私生子往往特别聪明,当年的上海,亦东西方文明之混血也,每多私生子也。"③

(一) 西学东渐成大势

前面第六章论述杜威来中国讲学,并就其对职业教育的认识对黄炎培的大职业教育主义思想产生所带来的影响,进行过一番分析。其实当时不仅杜威1919年来了,杜威推荐的英国哲学家罗素1920年也来了,而且大物理学家爱因斯坦也曾积极准备来,可惜因为通信不及时错失了机会,后来亚洲的第一位诺贝尔文学奖获得者印度大诗人泰戈尔1924年也来了。这些外国精英,尤其是西方精英的到访,每每都会成为社会新闻的热点,吸引着社会知识阶层的眼球,引发大众对社会、文化及教育等方面话题的热议。西学东渐,早已成为势不可挡的潮流。这种中西碰撞的时代大背景,唤醒中国人的民族、国家意识的同时,也让民间性的社会空间得

---

① 庄安正.张謇与近代百位名人[M].北京:中国环境出版社,2020:48-51.
② 蒋廷黻.中国近代史[M].济南:山东画报出版社,2019:3.
③ 木心.哥伦比亚的倒影[M].桂林:广西师范大学出版社,2009:167.

到了极大的释放,并导致社会组织及社会成员的公共参与意识得到了极大的提高。

历史学者熊月之认为,"西学东渐"自晚清已成大势,围绕"了解世界、求富变强、救亡图存、民主革命、科学启蒙"五大主题展开。它"或由政府规划,或出个人胸臆,或为西人控制,或系华人主持,尽管他们终极目标各有不同,但从中国实际出发、比较中西异同、引进西学、改造中国的操作原则却有相通之处。中国社会的变动曲线,也就成了西学东渐的主线。……西学的形象,由夷学,而西学,而新学,而显学,而救时之灵丹妙药,地位不断上升,使命被不断加重"。① 熊先生的说法虽然主要针对的是晚清,但对民初(1927年前)也几乎是适用的。只有放在这种大时代的知识背景下,张謇的"实业与教育迭相为用"思想、蔡元培的"美育代宗教"思想、梁启超的"新民说"思想等具有一定原创意义的知识观念才能得到充分的理解。同样,这也是理解黄炎培大职业教育主义思想形成的大的时代背景。虽然,从表面来看,除张謇之外,这些通过中华职业教育社这一社团组织"抱团取暖"的思想者之最特出的思想之间,似乎没有直接的联系,但其思想所打上的人格特质"烙印"里及思想进一步发挥的"衍生"处,我们都能发现他们之间的这些相通之处其实甚多。譬如,蔡元培之"美育代宗教",突出的是人的情感陶养与激发,使人的精神能"超于利害生死之上",这也是一个人能养成"有所不为,无所不容"襟怀的重要条件;而梁启超所讲的"敬业与乐业"与"教育家的自家田地"也完全可以归到其培育"新民"宗旨之下。可以说,这四位最重要的中华职业教育社发起人,虽然每个人的思想体系并不尽相同,甚至有很大的不同,但他们分享着同一个时代的精神氛围,对时代所做出的积极回应中,有着共同的教育救国之情怀。

(二) 江浙士绅比风流

特别值得分析的是,杜威在中国"传金送宝"时,教育思想界虽然主流是欢迎的,但也不乏积极或消极的抵抗者。欢迎与抵抗,共同构成了中国教育思想界完整的、彼此有一定张力的结构存在。当代社会学学者张静曾说:"和意识形态的作用相似,不同的价值观直接影响到人们对知识的评估,但意识形态更为政治化,而价值观有时相当政治化,有时则不然。在彼此接近的价值观之间很容易互相支持、相互影响,而在不同的价值观之间,容易相互批判、拒斥,知识的沟通也变得更困难。"② 黄炎培与当时另一位有影响的教育人物经亨颐,可以说这两者之间就各自分享完全不同的知识观。

经亨颐出生于1877年,年长黄炎培1岁。字子渊,号石禅,晚号颐渊,浙江上虞人。他于光绪二十八年(1902年)留学日本。回国后,他参加筹建浙江官立两级师范学堂,辛亥革命后任浙江省立第一师范学校校长,兼任浙江省教育会会长。与任江苏教育会的主持人黄炎培提倡实业教育,主张兴办实业学堂,服务于学生迅速就业的理念不同,经亨颐要求多办各级师范学堂,提倡道德教育,认为"纯正的教育"就是秉持"教育为根"的教育、注重学生人格涵育的教

---

① 熊月之.西学东渐与晚清社会:修订版[M].北京:中国人民大学出版社,2011:15-17.
② 张静.社会学论文写作指南[M].上海:上海人民出版社,2018:29.

育才是真正的教育。

1919年杜威来中国不到一周,就受经亨颐领导的浙江省教育会的邀请,于5月5日—5月11日在浙江演讲。在这一周时间,经亨颐有如下的相关日记[①],见表7-2。

表7-2 经亨颐日记摘录

日期	日记内容
5月5日	顺至青年会,访鲍乃德,约同至车站欢迎杜威。返寓午膳后,既往城站。未几,车至,博士及其夫人、蒋梦麟亦同来,即赴鲍乃德寓所便餐。邀梦麟宿于余处
5月6日	即晚,在会宴杜威博士及其夫人。散席后,又同至凤舞台观剧。十一时返寓,梦麟亦来
5月7日	返寓午膳后,略休息,即赴会。自三时,开讲演大会,杜威博士讲平民教育,到者不下二千人,五时散会。即晚,余与文叔宴青年团董事,而鲍乃德亦宴杜威,余不能去,他客亦有因此不到者
5月8日	晴。九时,为北京学生事件及杜威谈话会,集各校长商议办法,又拍一电。即午,李垕身在新新旅馆宴杜威,余不得去;即晚,善交社公宴杜威,余为主席,直至十一时,始散
5月9日	八时三十分,即赴教育会,与各校职对杜威[讲演]开谈话会,未有如何诚得(心),事近敷衍。即午,伍仲文宴杜威于鲍乃德之寓,余亦同去
5月10日	晴。八时,到会,又开谈会。即午,邀杜威及其夫人,又鲍乃德夫妇,至余寓便膳,甚欢。下午,同至清河坊等处游览。四时,至西泠印社摄影,余先返。即晚,兄弟烟草公司宴客于总商会,余去一转,即返
5月11日	上海美术学校今日在会开展览会,又开评议会。十二时,返寓。午后,至城站送杜威博士行,便至元利购物,即返

杜威夫妇之外,经亨颐日记中主要提到的其他三个人物参与了这次杜威讲学之行的陪同或接待工作。鲍乃德(1888—1970),为美国传教士,1910年受青年会北美协会派遣首次来华,是杭州青年会的创始人。他与杜威来源于同一个国家,语言相通,宗教信仰相同,来中国近十年,又比较了解中国杭州当地生活,因此安排他参与接待,可以更快地拉近与杜威的距离。李垕身(1889—1985),字孟博,浙江余姚人。1907年,他自费赴日本留学,1913年又由浙江省教育厅派赴美国留学,进康奈尔大学土木工程学院,得土木工程师学位。留美期间,他与赵元任、杨杏佛、任鸿隽等人组织中国科学社,并创办《科学》杂志。因为到美国留过学,又有科学社社团负责人的角色,他与特别强调科学在当代价值的杜威无疑有较多的共同语言,也容易谈得投机,是适合接待的人选。蒋梦麟则是杜威讲学的主要邀请方之一的江苏教育会代表,同时与李垕身一样,也是浙江余姚人,有同乡之好。

从经亨颐日记中可以看出,他作为接待方的负责人所要做的两件事主要是:一是陪杜威

---

① 经亨颐,等.先生归来兮:经亨颐,培养独立人格为先[M].北京:中国文史出版社,2020:46-47.

用餐,虽然偶尔有"不得不去"之感,但也有"甚欢"之情。二是负责召开谈话会,召集听杜威讲演的教育界同仁谈心得体会。虽然听演讲的场面很大,第一次就"到者不下二千人",但谈话会却"未有如何诚得(心),事近敷衍"。当代学人顾红亮认为,这表明"当时浙江教育界一部分教师对于杜威的教育演讲并不热心,也不上心"。①

不过,从当时整个中国教育界的主流来说,杜威的影响力无疑是巨大的,是任何人都难以比拟的。有人说,"杜威与中国的交集无论对谁而言都是一笔无法衡量的财富"②。这绝非夸张之词。以往我国学界更多地关注杜威对诸如胡适、陶行知等"嫡亲"中国弟子的教育思想的影响,而有意无意地忽略了他对包括张謇、蔡元培、梁启超及黄炎培在内的众多当时至少一定程度上信仰其学说,但未曾受其"亲炙"中国教育精英的影响。

杜威中国之行过程中,受张謇邀请在"南通五日行"(1920年6月5日至9日),讲演三场,主题分别为《教育者之责任》《社会进化问题》《工业与教育之关系》。张謇主持了第一场学术演讲,称杜威"于世界思潮,极力浚发,又能明白中国之政治关系及教育情状,甚为难得"。杜威则对张謇创办的教育事业非常赞赏,高度评价说:"今日所欲与诸君研究者,即教育者之责任,是向在宁、沪尝言之,今复欲于此问题,再加研究者。盖南通为中国建设师范最早之地,故言之弥觉亲切有味也。……南通者教育之源泉,吾尤望其成为世界教育之中心也。"③主客之间惺惺相惜之意,溢于言表。

蔡培元在1919年,在北大为杜威举办了60岁生日晚餐会,并发表了著名的演说词。其中说道:"(杜威)博士不是在我们大学说:现今大学的责任,就该在东西文明作媒人么?又不是说:博士也很愿分负此媒人的责任么?……博士的哲学,用十九世纪的科学作根据,用孔德的实证哲学、达尔文的进化论、詹美士的实用主义递演而成的,我们敢认为西洋新文明的代表。……孔子说:'学而不思则罔,思而不学则殆。'这就是经验与思想并重的意义。他说:'多闻阙疑,慎言其余,多见阙殆,慎行其余。'这说是试验的意义。我觉得孔子的理想与杜威博士的学说,很有相同的点。这就是东西文明要媒合的证据了。但媒合的方法,必先要领到西洋科学的精神,然后用他来整理中国的旧学说,才能发生一种新义。"④蔡元培在演说中,努力寻找杜威思想与中国古代最伟大教育家孔子思想之间的相通之处,打通中西,不愧为以"囊括大典,网罗众家;思想自由,兼容并包"之精神办大学之人。

梁启超不仅在1903年亲自在美国本土拜访过杜威,并同他同场发表演讲。在杜威访华离开三年之后的1924年,梁启超发表了研究论文《明清之交中国思想界及其代表人物》中,不忘将中国200多年前(当时的估算)的颜元和李塨与杜威的思想进行比较。"他们(颜元和李塨)

---

① 杜威来华百年|他受到中国知识分子欢迎,也有人对他逃避拒斥[EB/OL]. https://www.thepaper.cn/newsDetail_forward_3375000.
② 戴伟芬.杜威画传[M].济南:山东教育出版社,2018:179.
③ 转引自:庄安正.张謇与近代百位名人[M].北京:中国环境出版社,2020:201-203.
④ 蔡培元.杜威六十岁生日晚餐会演说词,蔡元培论学集[M].北京:商务印书馆,2019:292-293.

是思想界的大炸弹,于汉以后二千年所有学问一切否认。……他们以为凡有智识都从经验得来,所以除却实地练习外,没有法儿得着学问。他们对于学问的评价,专以有无效率为标准,凡无益于国家社会或个人身心修养的,一概不认为学问。……总括起来,他们的学说,和现代詹姆士、杜威等所倡之'唯用主义'十二分想像,不过他们所说早二百多年罢了。"[1]梁启超晚年决意发掘中国本土传统中先进的思想资源,将中西文明放在平等的位置,择优而从,以济时事。他的此番比较,正是此意。

杜威来华之前,黄炎培对杜威所在的美国教育及杜威思想已经多有了解,并撰写了多篇文章加以介绍。杜威来华一个月之余,黄炎培就在1919年6月8日的日记中写道:

> 杜威氏之来华,实予吾人以实施新教育最亲切之兴味与最伟大之助力。……学校宜重生活,与社会联络,于是惩乎书本教育,虚名教育而唱实用主义。顾三五年来口头笔底,所窥见一鳞半爪之新教育,今得杜威博士来为探本穷源之指导,于是吾人知识渐归于系统而措之行事亦觉胡条理可寻而无所惑矣。
>
> 博士之来,于沪于杭于宁于京师,既皆有所讲演,算动一世之耳目。余乃欲探知听者对于博士主张之感想何若,遂以是为问题,所至辄亲曾听博士讲演者索其答语,则欢喜赞叹者十人而九,亦间有怀疑者,汇其说有四:
>
> 甲曰:博士提倡自动,甚善,其如我国教育程度尚不够何!
>
> 乙曰:东西方国情不同,是否完全可以仿行,尚是一问题。
>
> 丙曰:吾国社会程度幼稚,如骤行博士学说,将必然疑诧,而为教育进行之障碍。
>
> 丁曰:博士之说可推行,其如一时难得此哗深明是种教育原理之教育何!
>
> 之四说也,不尽出之教育者之口,亦不尽有研究之价值,姑就余意条释之。
>
> 对甲:甲说之误点,在以为儿童第一步宣使束缚于规矩,及其既熟,然后容许其自由,旧式教育者之心理,大概如是。不知儿童如花木,愈是萌芽,愈不可壮伐。且博士之意,并非以儿童天然的动作,就有道德的意义,可放纵的。不过对于此种天然动作要设法利用,要引导到有益的地方去。(蒋梦麟:《杜威之道德教育》二六六页)故甲说实未了然于博士学说之真义也。
>
> 对乙:杜威之教育学说,一方根据心理。吾闻语言文字、历史地理有国别,未闻心理学有国别也。一方根据社会。依杜威之意,学校是一种社会的生活,学校里学业,要和校外的生活连贯一气(胡适:《杜威的教育哲学》三〇八页)。惟其社会状况有不同,故杜威之教育,在谋所以适应之。况杜威所提倡平民教育主义,在揭橥共和,而教育缺乏之国家;实更有提倡之必要。

---

[1] 梁启超.梁启超文存[M].刘东,翟奎凤.南京:江苏人民出版社,2015:469.

对丙：一种方法之初行，其为一般人可疑诚，实不可免之事。为丙说者，但问自己对于杜威学说是否认为确当。如其是也，则举而措之，他日效果发现，众意自解。

对丁：为此说者，大抵为教育行政者或一学校之主任者。诚认杜威学说为确当也。一面集合研究，便教员了解杜威学说之真义，而一面推行之，其亦可矣。

若夫欢喜赞叹之辈，固竟谋所以实施矣。①

从黄炎培的这一则日记可以看出，他对杜威学说是倾情相拥的，杜威的中国弟子胡适与蒋梦麟对杜威学说的理解与阐发，是他稔熟到得心应手的思想资源。若与前面引用的经亨颐日记相对比，可以看出在杜威的这次访华过程中，黄炎培明显是杜威学说或思想的传播者与推广者，而经亨颐更多的是杜威访华事务的接待者与安排者。之所以如此，学者叶文心教授曾有过较为深刻的分析。她认为，当时"因为中央显然没有这样的行政机制能够从上到下落实新教育，所以各省成立教育会，由地方上的士绅来主导，其中以江苏与浙江的士绅最为活跃。这一点也不足为奇。当时江苏、浙江都是全国教育——尤其是科举时代教育——最发达的地方。江苏省的教育会主持人是黄炎培，这个教育会在辛亥革命之前及其后都是一个非常重要的组织。它提供实业教育，主张办实业学堂……浙江省与之相反，它的领袖是经（子渊）亨颐，提倡道德教育，要求多办各级师范学堂。总之，对于各级教育，尤其在中小学教育这个层次上，教育应该完成什么样的社会任务，以及教育国民应该有何偏重，江浙两省基本上代表了两种不同的想法"。②

综上分析，我们也就不难理解，何以张謇、蔡元培、梁启超与黄炎培能成为同道中人，于1917年一起加入中华职业教育社，共同成为主要发起人；接着，一起在1919年至1921年对杜威访华讲学持积极肯定的态度，并乐于推广其思想与学说；最终，作为"抱团取暖"的"重要他人"，相互思想激励，为黄炎培提出"大职业教育主义"——"对外还须有最高的热诚，参与一切；有最大的度量，容纳一切"，这一思想提供了难得的"智力温床"。

---

① 黄炎培.黄炎培日记：第2卷[M].北京：华文出版社，2008：63-64.
② 叶文心.民国知识人：历程与图谱[M].北京：生活·读书·新知三联书店，2015：12-15.

第三部分

应用研究（下）
"上海职教论坛"之研究
高职教育基本特征的探索：
"两地三人行"为何能玩转十年？

第八章 "接触了他们,才发现职教研究的意义和价值"

——对话"上海职教论坛"核心成员、上海电机学院副院长杨若凡

> 他们这批老先生在做职教研究的时候是没有任何功利性的。说大点就是忧国忧民,是在忧虑这个国家,忧虑这个国家的教育,已经进入了一种忘我的境界。
>
> ——杨若凡

访谈时间:2018年11月20日

访谈地点:上海电机学院

一、惊奇之思:没想到有人感兴趣于"母鸡下蛋过程"

刘　猛(以下简称"刘"):杨院长,您好!首先感谢您能接受我的访谈。初次见面,我先简要地介绍自己的研究兴趣吧,以便抛砖引玉。我本人1985年在南京师范大学读学校教育专业本科,1989年毕业后工作了10年,又回到母校读研究生,硕士读到博士。读硕士时,师从顾建军教授,毕业论文做的是《基础教育中的劳动与技术教育》。读博士时,师从吴康宁教授,毕业论文写的题目是《匿影缠绕:意识形态与中国教育学——一个集丛式问题的提出及初步分析》,有那么一点偏向于知识社会学的视角。知识社会学是分析思想、观念或知识产生的社会条件和社会效果的。2006年,我博士毕业,来到位于常州的江苏理工学院工作。学校当时叫江苏技术师范学院,主要是以培养中职教师为使命的。入职后,很自然地进入职业教育研究领域。从那时到现在,我一直有这样一种感受,就是我们的职业教育理论研究水平比较低,多年来缺少比较像样的研究成果,出去参加学术会议,每每讨论的问题常常还是一些老问题,并且

也很难讨论得起来,大家似乎不在同一个平台上。

举个例子,我一进入职业教育研究,就对"双师型教师"这种提法感兴趣。我曾经围绕这个提法报过一个省教育厅的课题。教育社会学里面有一个说法,教师在职业社会化的过程中,其实都有一个从"成为"(becoming)到"是"(is)的过程。要成为"双师型教师",他应当先成为"单师型教师",然后逐步地变成"双师型教师"。假设可以是这样的,那么实际情形如何呢?我就对这个过程有强烈的兴趣,课题申报成功后,就到附近一所规模比较大的职业学校调研,因为据事前校方提供的资料,他们这所学校"双师型教师"占教师总数的90%。我找到这所学校的科研处处长,说自己准备对他们学校这占90%的近70位教师进行总体问卷调查和逐一访谈。这位处长立即面露难色,并委婉地表示拒绝。他说,你没有必要这样做,我们的统计数据都是服务于上面各项评估的需要,而上面规定的标准也不是一个,有要双证(教师资格证、技师资格证),有要企业盖过章的"教师下企业六个月(或一年)实践证明",还有要和企业一起合作搞过省级以上项目或课题的,总之,不是一个标准。这90%的教师有教师资格证,不是自己再考了个技师资格证,拥有了双证,就是自己到企业搞个半年实践锻炼的证明。当时,我都难以判断这位处长说的是不是都是实话,但我的这项课题研究,后来一直很难进行下去。再后来,又去过另一所知名的高职院校,见他们学校宣传栏上竟然写着"本校的'双师型教师'达100%以上",我当即问陪同我们参观校园的该校领导,这"以上"是什么意思?领导很显尴尬,勉强地说,"这不表示我们重视嘛"。还有一所示范性高职院校介绍说,聘请了20多位校外的"工艺大师",这样内外合作,实现了"双师型教师"队伍的结构优化。可当我提出对这些校外工艺大师的访谈要求时,却遭到了婉辞拒绝。我看到的现状使我很难下笔,但你到中国知网上搜索一下看看,写职业学校"双师型教师"主题的论文又何至千篇。后来,我发现我能做的不是实证研究,而是对诸如此类的说法进行话语分析,这方面的研究积累好几篇,就形成了一部书稿,这就是我刚刚送您的这本《职教话语的社会意蕴》,苏州大学出版社去年年底出的。

我国职教的一些话语是怎么来的?我对此逐步形成了自己的研究兴趣点。说实话,我对目前许多所谓的职教科研成果是很不入眼的。当然,我自己也没有写出比较满意的东西来,我的研究在职教研究界肯定属于相当边缘的。基于以前博士阶段对知识社会学的兴趣,我感觉职教科研的知识生产方面定然会存在一些带有根本性的问题。我自然地想到了诸如学会、研究会等学术研究组织对职教知识生产的影响,通过收集一些案例,几年前写了一篇文章《学术研究组织与职业教育善治之路:基于案例的分析》,发表于2015年第24期《职业技术教育》杂志。这一论文写作快要完成的时候,我才第一次发现有一个名为"上海职教论坛"的学术研究组织存在过。当时我读到了同样发表在《职业技术教育》杂志上的一篇文章,不过已经是整整十年前了(2005年第24期),题目叫《三人两地书》。文章是孟广平、杨金土、严雪怡三位先生往来于北京、上海两地的部分书信。编者按介绍说:"孟广平先生曾任原国家教委首任职业教育司司长。杨金土先生现任中国职教学会副会长、学术委员会主任,系原国家教委职业教育司司长。严雪怡先生曾担任上海电机高等专科学校校长。"读这11个版面的书信,强烈感受到真正学人在交往过程中的思想碰撞与创造精神。个人以为,不夸张地说,读这些信,比读一百篇同样杂志上的论文还有价值。但我感觉仍不过瘾,这便又发现了2013年上海教育出版社出的《严雪怡文集》一套四册。其中三、四两册为严老先生与职教界多位学人的通信,我读得很入迷,几乎放不来,有时熬夜读,读后收获颇丰,读其信如见其人,当然,也更生想亲见其人之心。这些信件中好像没有发现杨院长与严老的通信。

杨若凡(简称"杨"):没有,他没给我写过信。你想啊,我和严校长工作在同一所学校,直接照面交流很容易的,也没有必要写信了。

刘:严老先生文集有两册收入了学人之间的书信,其中最厚的第三册是严老与杨金土先生之间的通信。他们两位之间的相互交流让人感觉是高人之间的过招,是"智力较量",让人读了,不时禁不住想拍手叫好。读了此四册,又读了杨金土先生已面世的其他几乎所有文字,我便对"上海职教论坛"这个学术组织发生了强烈的兴趣,并尝试以此主题申报课题,做进一步的研究。我大约是在2014年就开始报这个课题,未获批。2016年,我修改了一下课题申请书,又未能获批。2018年我又报,只不过在申报的学科研究方向上改动了一下,从原来的"职业技术教育学"改成了"教育社会学",没想到,这次竟然获批了。

杨:教育社会学是在哪个学科门类的口子里评审,是社会学,还是教育学?

刘:是教育学。教育学是一级学科门类,里面包含教育学原理、课程与教学论、教育史、比较教育学、学前教育学、高等教育学、成人教育学、职业技术教育学、特殊教育学、教育技术学等十个二级学科,再进一步细分,教育学原理中又包含教育基本理论、教育哲学、教育文化学、教育政治学、教育社会学等十个研究方向。

杨:那你这个项目到底属于社科项目,还是教育项目?

刘:获批的是教育部人文哲社项目,但我的课题本身是有点跨界的。

杨:现在许多课题研究都强调跨界。不过,我还真没想到会有人研究"上海职教论坛"这个组织本身,我本来想人们更多地会注意杨老、严老他们这个团体共同研究推出的两篇重磅文章呢。文章题目和发表的期刊与时间,到今天我仍记得很清楚:一篇是《对发展高等职业教育几个重要问题的基本认识》,另一篇是《论高等职业教育的基本特征》,分别发表于《教育研究》

1995年第6期、1999年第4期。

刘：我最初读杨老的文章多一点儿，后来才读严老的，我发现这两位老学者写的文章风格都很严谨，让我非常羡慕。回想自己从事职教研究这十一二年来的经历，有一个大的观念改变就与他们有关。记得初入职教研究界，有学者提出我国目前的职业教育研究的水平还很低，绝大部分成果没有"职教"的属性。我当时的初步体会也是如此，所以写过文章，也曾表示过赞同。但读到杨老和严老的文章后，我的看法明显改变了，烂梨一筐不如仙桃一口，没尝过仙桃，就不能评论水果全部。

杨：杨金土先生做学问非常严谨。看他的文章就会发现里面一个多余的字都没有，他们是一个字、一个字推敲出来的。当时我也几次聆听过他们对这些文章的讨论。他们围绕文章中的一个段落可以讨论几天，有时就一个字怎么用的问题，几个人会"七嘴八舌"地讨论大半天，最后才确定这个字到底用在里面合不合适。他们的文章从开始写作到定稿至少得一年，有时甚至两年三年，所以他们的文章才会很经典。当时这两篇文章一经刊出，到处都转载，影响力非常大。看了这些文章，你就会心生佩服，体会到真正的学术功底。你要研究"上海职教论坛"，就一定要找到杨老本人。你有没有跟杨老联系上啊？

刘："上海职教论坛"的组织成员，我都想找的。前不久，我跟杨老首先通过手机短信联系上了，我把两本拙著（一为江苏教育出版社2013年出的《朝向中国职业教育理想图景的多元探索》，一为《职教话语的社会意蕴》）也寄给他了，过了几天又给他打电话，我听到他声音很洪亮，真的也是一位很健谈的老先生。本来准备上个月底或者本月初到北京去见他，但他突然告诉我，他爱人的身体状况不太好，刚从医院出来，需要他时刻照应。他告诉我，最近5年都没有出过北京了，主要是为了照料太太。见面聊，只能另约时间。是他说的，我可以先找找你和夏建国，他说，你们对"上海职教论坛"也是知根知底的。

杨：杨司长真是不容易啊。老来伴，老来伴，好几年都没看到他来上海了，原来他在照料太太啊。"上海职教论坛"，一晃也过去十多年了，哦，有15年了。2004年十周年纪念会应该算是一个转折点。

刘：已经成为一段历史了。历史，拉开了距离，研究起来容易客观。但距离太远，当初又没有亲身参与过，这对我作为研究者来说，又难免容易产生主观的想法。我在读完《严雪怡文集》四卷时，在第四卷的空白处写下这样几句话："走近、走进历史，治学才渐入佳境。历史最容易亲近的部分是人，有历史的人是我们走向未来的向导。严雪怡先生就是这样的人。读罢方觉今是而昨非,相见恨晚矣。"(2015年10月30日)第四卷中,收了一封郭扬于2008年4月15日写给严老的信。刚好书在手边,我给你念一段:"杨(金土)司长也把与我的来往信件发给您,并征求我的意见,我回信说:'我觉得这也可以成为我们论坛继续活动的形式之一,虽然这种形式对我来说更增加了新的压力(须知每次给你们这样的老领导老专家写信探讨理论问题,其难度绝不亚于撰写一个国家级课题的研究报告!因手上工作多头,任务很重而且繁杂,时间精力实在有限,造成经常不能及时回信,还望多多原谅。马所长也同样让我代为表达此意)。'明天我又要去北京了,部里职成教司昨晚10点才发来邮件临时通知的,政府委托任务再忙也得去,身不由己呀,真的是没有办法,等下周回来再慢慢研究学习您的来信吧。"(第四卷,29页)郭扬所长信中括号里说的,回严老、杨老一封信比写一个国家级课题研究报告还难,这说法夸张吗?

杨:确实是这样的。我们这些晚辈恐怕都不太敢给他们写信探讨理论性问题。

刘:郭扬的这段话当初对我的触动很大。现在那么多的课题研究报告,是怎么出笼的啊?除了网上下载,"剪刀加糨糊",拼拼凑凑,大多还有什么呢?但严老和杨老团结的这一帮人,通过写信交流,理性地推动思考,这需要双方进得了他们已经形成的"语境场",要能接得上"话头",不然没法说话,这确实就有很大的难度了。学人之间学术观点有异,需要碰撞,才能异中求同,同中辨异,才能把讨论不断地引向深入,这是一种类似于携手登山或探险一样的智力活动。对于其中的个体来说,有时每走一步都会感到很难,但当跨出一大步后,再回头一看,自己学问的境界就会感觉不一样了。学人在其中自得其乐,置身于外的人一般很难体会。也因这样,我对"上海职教论坛"的研究兴趣就越来越深厚了。核心人物就是严老和杨老两位吧。

杨:对,要加的话,就加孟广平孟司长。"三个老男人一台戏",论坛能玩转十年,主要靠这三位老先生。上海电机学院、上海第二工业大学、上海教科院职教所等单位也有一些领导和研究人员参与其中。论坛的秘书处设在我们的高教所。其实我开始也不是"论坛"中人,我的专业也不是搞教育的,我学的是工科,因为当时分管高教所,所以我是相当于给这三位老先生当秘书,但他们确实对我后来走上职业教育研究道路影响比较大。

刘:你那个时候是在教务处?

杨:是,同时分管高教所兼任所长,所以参与论坛工作就多了起来。后来我觉得教育研究很有意思,就去读了教育学博士。师从华东师范大学石伟平教授。石老师也是我们"论坛"的一位主要成员。现在想起来,这个组织对我的影响还是蛮大的。我是工科出身,私底下认为职业教育好像没有太多可以研究的,研究水平也比较低。当时有种流行的说法是,教育问题几乎是谁都能说上几句的。可自从接触他们这些老先生之后,慢慢地我开始发现了职业教育研究的意义和价值,对教育研究有了全新的认识,特别是当下对职业教育的研究不但有必要,而且有紧迫性。我为自己当初的无知和偏见汗颜,正应了"无知者无畏"这句话。正因如此,才激发了我攻读教育学博士学位的热情,也增强了信心。

刘:对,门槛太低了。我可以说一直在教育学专业这个圈子里,从本科到博士。我考教育学研究生的时候,我的好几位同学原来是学英语的或学中文的,他们专业课考的分数都比我高。

杨:谁都能对教育问题说三道四的,这样给人感觉就是教育学专业性不强。

刘:个人觉得,在我国职业教育界真正说得了"行话"的,严校长肯定算一个。他的那个四册文集是可以流传下去的,是很有价值的,不仅论文很有水平,没有废话,思路也很清晰,还有,他与其他学人的书信也是很好的一个文献资料。相互交流,相互激发,学术才会进步。所以,到贵校了解"上海职教论坛"的相关情况,表面上是课题任务的驱使,但实质上更是我的兴趣所在。

杨:听到有人研究我们"上海职教论坛",我挺高兴的。真没想到,你竟然会对"母鸡下蛋"的过程感兴趣。说实在话,开始一听说你要研究这个,我自己和高教所的几位同事都感觉挺惭愧的,心想,我们自己都还没想到好好把这个东西研究研究呢。

二、组织形成:从课题"神仙会"到"上海职教论坛"

刘:我昨天发给你一个访谈提纲,其中第一个问题是"何以在上海"?中华人民共和国成立后,上海一直是最发达的工业化大城市,它肯定会重视技术人才这一块,相应地培养技术人才的职业教育理应受到特别重视,事业的兴旺肯定会带来新问题的集中,职教学人们就得去面对这些问题。这是我头脑里假想的"逻辑链条"。

杨:这主要是因为"论坛"中的核心成员,除了杨司长和孟司长是北京人之外,其他都是上海人,都在上海一些高校或研究所里工作。开始主要是三个单位,我们电机学院外,还有上海职业技术教育研究所、上海第二工业大学。后来,又加上了华东师范大学。你上面提到的郭扬和马树超就是研究所的,而王式正是上海第二工业大学原校长,吕鑫祥是该校高教所的所长。

你前面分析得有道理，就是上海职教相比于全国的职教较为发达，在这种形势下，人们都想怎么把职业院校办得更好。其实，当初没有"上海职教论坛"的提法，这是后来人员逐步多了以后，才叫出来的。开始时，只是三位老先生搞课题的"神仙会"。课题是1994年教育部委托杨司长主持的课题，孟司长和严校长是主要参与者。他们三人在一起总是聊得来，聊得开，聊得高兴，而且每每结束后，总感到意犹未尽，还想着下次什么时候碰面接着聊。大家当时特别关心高职的发展，因为正好是高职大发展的时期，可是高职到底应当怎么定位？有哪些特征？当时人们对诸多问题争论很多，而且高职在社会上的口碑不高。当时教育部有统一规定，要对专科学校的名称搞一刀切，都叫"××职业技术学院"，当时从中职或中专新升格的那批学校都改成××职业技术学院。但当时很多老专科不愿意改名。比如我们原来就是上海电机技术高等专科学校，自然不愿意再改名为××职业技术学院。其实那些新升格的学校，如果不是政策要求，而是可以自主选择校名，他们一定会选择××专科学校，而不是××职业技术学院。这只是说明高职在当时的社会认可度不高。就在这种背景之下，他们几位"神仙"常聚在一直聊，认为我们在高等职业教育这一块，可能还有很多的误区，认识上、思想上、理论上都存在着一些空白，后来他们觉得光"神仙会"不行，是不是咱们正式搞一个组织来研究这些问题。这样大约在1997年至1998年之间，有了较正式地组成民间学术组织的自觉意识。后来又到了2000年12月开会时才正式宣布"上海职教论坛"成立。

刘：这样一说，存在十年的"上海职教论坛"正式命名也只是近一半时间。

杨：对。前面大家叫得最多的是"神仙会"，正式叫"上海职教论坛"是后面的事情。第一是因为考虑到大部分成员都是在上海，而且我们严校长是主要成员，他年纪最大，要他再往其他地方跑不是太方便。第二，两位老司长杨金土、孟广平他们反正也退休了，经常过来，他们也很愿意。刚刚说了，上海第二工业大学的王式正和吕鑫祥，还有原来上海教科院职教所的成永林，都是主要成员。郭扬也是上海教科院职教所的，不过他那时候还属于晚辈。然后有当时还在华师大的黄克孝。那时黄克孝也快退休了，他原来是搞职业教育课程的。所以，其他成员都在上海，包括上海教委副主任薛喜民，当时他还在位子上，分管职教，对"上海职教论坛"也很支持。我记得当时确实还讨论了为什么要叫"上海职教论坛"。大家认为，上海职业教育的发展和敏感度更高，上海又是一个非常开放的城市，在全国都在大力发展职教的时候，他们觉得有些问题我们上海应当率先研究。成员绝大多数是上海人，上海分管职教的教委领导重视，这些条件聚合到一起，后来到2000年才有了"上海职教论坛"正式成立。我记得当时成员中最年轻的就是我了。

刘：杨院长，你是什么时候到这所学校的？

杨：我是1983年入校，开始我一直在当老师。1996年，我到教务处当副处长，兼任高等教育研究所所长。这个所的名称还是杨司长取的，从这个名字也可以看出我们研究的领域和重点，也体现出老一辈教育家对后辈的期望。所以我说那时每次开的"神仙会"，我绝对不是成员，我绝对是当秘书的料，为他们提供会务服务。不过，参加会务时间长了，我也会在里面听，一次两次不觉得什么，后来听得多了，我发现我对职业教育研究也感兴趣了。所以我说，我对职业教育研究的兴趣是从"上海职教论坛"的初始阶段"神仙会"开始的。说真的，我自己是读工科的，以前我觉得教育有啥值得研究的，似乎谁都可以来说上一番，现在看来那确实是认识上的一个非常大的盲区。

刘：我们学教育学专业出身的人，经常会说教育学不是诠释政策文件的，我们是探索教育规律的！但是说实在话，至今又有哪些教育规律，是我们搞教育学出身的人探索出来的呢，好像到现在也说不太清楚。

杨：我碰到不少教育学科班出身的人，兴趣好像大多不在教育。

刘：学教育学的，最好应该有一个其他学科作为底子，比如说哲学或者社会学或者心理学，你要有了这样一个底子以后，才能真正开始"教育学之旅"。

杨：我以为不存在单纯的教育学。像在我们这种单位，如果你要是就教育谈教育肯定是有点问题的。职业教育与外部世界的联系非常多、非常紧密，研究它得有更宽广的视野才行。我记得"论坛"1998年推出的第二项研究成果是关于高职五大基本特征的，涉及的面很广，问题谈得也深，必须有不同学科基础的人坐下来一起研究才行，一个人真是不可能搞得出来的。这也是后来这一成果能很快被吸收进教育部负责领导讲话文件的原因。

刘：请你稍微说具体一点。

杨：第二篇论文是《论高等职业教育的基本特征》，1998年先刊登在《高中后教育与人力资源开发》的第4期上，然后又在第二年《教育研究》上发表的。文章的主要观点是：教育类型与院校类型有联系又有区别，研究高等职业教育的基本特征是为了进一步证明它作为高等教育类型之一是一种客观存在，它的根据是其所培养的人才类型及其培养过程与其他高等教育存在显著区别。这种区别性特征包括培养目标、入学标准、培养过程、用人部门参与及培养条件等五个方面。1999年11月，教育部高教司司长钟秉林在第一次全国高职高专教学工作会议上以《努力开创高职高专教学工作的新局面》为题作了主报告，提出高职高专人才培养的六项基本特征。其实主要内容，与"论坛"发表的内容大同小异，异的方面大多体现在具体表述上。

刘：论坛推出一篇文章之前都要讨论很久，所以出来后容易立得住。

杨：是啊，所以说论坛的产量并不高，常常为了一个问题反复地讨论来讨论去的，说起来最后只是发表了四篇文章，但却都是有很大影响的。前两篇的影响更大一些。《新华文摘》杂志都转载了，时任教育部职成教育司的领导开会发言就参考了这两篇文章的观点，高职院校的领导读了都感到说清楚了关键性的问题，管理与教学工作的方向感明显更强了。它正确地引导我们国家高等职业教育的发展方向。这样说，我想完全是可以的。

刘："论坛"组织本身的这种演变，根据我目前所掌握的材料，我觉得它可能有三个关键点：一个就是1994年，杨老牵头申报成功了一个教育部课题，接着正式成立了一个课题组，课题组可能有严老先生，还有上海的几个。先是一课题组，对吧？我记得我1985年至1989年在南京师范大学读本科时，几位老师也经常建一个课题组，那个时候经费应该是比较少的，但是课题组开会倒是相当认真的，彼此充分交流，相当有学术氛围的。还特别记得，一位在《教育研究》上发了论文的青年教师在聊天时说："一个人光自己闷着头看书是不行的，人就是要经常在一起围绕一个话题相互'吹吹牛'，吹过牛后，回去了就会有灵感要写东西，而且写出来东西往往比较好玩，比较有价值。"杨院长，您说的三老"神仙会"，可能与我大学本科时遇到这位青年教师所说的差不多，就是他们在一起聊天，相互激发，头脑风暴。二是2000年，"上海职教论坛"正式成立，在你们学校正式设立了秘书处。三是2004年，就是市教委牵头开了一场相当隆重的"'上海职教论坛'十周年纪念活动暨学术报告会"。

杨：1998年，已经开始有人叫"上海职教论坛"了，但秘书处正式在我们这儿挂牌，是比较晚的事。那年在松江佘山森林宾馆开会留下的照片上署的是"98上海高职研讨会"。当时18个人拍的合影照，我是唯一的女性。

刘：2004年以后，你们电机学院是不是升格了？不在大专层次的高职圈子里了？

杨：2004年升的，2005年开始招生。虽然升格了，但我们当时的学生的主体还是专科生，且我们长期保留了专科这个层次，现在我们还有3 000多的在校生规模。我们的本科当时称之为"技术本科"，开展了一系列的研究，有大量的研究成果。我们认为，专科不是职业技术教育层次的"天花板"，向上还应该有本科层次、研究生层次，我们希望通过我们的教育实践回答这个问题。所以在学校的定位研究和发展规划制定，在本科层次为主体的基础上，提出了保留专科层次、积极发展研究生教育的要求。

刘：阅读一些资料后，有一种印象，不知对不对？就是2004年"上海职教论坛"十周年庆典时也是成立了一个秘书处，好像就是成立一个全国职高专什么网络联协？

杨：全国高职高专院校长联协会。

刘：有了这个联协会以后，似乎就没人再提"上海职教论坛"了。

杨：对，后来基本就不活动了。

刘：不活动了，是因为老前辈们年纪都太大了，不方便召集在一起的原因吗？

杨：不再活动有一个很重要的原因，就是孟广平先生2004年生了重病，2005年4月去世了。"上海职教论坛"活动能够开始，主要也因为孟广平是一个非常积极的倡导者，而且他这个人有独到的学术观点。你要是不听他发言的话，你是不会知道的。我个人是孟广平的粉丝。他这个人有思想，有极强的感染力，风度翩翩。他发言的时候，或者有他在的场合，会让你感到讨论问题有一种很宽松的氛围，让人愉快地思考，让人有开脑洞的惊喜。

刘：据说，他这个人英文很好。

杨：他在联合国教科文组织工作过不少时间。他病了以后，"论坛"的活动就没有那么频繁了。他生病住院期间，我们还到北京去看望过。

刘："论坛"结束的原因，除了核心成员孟先生生病及去世的影响，是不是还与你们学校升格有关？

杨：我们没升格以前，论坛重点研究的是高职层面的，讨论高等职业教育里面专科层次的问题比较多。实际上从我们升格以后，研究技术本科层次的东西比较多，但这些研究主力变成了我们上海电机学院高教所。"论坛"在技术本科方面也进行了研究，但没有发表特别有影响力的文章。我认为主要原因是论坛的核心成员不少陆续退休，除了孟先生去世，还有几位也身体出现了各种问题，论坛的活动组织就比较困难。

刘：你们学校实际上办学层次提高后，"论坛"早先一直讨论的大专层次的核心问题，就已经变得过时了，这导致你们不再关注"论坛"的发展了，是不是有这方面的原因？

杨：我认为"不关注"的说法不准确。我前面已经说过"论坛"由相对紧密到相对松散有特定的原因，而且"论坛"也不是只研究高职问题，也研究本科问题——技术本科或应用型本科。"论坛"推出的第三篇文章是职教体系建构方面的，对我们后来学校升本的这种定位产生了很大的影响。这篇文章实际上是探讨技术教育与技术人才培养问题，其实就涉及了专科以上层面，甚至还有研究生教育。

刘：你们学校有研究生？

杨：对，我们也有研究生。

刘：你认为，"上海职教论坛"的主要贡献是什么呢？

杨：我觉得，我们"上海职教论坛"最主要的贡献有两个：一是对高职当时五个基本特征的概括，是"上海职教论坛"提出来的。第二个对现在那么一大批专科学校升本了以后的定位问题，大家说"应用型本科"比较多，我们"论坛"鲜明地主张"技术本科教育"，甚至后面还应当有研究生层次的技术教育。

刘：许多高校都愿意把自己定位为普通本科高校，而不愿意被定位为应用型本科院校。

杨：这个很难讨论，但是提出办技术本科教育，研究本科层次的技术教育，主力军是我们上海电机学院跟华师大，二工大其实后来就逐渐退出了。不过，上海市政府对高等教育是按照四个类型进行分类管理的。四个类型是研究型、应用研究型、应用技术型和应用技能型。应用技能型就是专科层次，我们属于应用技术型。我认为，"论坛"的这些研究成果对上海高等教育院校分类起到很大作用。当然，教科院郭扬他们也是一直参与的，与他们也是有关系的。类型确定后，你再选是多科、单科还是综合，这样三四一十二，变成了12宫格。学校先是自己选，选完了以后教委来决策布点，以保证每个类型里面都要有一所，因为经济发展需要各种类型的，不能让每一个学校都挤到某一个格子里去。这个布点有什么好处？就是将来院校在专业设置的时候，教委都可以宏观调控。比如说像我们学校，我们想去报一个对外汉语专业，教委就不同意。教委不同意我们去报这种专业，它觉得你不在这个"格"里面，你应该服务上海经济发展需要的这样一些产业，对吧？你去办个什么对外汉语，你一定是低水平的。它希望你们办的专业都能够在你们类型里面都能变成高水平的专业。教委主任其实也很清楚,他说要办对外汉语,我们不需要你上海电机学院办,比如说,可以让上海师范大学来办,他多招一个班就把你覆盖掉了,你去办这个专业干吗?你要办肯定比不过人家。讲的也有道理。

刘:这种布局方法使高校不要雷同化。

杨:的确,政府想通过分类引导不同学校办出特色办出水平,由原来的"一列纵队"变为"多列纵队",每列纵队都有一流。

刘:说得也很有道理。我们再回到关于"论坛"上来。我个人读过一些资料后,总感觉2004年"论坛"隆重的十周年庆典之后,就突然消失不见了——一种断裂式的结束、一种断崖,让人感到非常的遗憾。

杨:断崖,没办法。我们这些晚辈都太惭愧了,我们接不了班。老先生们很着急,但是我们真的没人能接班,我们达不到"上海职教论坛"原来的那个水准,真的达不到!而且说老实话,我们这些人其实都在自己的行政岗位上,现在你也知道,杂事一大堆,你要能够集中精力来做这件事,确实不太可能。杨老和严老作为发起人,他们有条件,他们当时基本上都退休了,有了自己可以支配的时间,能够专心做。但后面好几位核心成员退休或生病了,就没法专心了。

刘:2014年,我到东北吉林抚松县职教中心采访过当时的一位马(红润)校长。因为当时之前不久《职业技术教育》杂志的第6期上以《守望抚松——关于抚松县职教中心的报告》为题,报道了该校办学的先进事迹,其中有些细节相当感人。采访时,马校长告诉我,杨金土老先生看到了他们的报道以后,写了近万字的一封信给她,对他们所做的事谈了不少想法,使她深受感动。我说,如今恐怕也只有杨老先生这一代学人对事业有这样深厚的感情和深刻的认识了。

杨:他们的报道主要写了什么啊?我很有兴趣想找来看看。

刘:就是他们东北的县级职教中心面对办学存在着的种种困境,他们是怎么一步一步去突破的、克服的。

杨:他们这批人,特别是这些老先生,让人觉得他们在做职教研究的时候是没有功利性的。而我们现在的学者们多多少少在做研究的时候是有一些功利之心的。他们这些人,我觉得怎么说呢,说大点就是忧国忧民,可以感觉到他们在讨论这些问题的时候,他们其实是在忧虑这个国家,忧虑国家的教育,后面似乎没有人可以达到这个境界。对某些事,可能我们也挺感兴趣的,但是我们不可能投入很多的精力来做这些事情,因为他们的那种境界、那种情怀我们真的没有达到,所以没有办法做得好、做得理想。他们这批人慢慢地都因为身体原因老去了,包括我们严校长2012年去世,当时他已经91岁了。杨司长,你想他5年都不能出来,以前他还比较活跃,经常来,他只要来了,大家还能见上,小范围聚聚。还有几位老同志也是的:成永林前面也做了好几次大手术,吕鑫祥身体也不好。老先生们自己身体都不好的情况下,已经没有先前那种精力去做这件事。所以这个论坛其实也就结束了,没有人能接班。

三、先生素描:一个直而切,一个温而厉,一个学不倦

刘:看到材料上说,当初2004年搞十周年庆典的时候,薛喜民主任好像还谈了对"上海职教论坛"未来发展的什么规划?

杨:谈是谈了的。2004年薛喜民还没退,那时我们学校升本时他还在位,但后面他也退了,他退了以后,教委又给他安排了一点其他工作,就是到一个民办高校党委位置上做事,也是没有这个精力,而且说老实话,几个主要核心人物陆续"离场"以后,底下的人就不行了。这核心人物就是三人:孟广平、杨金土和严雪怡。

刘:孟老这个人,我在网上搜集资料的时候,发现很少有他的相关介绍,他好像在北京大学工作过的,是吧?有一个人写了一篇怀念他的文章,他好像在"文化大革命"期间被"下放"过,到江西一个血吸虫肆虐的地方,叫什么鲤鱼洲,其实那个地方也没有鲤鱼,在那里劳动很辛苦的。

杨:孟广平的经历是相当丰富的。当过北京大学的中层领导,被"下放"过,后来又做北大附中的校长,再做教育部管职教的司长。他是一位真正的学者。他自己认为他不太适合做官,因为他比较耿直,看不惯东西他就要说出来。他退休以后有些一般性的交往活动,或一般性的那种学术会议,他根本就瞧不上的,他都不屑于参加。比如说人家请他去,他如果觉得你这个东西只是行政传声筒,达不到他的标准,他就绝对不会去"捧场"。但是,他和杨老两位老司长特别乐意来上海,和严校长在一起,就是因为这是一个真正的学术研究的小圈子。彼此都不需要客套,讲自己所思所想的也犯不上什么忌讳。你知道在教育部他们都做过职教司司长的人,孟广平是杨金土的前任啊,但熟悉他们的人都看得出来,他们之间早已超越了基于工作的同事关系,他们因为都把同样的工作当作自己挚爱的事业,彼此很谈得来而变成了相当亲密的朋友

关系。

刘：孟老的这种人格特征，就叫独立性强吧。真做学问，正是需要这种独立的精神。他做司长时间长吗？他那个时候职教司是不是就管中职？教育部对高职的管理权是2015年左右才归到职教司的。但这种管理权限的变更似乎总有矛盾之处。

杨：最早高教司下面有个高职高专处，跟我们"上海职教论坛"也是有联系的，其实处领导也十分看重我们论坛的研究成果。孟老病重时，我们学校专门派人整理了他的相关资料，经他审阅同意出版了《我的职业技术教育观》，是2005年在上海教育出版社出的。

刘：找孟老的资料真不这么容易啊。再说严老吧，我感觉严雪怡严老先生做学问的特点，就是像钉子一样不停地"锥"。看他文集第四卷里面有给其他学人的书信，印象深的是他给华师大石伟平老师写了五封信，有两封信内容是大致相同的，围绕华师大主办的《全球教育展望》杂志2011年第1期上发表的一篇文章——《杜威的智慧》——进行探讨的，可惜没有看到石伟平给他的回信，也不知回信了没有。学人之间的观点碰撞、交锋，甚至可以"打架""掐架"，我们读者作为外人，在"围观"中很容易学到东西，学到如何真正去思考问题，若能上去也"掺和一把"，就相当于"围棋入段"了。上个月，石伟平老师到我们（江苏理工学院）职教院来做演讲的时候，我还没来得及找机会问他，他就匆匆地走了。感觉他真是太忙了。你们看严老先生的人格特点是什么样的？

杨：严老九十岁生日的时候，我们做过《电机精神的守望者——严雪怡先生九十华诞纪念册》。严老对职业教育的这种情怀是令人难忘的。

刘：他是不是刘少奇提出办学"要两条腿走路"时当的校长？

杨：当时是1958年，他是分管教学的副校长。刘少奇当时来，是因为我们当时教学改革比较成功，在全国已经产生了影响，所以刘少奇就来看，看了以后也很肯定。严校长向他介绍了学校"边讲边练，讲练结合"的教学改革，得到刘少奇的充分肯定。后来，20世纪60年代，我们学校的蔡德泰老师总结出了以他名字命名的教学法——"蔡德泰教学法"，当时在全国影响很大，学校也成为全国教育战线的一面红旗。但也因为这些，"文革"时学校成了重灾区，后来学校就被迫解散了，直到1978年才又重新复校。复校的过程也蛮艰难的。

刘：复校的时候严雪怡是校长了？

杨：他回来复校的时候就是校长，他又把那些老的教师，当时解散了到企业里去了的老师们陆续请了回来。

刘：我读他的书，感到他是一个终身学习的榜样，不管年纪多大了，仍在学习。

杨：太对了。他八十几岁时开始学电脑，用得同青年人一样溜。后来文稿都是自己用电脑打，跟人家邮件联系，他发 E-mail 都是自己学的。他去世的前一年还在《职教论坛》等杂志上发文章。他后期特别关注本科层次的技术教育，叮嘱我们一定要呼吁，这种学校类型、这种教育体系应该在我们国家实行。有一件事我印象非常深刻，他老是抓着我们讨论技术本科问题，他觉得我们有时候可能有点心不在焉，屁股坐不住。有一次我就对他说，严校长，您不要着急，慢慢来嘛。他说，我不急不行啊，你们都年轻，我都这把年纪了，我能不着急吗？当时，我听了这个话，真是太震撼了。退休后，仍把思考、关心职教发展当作自己生命的重心，毫不懈怠，这样的老人你无法不心生敬佩。

刘：他自己觉得他生命的时间不多了。这种紧迫感对职教思想者来说，只有生命的结束才会使他被迫停下来。

杨：他晚年向别人自我介绍时，常会说，"我这个人，不喜欢打牌，也不喜欢聊天，一辈子也就这点爱好，喜欢研究人才培养、喜欢思考职业技术教育的问题。如果真有一天让我停下来不干了，这日子就真不知道该怎么过了！"我知道，他自己觉得他时间不多了，他要赶快把他想做的事情都做掉。他是一个理想主义色彩相当强烈的人。对职业教育事业的热爱和深度思考，他是孜孜不倦、持之以恒。跟他在一起不久便会强烈地感受到他身上的那种对事业的执着精神。很多时候，从某种意义上来说是他在倒逼着我们年轻一代去好好地研究职教发展问题，你怎么看办学定位，然后你这课程改革怎么办，专业建设怎么搞？三句话不离本行，而且让人分不了神的，你还要陪着他一起思考下去。你会看出他急迫感之外，还有一种职业的尊严感和幸福感，看得出他年已耄耋，但生命仍在发光。

刘：年轻教师、青年学人，跟他在一起都会感到汗颜，并且心生佩服。

杨：的确。因为我们碰到的束缚性的事情比较多，你也知道的，今天迎接这个检查，明天要报那个项目，而研究是需要静下心来的呀。你说你在那里参加研讨，一会儿这个人叫你了，你就得跑出去，一会儿有个电话催你办什么事，你又得安排。总之，有点心不在焉。

刘：我听到一种说法，是我的一位同事说的。他说，我们国家对职业教育的名称或叫法，一直是有争议的。严老反对笼统地提"职业教育"这一说法，主张要么叫"职业技术教育"，要么叫"技术与职业教育"。同事告诉我说，最后法律法规都是笼统地提"职业教育"，没有采纳严老的建议，他说是因为中央的法规文件主要是受中华职教社的影响，当初黄炎培一直说的也是"职业教育"。

杨：围绕名称问题，严老一直在写这方面的文章，很严谨的，因为联合国教科文组织当前用得最多的也是"技术与职业教育"。不是说职业教育不能覆盖，而是强调技术教育与职业教育还是有区别的。高职开始的时候是"高等职业教育"的简称，他说其实国外没有这种高职教育的说法，国外没有专科层次的职业教育，他们的职业教育一般就是到中等程度。严老一直针对的就是这个问题。

刘：刚刚杨院长谈到孟老、严老，你对杨老的看法怎样呢，你再说说看。

杨：杨老杨司长啊，我们当然非常尊重了。其实他跟孟广平有很多相似的地方，特别是对学术的那种较真的劲。我们跟杨司长在一起讨论学术问题时，我们都很慌的。我觉得他太严谨，有时像我们这种人说话真的不很严谨，所以跟他随便闲聊，说说话还行，但我最怕的就是给他写东西，写邮件了。说话有的时候，忘了就忘了，可以就不算数了，还没留下痕迹，但写东西是最怕的，怕留下"痕迹"，留下"把柄"被他抓住了（笑）。

刘：我在南师大读博士时，导师带研究生的一大方法就是搞沙龙，定期搞，一个月一次。每一次先让一个人提交一个材料，作为讨论的基本文本或论题。一般我们刚入师门的时候也不敢讲话，感觉"插不上嘴"。后来，大家慢慢熟悉了，听的次数多了，就能逐步放开来讲了，进入"话语场"了。我们师门许多同学毕业后，沙龙是他们最为怀念的时光。

杨：杨司长十分愿意提携新人。你跟他初步交往的时候，会觉得他挺严肃的，但是越到后来，你会觉得他还是比较随和的。以前"（上海职教）论坛"发言其实也轮不着我们，他经常会在讨论到最后时候说，小杨，你也说两句。我是又想被他点名，又怕被他点名。一般情况下轮不到我们这种人说话，但他蛮注意培养年轻人，希望我们能快快成长起来。虽然我们的认识大多是蛮肤浅的，但有时也可能会有不一样的思考角度和看法。他们能够吸收来自各种不同角度的观点来丰富自己的东西，我觉得这是杨司长最大的一个特点。

刘：你说到这件事，让我想起来在东北那次采访马校长的情形。马校长说，读了杨先生的信,她就情不自禁地哭了,她说自己的办学很艰难,但从没想到过会有这么一位长者能够真正地理解她,并给她十足的精神安慰,感到自己所做及付出的一切都是值得的。她说,后面一定要抽时间专门去北京拜访他老人家。我对她说,你目前最需要做的,是把这封信复印一下,寄给报道你们学校事迹的《职业技术教育》杂志,我想杂志社一定会发表的,这对许多与你们相同遭遇的职教人来说,是更大范围的理解与安慰。后来这封信真的很快就被发表了。

杨:杨先生这种对职教的情,只有跟他接触了,跟他有过交流,你才会深深地感受到。而且,他很希望在职教领域有更多的年轻人能够对职教进行深入的研究,他很希望听我们年轻人的声音。

刘:记得有文章介绍,他有一次说到过一个问题,就是现在看来职业教育经费投入不少,与他们那个时候比,简直多到不可想象。其中投入职教科研的也相当不少。但是人们要对职教科学研究真正发生兴趣,其实往往与金钱的刺激并没有多大的关系。他认为,以前投入得少,但是人们都追求精益求精,常常想到为国家节省开支,那时这种精神的自我激励还是比较强烈的,所以那个时候他们办了,并办好了许多事情。

最后还有一个小问题需要探讨。我们说中国目前的职教学术组织可能大致有两种:一种是半官方来组织的,像中国职业技术教育学会就是如此。还有一种像"上海职教论坛",一般都说它完全是一种民间性的学术组织,这种组织的运行,当然确实要有这种职教情怀的,有一帮有事业心的人,而且他们退休了以后没有单位的那种杂务缠身,可以在无功利目的的状态下自由地讨论学术问题。2004年"上海职教论坛"庆典"结束"以后,2005年开始,石伟平老师领头搞了一个"中国中青年职教论坛",我最近几年参加过几次,但好像很难说这是一个学术组织,只能说是定期的学术会议(一年一次)。

杨:石老师他们那种论坛其实还蛮好的,开始几年还不错,大家的积极性很高,讨论问题也很热烈。最近几年我都没有再参与,不知道如何,只听说现在每次规模都很大。其实,我觉得规模越大,讨论的氛围和效果越差。凡是有几百人参会的,效果都是很差的,你想真正讨论是讨论不起来的。当初我们"上海职教论坛",它是怎么讨论的呢?实际上你听上去更像是在闲聊、在清谈,绝对不是说你做个报告、我做个报告。他们闲聊过程中,可能针对一个观点,你说完大家就反驳,就批,我跟你想法不一样,我是怎么想的这个问题,然后再接着来,一轮一轮的。他们有时会忘了吃饭的时间,反正讨论起来就没完,就是那样的,也挺松散的,你觉得今天他们的讨论一定解决了什么问题吗,那也未必。就是在进行思想的碰撞,围绕某个中心议题散开了谈,方方面面的,一层一层的,越说越投机,遇到争议说不下去,谁也说服不了谁时,先绕过去,后面可能再回到前面的争议点。当然,也有可能前面的争议点,悄无声息地就不存在了,而新的争议点又出现了。这才是真正的论坛。我觉得是这样。

刘：我自己从事职教研究十多年来，我也想说话能有一个圈子，我们可以经常在一起讨论，但现在好像没有，感觉"找不到组织"，也难找到什么人。有位朋友说，职教研究的牛人们都在忙自己的课题呢，哪有心思陪你"唠嗑"，你要是加入他的课题组，作为成员多少还有一点可能。

杨：我觉得，学术组织首先是基于共同问题的，有了真正的问题，人才会想到我们要找几个人聊聊，聊到最后，希望这种组织形式用一种相对固定的方式保持下去，对吧？可能也需要有人给当当秘书，跑跑腿，把我们这些闲聊的东西都能有记录并整理出来，慢慢大家能形成比较统一的认识，然后再进一步，不断地深化下去。这里有一个从自发到自觉的过程。一上来就自觉，怎么可能呢？所以，学术组织也是有生命的，它的生命往往取决于核心人物的状态。

刘：来之前没想到与杨院长聊上海职教论坛会这么有趣。

杨：我也没有想到。有人说，回忆总是美好的，因为拉开时间的距离。但是，我想说，当时的感觉就是美好的，能跟这么一群老先生在一起，从他们的会上会下的交谈中，学到了从书本上学不到的宝贵的东西。有时也慨叹，现在让你去找这样一帮老先生，去哪里找呢？你后面要是遇上杨先生，代我当面向他问好。

刘：你的慨叹也是我的慨叹。我想我后面会找到杨金土先生，对他做访谈的。再次感谢。

【附记：本次访谈中，上海电机学院高等技术教育研究所刘晓保所长前前后后参与了整个过程，并提供了他们所保存的不少重要的相关文献档案。特此鸣谢！】

第九章 "回老专家的信,比写国家级课题研究报告还难"

——对话"上海职教论坛"核心成员、上海职业教育研究所所长郭扬

> "上海职教论坛"围绕着我国高等职业教育的若干重大问题展开了多次相当深入的研讨,形成了一系列高水平的研究成果,也使我们上海职教所的科研人员作为论坛的核心参与者受益匪浅。[①]
>
> ——郭扬

访谈时间: 2018 年 11 月 21 日

访谈地点: 上海市教育科学研究院

一、心路历程:从首批"高职生"到职教学者

刘　猛(以下简称"刘"):郭所长好!感谢你能接受我的访谈。自从前年(2016 年)我在《严雪怡文集》第四卷中读到你给严雪怡先生的信,信件震惊到我了,我就特别想有机会能见到你,同你交流交流。前年的 12 月,石伟平老师组织的"中国中青年职教论坛"在华东师大召开,我想可能会遇到你。那天中午在宾馆吃饭时,白发苍苍的钱景舫老师因为到我们江苏理工学院讲过学,所以认识,我便向他打听你。他老人家说,上午看到你参加会了,但帮我从这张桌子找到那张桌子,看来看去也没看到你。

郭　扬(以下简称"郭"):我是钱老师的学生。"中青年职教论坛"我参加得很少,那次因为在上海,所以我还能参加,要是在外地开,我一般都没时间去,抽不开身。那天上午我听了半

[①] 郭扬.忆念职教研究的楷模严雪怡先生[J].职教论坛,2012(13).

天,中午就赶回单位了,没在那里吃饭,所以不可能找到我。

刘:说起来有点惭愧,我从事职教研究也十年多了,三年才发现曾经有过"上海职教论坛"这样的学术组织,有过杨金土、孟广平、严雪怡三位先生在论坛中非常活跃的学术身影。我读了《严雪怡文集》一套四册,真是悔已读迟,爱不释手。孟先生和严先生都已作古,健在的与他们有过交谊或书信往来的学人,我都想找机会见见,想获得"文本之外"的更多信息。清楚记得,你给严老的信中最触动我的一句话,你是放在括号里说的,在第四卷的第29页,说:"须知每次给你们这样的老领导老专家写信探讨理论问题,其难度绝不亚于撰写一个国家级课题的研究报告!"第一次是无意翻着读的,读到时,我就在想这是不是太夸张了。后来我又认认真真读完了文集四册,感觉这完全是实诚之语,因为严老和杨老都是学而不厌、不知老之将至之人,要接得上他们的话,得和他们的思想有共振才行,要在同一个频道上才行。

郭:是的,压力很大。

刘:还有一封信,在第四卷的第25页,你又讲你们这个研究所"一切研究都得围绕着(教育)部里领导的思路团团转",于是你和马树超所长要经常马不停蹄地飞行出差,忙得不亦乐乎。这几封信都是写于2008年,而"上海职教论坛"在2004年举办十周年庆典之后,也意味着该学术研究组织的落幕。对照起来看,我强烈地感受一个"旧"的职教科研时代结束了,一个"新"的职教科研时代开始了。

郭:呵呵,你看得挺细呢。

刘:而且这个"新"的时代呢,明显的特征是职教事业发展速度快,相关政策出台多,决策者很希望相关的科研跟上,能帮助他们更好更快地理清思路,最好能"抓来就用",这难免强调速成,多少也显得比较浮躁。在这样资讯快速传播的时代,似乎坐不下来静心地给人写信了,即便是用网络电邮,进行学术思想交流的同时,还要付出真情实感,就勉为其难了。

郭:严老是2012年3月去世的。我很遗憾他去世前两三年就很少跟他通信了,后来基本上就没有了。

刘:《严雪怡文集》中的学术论文部分我看了,很有水平,但那个书信往来,我更喜欢看,既有学术价值,也有一种人文价值。从中我们更能看到一个时代一群职教学人是如何不懈地思考,其中还总是伴随着一份不变的炽热情感。

郭：哈哈，你这个研究很深入了。

刘：我本来一直想围绕学术研究组织写一本书。前几年有两次申报教育部人文哲社课题，报的方向都是职业技术教育学，但没批得下来，这回是报第三次了，就是同一个课题内容，但我把它改了一个方向，不再报职业技术教育学了，我改报教育社会学了，竟然获批了，多少有点出人意料之外。批下来了以后我就想把这个课题给做好，我的题目是《服务于我国职教健康发展的学术研究组织之研究》。

郭：好，非常好。虽然目前的职教学会不少，研究机构也不少，但研究职教学术组织本身的非常少。我也遇到不少搞职教研究的同行，或者想搞研究的职教同人都说，很难找到组织，都是孤零零的状态。

刘："无娘的孩子"，"找不到组织"。对，记得2011年全国职业教育科研（教研）院所联席会议成立大会上，有人这么说的。

郭：那是好几年前了，在天津开的，规格比较高，马树超所长还在那次大会上重点发言了。记得题目是《发挥科研在职教改革发展中的先导作用》。

刘：想见你，除了看你给严老先生的信，还有一个原因是我看过你跟马所长合写的一本书《中国高等职业教育——历史的抉择》，高等教育出版社2009年出版的。马所长在后记里说你们这个课题做得很辛苦，又说，做的过程中郭扬都没有信心了，但最后还是坚持了下来。当时，我就想，其实教育研究同其他一切科学研究一样，能最后出什么样的结果或结论，不是之前能够完全预料得到的，中途研究不下去是很正常的，应当允许"半途而废"。但现在的形势似乎是只要是报成功了课题，不管自己做，还是找人做，都会在规定的时间内把它做完。至少形式上，书也出了，文章也写了发了，至于其中有什么真正的发现，似乎大家反而并不关心。人们更关心的是项目能不能获批，获批的经费是多少，大家都在比这个，许多大学的科研考评，这也是主项。你再看许多学者的简介里，就直接说"完成国家级或省部级课题多少多少项"，几乎不说自己的研究有什么发现，立了什么说，提出什么理论观点，对教育实践产生过什么影响。我从你研究过程中表现出来的"没有信心"这一点上，不是看出你的能力不足，而是看到你心智的诚实。

郭：确实能力不足，这是客观的没办法否认。

刘：我个人是非常在乎学者的心智诚实的。心智的诚实，用胡适说过的话，就是"有一分证据说一分话，有七分证据不说八分话"。学术不严谨还做什么学术呀。也因为有这样两个文字的机缘，我在课题申报成功后，就特别想找到你，对你做个访谈，交流交流。我个人2003年读博士之始，就一直对知识社会学，或具体一点，特定社会情境中的知识生产问题感兴趣，这次课题其实是围绕职教学术组织来研究知识生产问题。

郭：嗯，这个角度还是很有意义的，挺新的。

刘：个人目前认为，我国职业教育学术组织比较成功的、取得一定的思想或学术成果的、知识上有突出贡献的，主要是两个：一个是民国时期的中华职业教育社，一个是新世纪之交的"上海职教论坛"。巧得很，都与上海有关。前者当然以黄炎培为核心，贡献出了大职业教育主义的宝贵思想。后者是以杨金土、严雪怡和孟广平为代表，对高等职业教育基本特征的理论概括影响深远。郭所长，当初你也是参与了上海职教论坛的，你跟三位老先生都直接打过多次交道的，对他们的了解肯定比较深吧。

郭：实际上，改革开放40年来，我国职教从恢复到发展初期，这几位老先生的作用是功不可没的，作出了非常了不起的贡献。无论是行政领导、实践办学，还是理论探索，都是可以说上几个钟头的。

刘：我昨天简单地给你手机发了一份访谈提纲。

郭：噢噢，很抱歉我没太仔细看，但我大概知道的就是主要了解这个论坛是吧，你到上海电机学院杨若凡杨院长那边去过是吧。

刘：去过，去过。访谈了一个上午。

郭：她有没有送你一本书，就是《对职业技术教育若干问题的基本认识——上海职教论坛十年论文集》，也是高等教育出版社出版的。这是他们当初作为秘书处在论坛十周年庆典后整理出来的，这本书应当说基本上把上海职教论坛组织方面的大事记，包括所取得的成果都讲清楚了。

刘：有的，有的。请不要介意，我想知道更多的是这本书"文本之外"的东西。

郭：其实，我也不是从头到尾都参与的。只能就我个人经历和认识的一些人和事，随便聊聊吧。

刘：好啊。你当时在华东师大研究生毕业是哪一年？

郭：我是1989年到1992年在华东师大念职业技术教育学的研究生，是他们招的这个方向第一个作为在职人员考取的，而且是还有点工科背景的硕士生。我父母亲都是华师大的教师，都是中文专业的，搞文学研究的，我老爸还当过副校长。

刘：哦，你家算是一个教育世家了。

郭：谈不上教育世家。我爸是研究古典文学的博导，主要是研究《红楼梦》的，所以人家都说他是红学家，但可笑的是他儿子至今连《红楼梦》都没通读过。讲实在话，我连《红楼梦》电视剧都没完整看过，只看过那部两个多小时的越剧电影。

刘：我小时也看过这部越剧电影，当时很火的。那时我们小孩子都喜欢模仿"贾宝玉"唱上一句："天上掉下个林妹妹，似一朵轻云刚出岫。"

郭：我小时候特别想看这本书，因为人家都讲《红楼梦》好，到底是怎么回事，拼命想看，我爸就绝对不让我看，生怕我受里面一些负能量的影响。因为我年纪小嘛，不懂嘛，他认为有些东西你不该看的，长大工作以后再看吧，所以一直不让我看。等我工作以后呢，对不起，我已经兴趣不大了，哈哈。

刘：哈哈，那你高中是不是偏理科了？

郭：是这样，我从小文科成绩比较好，但理科比较一般。虽然不让我看《红楼梦》，但其他东西我看得不少，杂七杂八的。尤其是上小学和初中的时候，一放暑假，我妈就带我到中文系那个资料室里面泡着，简直像老鼠掉进米缸里了，每年的那个月真是我一年当中最幸福的日子，最爱翻的是现代文学方面的小说、剧本、革命回忆录什么的，古典的东西看不大懂就敬而远之了。总的来说，我的文科底子还算不错的，理科不太行，到了中学就更显得越来越薄弱了。但是因为我父母在大学里教文科，在"文革"中被搞怕了，所以打死也不让我朝文科方向发展，考高中时就非让我报理科班不可。

刘：其实你是很想读文科的，是吧？

郭：其实我自己那时也有点内心矛盾的。就是虽然想读文科，一方面父母不让我读，另一方面我自己也不太自信，因为我觉得自己如果就是埋头写写东西可能还行，但是要我当老师上课吃"开口饭"，我对自己的口头表达能力没有信心。那时好像读文科大多就是做老师吧，要会讲故事，能吸引人，像说书先生似的口若悬河，所以我并不想做老师。读理科就理科吧，硬着头皮上，那么就很勉强。我是1980年高中毕业参加高考，结果呢，那一年上海首批正式录取后又搞了一批扩招的，是一批自费、走读、不包分配、择优推荐的专修科。

刘：那就是职业大学，是吧？

郭：大概相当于你们江苏省那年出现的金陵职业大学这批地方高校吧，但是上海的情况不太一样。江苏的这类学校，一开始就旗帜鲜明地自称"职业大学"，打出"高等职业教育"的旗号了。前些年我写过一本《中国高等职业教育史纲》（科学普及出版社，2010年），考证"高等职业教育"这个概念，我认为就是以1980年南京市创办金陵职业大学作为标志，是他们先提出来的，在这以前没听说过有这个概念，然后就是扬州、南通、苏州这样一些地级城市的职业大学先后挂牌，特征都是自费、走读、不包分配和择优推荐，学历层次实际上都是大专。上海那一年因为高校招生名额实在有限，所以也扩招了一批，不过没有走江苏那种单独设校的路子，而是利用了现有的大学资源举办"自费走读专修科"，所以我读的是上海交通大学办的那个专修科。上海交大那时候首批搞了一个机械制造、一个电子自动化，两个专业的专科班共扩招了240人，我读的是机械班。所以要从严格意义上讲的话，似乎也可以归纳到最早的"高等职业教育"，但是上海当时并没有用过这个名字。因为那个时候的高等职业教育不像现在，相对是比较明确的，有大家比较公认的内涵，但那个时候并没有。实际上当初江苏省的这批地方职业大学，特别是南京作为一个地级市政府创办的金陵职业大学，那是开"高职"先河的。那时候可能觉得很简单，就觉得我们这类高校跟传统的高等教育是不一样的。那么，不一样在哪呢？不一样就在改革，所以起了个名字叫高等职业教育。后来20世纪八九十年代，全国很多省份在地级市层面上都有过这样的地方职业大学，但正因为是改革，办学上要突破很多旧的东西，而你这个"高职"当时又没什么法律依据，所以有的地方就干脆请市长或市委书记来兼这个高职的校长，以便调动地方资源特别是教育系统以外的资源，来为地方经济社会发展服务。比如，习近平同志1990年担任福州市委书记的时候就兼任了闽江职业大学的校长，所以我说习校长实际上也曾经是我国高职事业的早期探索者之一，因为在他当职大校长的那6年里，"高职"尚未得到国家法律上的承认，只是作为地方上的一种探索而已，很大程度上还是"名不正言不顺"的。巧的是习校长1996年5月份卸任后，不到一个星期，《中华人民共和国职业教育法》颁布了,这时候高等职业教育才终于获得了应有的法律地位,人们对高职内涵的认识才开始逐步明确起来。而在金陵职大那一批地方职业大学诞生的1980年,当时从改革方向上来说大家能真正喊得出口的主要还是这四句话:自费、走读、不包分配、择优推荐。江苏的叶春生等一批老领导那时候就建议说,为了体现这种职业大学的改革,就把这类教育叫作高等职业技术教育吧,"高职"的概念就是这么来的。而我当时读的上海交大专科班,其实改革的特点也是这四句话——自费、走读、不包分配、择优推荐,完全一样的,只不过没有用"职业大学"这个名称而已,也没有用"高职"这个概念。总之,上海从来没承认过这个自费走读专修科是属于"高职"。

刘:我估计,你们那个班在上海交大里面相当于独立设置。

郭:不是独立设置。金陵职大是独立设置的地方高校,而我读的那个专修科是上海交大分别设在机械工程系、电子工程系内的几个大专班,管理上跟同系同专业的那些本科班其实也差不多的,除了体现改革的那四句话以外,所不同的就是他们四年制我们三年制。至于课程,现在你要说高职跟本科相比,大概是理论可以弱些但实践应该更强些吧,但我读的大专就是非常典型的本科压缩饼干,而且它理论课和实践课是同比例压缩的,所以你不要说我的理论比本科生差了,我的实践同样比本科生差,甚至差得还更多些。你非要把我也算作最早的那批"高职生"的话,从办学形式上讲好像也能讲得通,但从实际内涵上讲就只有天晓得了。那一年,上海其他一些高校也办了不少这类自费走读专修科,像华东师范大学、上海外国语学院、上海教育学院等扩招办的一些外语类、财经类、管理类专业的大专班,当然几年后他们都停招或者合并了,包括一些类似这样的资源后来被并入新成立的上海大学。反正是有一批这样的院校和专业,但主要是本科高校利用现有的资源扩招的专科班,面向本地学生的。

刘:占招生计划吗?

郭:占,但扩招的计划是专门面向本地户籍生源的,因此学生不需要住宿,全是走读的,而且学校要向学生收取一定的学费,这在那个时候也是个创新了。走读三年,全日制大专文凭,然后虽然早说了不包分配,但因为当时大学生还很稀缺,基层单位普遍都比较欢迎,实际上毕业分配是不成问题的。

刘:你毕业了以后呢?

郭:我1983年毕业以后被分配到上海革新电机厂工作,这是上海市机电一局下属电机公司的一家中型的国有企业。在那里实习的时候,我就感觉自己在专业上可能很难有多大发展,还是想再学点自己喜欢的东西,因为那时候只要想读书,机会还是比较多的,可以通过夜大、函授、自学考试什么的,所以当组织人事科征求个人的岗位意向时,我居然就报了我之前最不喜欢的岗位——厂里的教育科,教书去了,其实就是企业下属的技工学校。

刘:我还以为是教育培训科做行政人员呢。

郭:上海革新电机厂的教育科和技工学校,是两块牌子一套班子,职工教育培训的行政工作和技校的教学工作,其实是一体化的,两个方面的工作都要做。我没想到,当初就是不想做老师才选择了不读文科,结果读了理工科回过头来还是做老师。

刘:这个是被单位安排为主,还是自己选择为主?

郭:我自己选择的,最开始进厂实习时,在厂里各个部门转了一圈下来,我倒发现在这儿教书的岗位还是不错的。一方面是有两个假期——暑假和寒假,另一方面呢,好像基本上我能自己做主的时间比较多,那样我可以有点自由,读点自己喜欢的东西啊。在这种情况下,我就主动要求去教育科。一般新分配来厂的大学生都想去技术部门,如工艺科、设计科、设备动力科等等,要么就直接下到车间去搞管理也不错,而那时的技工学校是大学生很少有人肯去的。我说自己愿意到教育科去,组织科长高兴坏了,本来他还在伤脑筋把谁"发配"到技校去好呢,现在有人居然主动要去,正是求之不得呢。

刘:在技工学校上专业课?

郭:我教机械制图课。我原来三年大专的机械专业学得实在不怎么样,就是混个及格拿张文凭吧。但是呢,就这点专业水平,要教教技校学生也足够了,呵呵。那个时候刚好"文革"结束不久嘛,所以我当时在厂里教书,其实是从给在职工人培训开始的,当时提出要"双补"——补文化、补技术,我是以教技工学校的机械制图课为主,同时也教一点职工教育"双补"的课,当然还有些培训管理包括做班主任方面的事。我最早是从教初中数学开始,给那些工人老师傅们上的文化补习课。很有意思的:人家一般上海人当老师呢,在家都讲上海话,在课堂上总得讲普通话吧,但我刚好是倒过来的。因为我父母亲都是大学教师,我家也住在华东师大那个校园环境里面,结果呢,在家里都是讲普通话,可到了厂里的课堂上面对的都是工人老师傅,都是上海本地人,你一讲普通话他们就起哄,嚷嚷说听不懂,听不懂没办法,逼着我讲上海话。所以,我那时候当老师并没经过什么正规训练,游击队风格吧,到哪算哪。不过,也许就是因为我的这种随意,反而更加容易得到厂里师傅们的认可,他们说这个大学生一点儿架子也没有，所以跟我关系都不错，于是我很快就入了党，公司系统的先进个人、局级新长征突击手什么的荣誉也都来了。

刘：那你后来考研，是以大专考研的，是吧？

郭：不是，我读过专升本。我一边教书的时候，一边又去参加高等教育自学考试。我很喜欢中文专业，中文这东西嘛，万金油，反正也不需要专门上什么课。

刘：吃中文这碗饭的老师，可能不会这样看。

郭：那倒也是。反正当时我自己看的东西比较多、比较杂，所以就边看边考吧，结果中文大专十门课我竟然考过了六门，不过还没考完就发现有别的机会了。当时上海部分成人高校开始有"专升本"招生了，二工大（上海第二工业大学）、二教院（上海第二教育学院，1998年并入华东师范大学）那时候都在办专升本，便想到二工大去读那个机械专业专升本，结果去上那个考前辅导班，上了两次我发现我好像还真不是这块料。我估计我考不上，所以我就想试试改报二教院中文系的专升本，结果领导又不同意，说：你是以机械专业老师招进来的，咱们又不缺教语文课的，中文专业毕业的老师多得很，教育科里都安排不了。我就跟领导说，你不是安排我做班主任嘛，但我不会做思想政治教育工作啊，要不你让我读政教专业提升一下？结果就去二教院考了一个政教系的专升本，两年制的"基本业余"学制，每周脱产两个半天，其他都安排在周末或晚上去上课，我的本科文凭就是这么来的。后来就有了机会去华东师大读研究生。国内的职业技术教育学专业第一个硕士点是设在华东师范大学教育科学研究所，1987年获批准挂牌的，是江铭教授牵头的。江铭老师后来是华师大副校长，当他还在教科所当所长的时候，开始招收职业技术教育学的硕士研究生。在这之前，他们就和孟广平等老领导有过合作。那时候孟广平是我们国家教委职教司第一任司长，他觉得职业技术教育刚刚成为一个新独立出来的体系，正是急需职教理论来支撑的。江铭是搞中国教育史研究出身的老专家，他率先拉起了一支搞职教研究的队伍，当时他手下有黄克孝、卞英杰、应俊峰等几个，他们在教科所里成立了一个"技术教育研究室"，后来钱景舫也参与进来。1985年，华东师范大学出版社还出版过一本他们编写的《技术教育概论》专著。当时没有叫职业教育，而叫技术教育，为什么呢？实际上他们在理论上是和国际通用概念接轨的，而在实践上则是以国内的中专教育为主要研究对象的，所以当时找了一批来自基层学校的兼职研究人员，就包括上海电机制造学校的严雪怡等一批老中专校长在内。他们认定中专教育在严格意义上讲不属于 vocational education（职业教育），应该属于 technical education（技术教育）。现在，你要问中专和技校有什么区别？那已经没什么区别了，都是中等职业教育了，对吧？但是你要退回到三四十年前去，那时候在计划经济体制下面，中专和技校的差别是很明显的。我在厂办技校工作过，我当然比较了解，但从教育系本科直升上来的那些研究生，他们一直在大学里读书，对这个是不了解、不明白的。第一届职教专业研究生是1988年招的，导师是江铭教授和钱景舫副教授，从教育系的应届本科毕业生里录取了两位。我是第二届的，1989年入学的就我一个，而且是第一个作为在职人员考取的。这一届没有从本科生直升的，就是他们觉得招不到合适的，从总成绩看那年也只有我一个上线的。但我的软肋是外语，英语考得很差，所以我还是属于破格录取的，因为我专业课的成绩还不错。我入学的时候，江铭老师已经被调到教育部校长培训中心去当主任了，所以当时教科所只有所长钱景舫老师在带职教专业的研究生，他自然就成了我的导师。后来学完课程，我开始实习和做论文的时候，技术教育研究室主任黄克孝老师又接着做我的导师。所里当时受国家教委职教司孟广平司长委托，为行政部门做一个科研项目，就是关于中国职业技术教育体系的研究。华东师大这一群人做的研究，其实对当时的行政方面是有很大支撑作用的，因为20世纪80年代嘛，那个时候邓小平提出中等教育结构改革、大力发展中等职业技术教育，然后在恢复和发展中专和技校的同时，又新建了职业高中，形成了三种类型的中等职业技术学校。记得研究生入学面试的时候，钱老师和黄老师问我，既然你是从职教一线来的，你了解不了解中专和技校有什么区别？我答得很干脆：中专毕业生属于国家干部的身份，到组织人事科领工资的；技校毕业出来就是工人编制，到劳动工资科领工资的。他们说，这个学生真不错，一句话就讲清楚了。我比前面从本科直升上去的一直在学教育学的师兄师姐，就多了这么点优势，而且我还学过一点工科，教过几年专业课，这倒歪打正着了，读了职业技术教育方向的研究生。多年以后，我父母亲觉得有点对不起我，觉得当初不该强迫我硬去念理工科，应当让我读自己喜欢的文科。

刘：从事教育的人，哪怕是大学教授，他的教育观念大多也是随着时代潮流走的，有时真的没办法，形势比人强嘛。

郭：我父母看我转了个大圈子又转回头来搞文科了，而且看起来转的趋势还不错，所以才觉得原先对我有点亏欠。我说，没什么亏欠的，这真的是歪打正着，对我日后搞职业教育研究还变成一种优势了。而文科的东西我从那两年政教系的专升本也知道了个大概，教育学方面我尽管没什么基础，但是凭借本科课程中学的哲学、经济学、社会学那点东西，我融会贯通一下还是可以的。还记得那年研究生入学笔试的题目很偏的，怪得很，有一门课叫《中外近现代教育史》，一张卷子就出了两道题目，一道题50分。一道是问杜威20世纪初的时候到中国来过一趟，他对中国的教育产生了什么样的影响？那件事我多少还了解一点，七七八八答了个大概，不能说八九不离十，至少也能有个"七八不离九"吧。但还有一道题我就完全抓瞎了，它让你简述"欧文在纽兰纳克的教育实验"，请你评述一下，50分。妈呀，什么纽兰纳克，我都没听说过,根本不知道怎么回事。这欧文还是个教育家,我也真不知道。这50分怎么办呢,我就凭着我过去七看八看的那些东西,想起我读政教系学过马克思主义的三个来源,其中有一个是空想社会主义,什么圣西门、傅立叶,接着第三个代表人物是欧文,好像有这么个印象。好,既然欧文是个空想社会主义思想家,那么他在教育方面会有些什么贡献呢?纽兰纳克我当然是不知道了,但空想社会主义能有些什么观点呢?于是我就拿这么点仅有的了解东拉西扯,从这三大学者扯到关于社会主义思想的一些初步萌芽,大概无非就是教育跟生产劳动相结合之类的嘛,我猜差不多估计就这点意思吧,结果还真让我给蒙了个"四五不离六"的。虽然这一题答得肯定不靠谱,但也不至于太离谱,这样那张卷子还是得了65分,居然是那年考这门课唯一及格的,就这么"混"过去了。

刘:挺有意思的,挺好的。这说明一个职业教育学人走上研究之路,其实多多少少也会充满难以确定的偶然因素的。

二、机构对比:德国联邦职教所与上海职教所

郭:我研究生入学后,知道华东师大教科所的技术教育研究室在做国家教委职教司孟广平司长他们委托的一个大项目,是关于职教体系研究的。当然,后面江铭老师离开教科所不再搞职教了,由钱景舫老师担任教科所所长。技术教育研究室当时主要是黄克孝和应俊峰两位老师,他们跟孟广平司长的关系非常好,实际上当时课题组主要是以他们俩为主的,同时有一批上海的老中专校长作为兼职科研人员积极参与,除了上海电机制造学校的严雪怡校长,还有上海市教育局职教处的瞿耀章处长、唐德杲处长。这些人实际上都是老中专出身,他们的中专本位意识非常强。我当时的印象是这样的,就是他们认为中国的职业技术教育体系,应该是依靠职业教育和技术教育"两条腿"走路,职业教育的代表其实是技工学校,而技术教育的代表就是中等专业学校。二者可以分别对应当时联合国教科文组织主张的 vocational education 和 technical education 两类教育。我国台湾地区现在还在用 TVE(技职教育)这个概念,台湾高中阶段的这类学校就叫 vocational education,但专科及以上的就都不这么叫了,都改叫 technical education 了。坚持中专本位的人能够获得坚定信念的原因或依据,就是人家国际组织也是这么建议的,我们同国同种的台湾地区也直接采用这一分类概念,而且我们自己当时计划经济体制下也确实是这样分工的:技工学校培养技术工人,以技能培训为主,毕业后就到工人编制的岗位上去;中专学校当时的目标很明确,是培养技术员的,毕业后就是干部编制,作为专业技术人员做技术管理干部。实际上"文革"前,上海比较多的老中专学制是初中后四年("小中专")或者高中后两年("大中专"),技工学校呢,一般都是初中后三年。"文革"期间,一方面是搞初高中一体化,另一方面就是把职教这一块全砍掉了。用现在的话说,就是盲目普及普通高中,大家都是初高中一体的四年一贯制到底,毕业后号称都是高中毕业,但实际上很多

连初中的水平都没有。"文革"后期开始恢复中专办学,严雪怡校长等才又重新出山的,一直到"文革"结束后的拨乱反正。

刘:"文革"中砍掉中专或职教可能全国都是一样,但很强调"教育同生产劳动相结合"。我是1985年在苏北射阳县中学高中毕业的。我记得1982年入校时,我们县中的东边还有很大一块农田的,当时听说前些年的学生都是要种农田的,说法是教育同生产劳动相结合,要直接结合。而我在小学时(正处于"文革"中),我们春、秋两个学期都会放十几天"农假"的,同农民一起参加地里的生产劳动,摘过棉花,也浇水抗过旱。

郭:我在上海读高中时也是一样的,学工、学农、学军,好像是很强调教育与生产劳动相结合了,但问题是这些东西能够作为我们毕业后的就业准备吗?如果确实可以的话,那么当时就没有必要大力发展中等职业教育了吧!反正那时候我心里很明白的,我要是考不上大学,肯定还得回过头去读中专或者技校(当时的高中后二年制"大中专""大技校"),要不然我对自己的就业和职业发展就完全是两眼一抹黑。好在那一年高考我托了扩招的福,让我能先拿到个类似如今"高职"的专科学历,后来又通过边工作边"专升本"拓宽了视野,个人的职业方向才逐步明晰起来。特别是后来读了这三年的研究生,对我整个的职业生涯应该说是一个很大的转变,我大体上知道要搞教育科研这一行的话,做学问该怎么做了。而我这个研究生,当时因为是被破格录取的,所以有一个定向培养的要求,就是先要跟一个单位签订合同,毕业后就直接分配到那里去工作,我的定向单位实际上就是我现在这个研究所,当时叫"上海职业技术教育研究所",是黄克孝老师和我的叔叔推荐我去的,当时我叔叔是上海一所中职校的校长。这个所是1990年正式成立的,当时它的背景是一个中德合作项目,是我们国家中央政府跟德国的联邦政府签署的一个高层战略协议,具体地讲是当时的两国总理科尔和李鹏签字的,层次很高。这不是一般的中德合作,是两国政府之间的合作,是联邦德国把原先世界银行支持我们国家发展职业教育的那笔经费当中"挖出"一块来,作为德国政府的投资来帮助中国建立三个专门的职教研究所。在这以前中国大陆地区是没有的,即使是我读研究生的那个华东师大教科所,也只是有个技术教育研究室,并没有一个专门的职教研究所。

刘:三个所,上海一个,还有两个呢?

郭:三个,对的。第一个就是"国家教委、劳动部职业技术教育中心研究所",当时是这么叫,就是现在的"教育部职业技术教育中心研究所"。为什么叫这个名字呢?德国人强调,你职教研究应该有一个中央级的机构,而且应该叫中央职业教育研究所。但因为我们国家编制委员会不允许再用"中央"这个词命名新成立的机构了,你看中央教科所现在都改名了,叫"中国教育科学研究院"了,对吧。

刘:是才改的吗?

郭:我没记错的话,应当是2011年改的。现在好多"学院"都想改名叫"大学",对吧?但有几个学院我看是绝对不想改的。比如说,中央音乐学院、中央戏剧学院、中央美术学院,他们才不想改叫"大学"呢,一改的话,"中央"两个字就没了。"中央"两个字留着多好。因为这么一个背景,当初德国人老搞不清楚你们国家职业教育到底归谁管?到底是教育部管,还是劳动部管?劳动部一直很强势,说技术工人都是我技工学校培养培训的,当然由我来管。教育部也不买账,说职业技术学校都属于教育的范畴,当然主要是我管的。所以当时没办法,硬是绑定在一起,就是两家联合搞,叫"国家教委、劳动部职业技术教育中心研究所"。其实是当时的一个权宜之计,就说这个就叫中央研究所。当然德文英文都是center,都有中心或中央的意思。但德国人要求说,你至少要有两个副部长来当这个所的所长,两家轮值。原国家教委当时主管职教的副主任王明达是首任所长,原劳动部的主管副部长李沛瑶就当第一副所长。之前讲好了,第二年要换过来的,李沛瑶当所长,王明达改为第一副所长,反正每年两家轮换着做老大。结果没到一年,两家就闹掰了。国家教委跟劳动部根本就没法合作下去,搞得德国人也没办法,后来只好给劳动部另立了一个新的项目。所以这个职教中心研究所后来就一直是教育部一家独办的,从杨金土当第二任职教司长开始,孟广平就专任中心所的常务副所长了。虽然是王明达当所长,但实际上主持这个所工作的是孟广平。这是我们的中心研究所,同时还成立了两个地方研究所,一个是在沈阳的辽宁职教研究所,另一个就是我们上海职教研究所。

刘:那个时候牌子上面有"技术"两个字吗?

郭:有啊,上海职业技术教育研究所。不过这种东西都是忽悠外国人的,因为德国人是只讲"职业教育",而我们当时的国家文件表述都叫"职业技术教育",包括二级学科定下来也叫"职业技术教育",反正我们说就是跟德语的那个词完全对应的。至于"中心""中央"在德语里就是同一个词,德国人也搞不懂汉语两个词的不同意思,我们按我们的讲,他们按他们的理解。但是德国人在这当中有些地方还是很坚持的,比如在所的名称问题上他们坚持两条:第一,上海市的"市"不要。虽然我们认为它是一个直辖市即省级层面的机构,但德国人还要求你至少要能辐射到中国整个的南方地区,所以希望这个"市"不要加上,这个我们同意了。第二,教育科学研究所的"科学"两字不要。

刘:原来打算叫"上海市职业技术教育科学研究所"?

郭：对。因为我们以前从中央到地方的教育科研机构都叫"教育科学研究所"，前面加上个"职业技术"就行了，这是语言习惯。

刘：德国给这个钱相当于给你人员编制的经费？

郭：不是，其实它主要用于两个方面：我方购买设备，德方派遣专家。有长期专家，也有短期专家。另外，我们这些科研人员出去进修什么的，也可花费。人头经费还是上海市政府给的。但不管怎么样，在20世纪90年代，我们这个研究所还是挺牛的，就是靠这个中德合作项目的金字招牌，而且我记得那时候，听说整个上海市只有四辆奥迪车，我们所就有一辆，反正蛮气派的。现在回顾起来，真有点觉得不可思议。1990年，那是一段特殊的历史时期，当时正是中西方意识形态尖锐对立的时候，我们跟西方国家几乎所有联系都中断了。按理说那个时段像这种教育类的中外合作项目是很难立项成功的，因为教育问题毕竟直接涉及意识形态，后来怎么恢复的呢？这个项目居然成为后来恢复合作的一个很重要的突破口。

刘：很有意思的一个突破口。

郭：怎么会成为一个突破口的，后来我们就反思这个问题。分析下来觉得，其实德国人并没有把职业教育当作教育问题来考虑，他完全把职业教育当作一个经济问题来考虑的。这从当时双方项目实施的合作方就可以看出来。因为签协议是我们中央政府跟他们联邦政府对等的，但具体的合作方是谁呢？既不是教育部门，也不是劳动部门。德方是他们的联邦经济与合作部（BMWZ），而我们是当时的外经贸委（原对外经济贸易委员会，后改为外经贸部），是李岚清、吴仪先后在当主任、当部长的时候，就是这个时候签下的，它完全是作为一个经贸协议签署下来的。因为在德国人心目当中，职业教育根本就不是教育问题，甚至从德国人的历史观点来看，职业教育本身并不是国民教育的一部分。德国承认职业教育"双元制"也是国民教育的说法，是从1969年颁布了《联邦职业教育法》才开始的。在这以前，他们的职业教育完全是行业企业的事。

刘：之前可能就相当于企业行业的劳动力培训。

郭：完全是这样。只不过他们早就有法规上的要求：企业招学徒，按他们国家的规矩，学徒是必须接受职业学校培训的。但是该职业学校肯定是部分时间制的，不是全日制的，所以可以说他们的"双元制"里企业是主导，学校教育是为辅的。也因此，他们也不认为它属于国民教育，只是到1969年联邦层面上立法以后，他们开始承认这个也算是国民教育的一部分。但是从历史上来讲,德国人实际上骨子里就没把这东西当一个教育,所以也没多少意识形态的东西"注入"里面。这样,跟我们合作也就合作了,而且居然为那个年代我国与西方恢复正常合作开了个口子,不能不说这是一件挺有意思的事。后来德国合作方在我们这里就搞了整整十年,一直在指导我们开展双元制模式的实验。双元制对于我们来讲,当时也觉得不难理解,那就是高中阶段的职业教育,按照我们来说就是中等职业教育。对吧,很简单的事情。那么他们指导我们,在这个当中当然有很多搞不清楚的基本概念,我们也不去管它,求同存异吧,基本上他们的那些东西我们大体上还是能够理解的。但是一涉及体系问题,尤其是涉及高等职业教育的问题,跟德国人就没法对话了。因为要是提到高等职业教育,德国人就不理解这个东西。确实,高等职业教育这个概念,是我们中国人发明的,是我们原创的。至今为止,国际上能够从法律上承认高等职业教育这个概念的,目前据我了解,第一是中国,第二是瑞士,第三还没找到。

刘:好像你跟马树超所长主编的书里面,特别强调高等职业教育这个概念是中国特色。但是对此我也是有疑问的,我就觉得,"高等"后面用的这个"职业",可以用"技术"这个词替换的话,实际上在西方早就有了,西方有技术学院吧,有工程学院吧。

郭:有,应该说同样都是应用型的教育类别,工程教育、技术教育、职业教育,都是既有区别又有交叉的。但是我们搞文科研究,不像理工科那样可以有比较客观的分类标准,这个东西说到底还是带有一定的主观性,你再怎么去分类,那其实都是人为的。

刘:昨天我跟电机学院杨若凡院长对话时也涉及这一话题,我们人类的知识生产、知识分类是受一定的社会环境作用的,有它必不可少的语境条件。

郭:概念这个东西,反正各国的语言体系不一样,好多东西是可以相通的,也有好多东西又是无法相通的。比如,跟德国人交流,你会发现他们习惯性地认为高等教育和职业教育是完全不一样的,是有明显区别的,他们很难接受你把高等教育跟职业教育直接连在一起。高等教育,在德国人心目当中就是培养社会精英的。

刘:对,这是从威廉·冯·洪堡 1809 年创建柏林大学开始带来的一个传统认识,就是大学,或高等教育,教学与研究是其两大不可分离的使命。

郭:是。

刘:不过,我对你的这种看法,仍持一定的保留态度。记得 2015 年 8 月 31 日的《中国青年报》职业教育版热议一个话题,叫"高职高烧"。它最早是浙江义乌工商学院副院长贾少华教授在自己的新浪博客上提出来的,引发了大范围的热烈讨论。贾教授认为,一个人会发烧,一个机构、一个组织、一个单位、一所学校也会发烧。像高职院校就在发烧,而且烧得不轻。发烧病症主要表现在:精神亢奋,声嘶力竭狂叫自己姓"高";缺乏基本的自我认识,痴迷于专升本;一方面是不让学生掌握高深的学问决不罢休,一方面是对课堂里的昏睡一片又熟视无睹;缺实训条件缺师傅,还要不惜代价要高学历的老师,等等。民办的高职,升格的愿望最强烈,因为公办的话,全国一刀切,教育部给卡死了,不让升格,就定位在大专层次,你是国家级示范高职也不让你升,像宁波职业技术学院,他们有人说,我们原来是民办的,后来转到公办了,评上了国家级示范高职,想升本的话就不可能了,而同类学校中那些民办的,底子不如他们,办学条件也根本不如他们的,反而都升格到本科,招生啥的都排到他们前面去了。如果现实中的高职就是这样的话,那么高职必然只能提供"注了水"的学历教育,并不能在学生的技术才能提升方面真正有所促进。这跟经济发展一味地追求 GDP 没有什么两样。好像台湾之前的发展也是一样,办了那么多本科的技职教育(大多取名"科技学院"),但是招生越来越困难,几乎招不到什么学生。

郭:台湾地区毕竟是个弹丸之地,整个产业空心化了。他们的技职教育学历高移化,说起来是为了满足产业发展的需求,但我看恐怕更多的还是反映了学历社会中,普通老百姓对升学的强烈需求吧。这个咱们不扯太远,还是回到当初德国人的看法。传统的德国人认为,职业教育就是面向普罗大众的,很明显这就是一种普及性的教育,而高等教育在德国人看来就是办大学(university),就是培养少数知识精英或社会精英的。我学了点德语,到德国进修后,越来越感受到德国人思考教育问题跟我们中国人有很大的不同。英文 learn 跟 study,很多情况下是可以通用的,中文翻译过来都叫"学习"吧,但是在德文里面,这两个词是绝对不能通用的。你要告诉他,说职业教育和高等教育当中有一块交叉的地方,他想破头也想不明白。德国人思考问题,讲好听的叫严谨,讲难听的就是很死板。他们没办法明白高等教育跟职业教育怎么会交叉的,但我们中国人就能想得出来,我觉得这也可能是中国对世界职业教育的一个独特贡献:我们是用高等教育的一部分资源,把它拿出来发展和培养技术技能型的人才,包括培养一线的技术工人。

刘:我从你们自豪于中国创造了"高等职业教育"这种看法里,感到你们做研究的话语风格,是一种偏向于政治或政策的教育话语风格。

郭:可能有吧。但是从内涵上面来看,我们借助的是国际上高等教育大众化、普及化的发展趋势,来解释我们自己的中国特色发展道路。不过,这种关于"大众化"与"普及化"的国际流行语言，传统的德国人还是不那么容易接受的。当然进入21世纪以后，德国人也在慢慢改变中，因为随着欧盟一体化和高等教育的博洛尼亚进程，整个欧盟的高等教育学制也逐步趋向统一了。

刘：我看过材料，记得德国管职业教育是有一个专门的跟教育部平级的部门。

郭：德国因为实行双元制，参与的企业是按照国家标准来办职业教育的。所谓国家标准，就是全国统一的职业培训条例，它是由联邦职业教育研究所（BIBB）具体制定的。德国政府当初投资帮助我们办这个所，就是企图把我们打造成他们联邦职教所这样职能的一个机构。什么意思？就是职业教育领域里面，从大到小的规矩都是你定的。从发展的大政方针到具体的课程标准，都应该是这个研究所说了算。甚至从某种意义上讲，这个研究所就是一个立法机构。每一个专业要达到什么课程标准，都是联邦职教所研究开发出来的，而且这个研究成果一出来就是一个国家的法律文件，他们称作"国家承认的职业培训条例"。你知道西方国家三权分立，立法权跟执行权是分开的，所以联邦职教所在职业教育领域里面，它是定规矩、定标准的；而各个联邦州的文教部门，相当于我们省教育厅这一级，它是执行部门，是按照联邦职教研究所定的规矩来做事的。我经常举一个很好玩的例子，我的前任马树超所长到德国去访问联邦职教研究所时，没想到受到了德国总统约翰内斯·劳的接见，受宠若惊，简直不可思议。为什么呢？回来后就想明白了，他们联邦职教所的所长就是由联邦总统直接任命的，那总统不就是所长的顶头上司嘛。他为什么接见你，还不是因为他把你认错了，以为你上海职教所所长的角色跟他们联邦职教所的所长是一样的，是职教方面的立法官员。我跟马所长开玩笑说，他们大概是把你认作上海市人大常委会主任了吧。

刘：这个课程标准与专业目录，在我们国家现在是谁定的？

郭：职业院校方面，我们主要还是教育部门在组织研究制定，当然都有行业教学指导委员会、专业建设指导委员会什么的来参与。

刘：这个国家标准的制定实际上是办好职业教育的一个核心问题。

郭：我们最缺的就是这个东西，按理说我们作为职教研究所，主要就应该是研究这个东西。但是国家并没有赋予我们这个权力，也没有给我们安排这个任务。因为你搞这个东西你是要花大价钱的，要有财力、物力、人力和精力大量投入的。联邦职教研究所多少人？德国总计近8 300万人口，联邦职教研究所的在职科研人员就超过600个。600多个人，你说人很多吗？全德国设置 370 多个"国家承认的培训职业"（双元制的专业），靠 600 人多吗？不多吧。联邦职教研究所里面的科研人员干什么？他们并不是像我们这样搞教育学的人在那儿写教育科研论文，他们大批都是行业专家，而且行业专家实际上也只是起一个牵头作用，需要整合各方面资源，共同来开发这个课程标准。牵头作用的发挥就是牵四个方面力量：一是联邦政府；二是各州政府；三是雇主集团，也叫雇主协会联邦联合会（BDA）；四是雇员工会，全称叫德国工会联盟（DGB）。这四个方面等于一个联席会议：一个老板的代表，一个工人的代表，再加上一个中央的代表和一个地方的代表。

刘：像很有力量的德国商会是什么性质的？

郭：这是行业协会，是代表行业利益的社会组织，对企业进行管理协调的。雇主集团也是属于这种性质的一个行业协会。反正联邦职教研究所就是这样一种存在，它在职业教育领域里面主导着国家统一标准的出台。我在德国的时候翻过他们的电话黄页本，在学术机构分类里面找了半天找不到这个"研究所"，后来还是在政府行政部门分类里找到了它。

刘：你刚才说"高等职业教育"是一个中国特色的概念，我个人不太赞成。我个人曾经有过一个思考，我认为在职业教育研究方面，中国人创造了两个概念：一个是黄炎培提出的"大职业教育主义"，它看起来并没有系统的理论分析，但实际上它是有思想深度的；另一个就是所谓的"双师型教师"，我认为这个概念的提出有它的特定的时代性，就是 20 世纪末企业办职教被剥离后，技术院校的师傅大多回归了企业，留在院校的少，一下子出现了教师里"能动嘴的比能动手的多"的尴尬局面，这才提出要理论实践一体化的"双师"。通过刚才跟你的交流，我感觉到国家职教体系的建构，德国主要是从社会经济方面考虑问题，由经济部门主导职教体系的建构，而我们往往大多在教育体系内部"打转"。

郭：对，这个我同意。因为中国是学历社会。十九大提出建设现代化经济体系后，国家很快发布了关于深化产教融合的意见，作为"促进经济社会协调发展的重要举措"，并要求"融入经济转型升级各环节"，很显然这肯定不能局限于教育体系了。至于说到"双师型教师"的概念，我倒并不认为就是指理论实践一体化的教师个体。一个人能文能武的"双师素质"固然很好，但这种人到哪行哪业不受欢迎呢？我们老是讲多元智力理论，说我们职校的学生尺有所短寸有所长，那么我们的老师又何尝不是如此呢？你要求老师们个个都要能文能武，做得到吗？就算你今天能做到了，那明天、后天，产业升级了、技术进步了，你还能做得到能文能武吗？德国为什么没有"双师型教师"的概念？因为他们的双元制是校企双主体，那么双主体就有两支师资队伍：学校的教师是一支，企业的培训师是另一支。这两支队伍就形成了一个"双师结构"。我们的职业院校目前还是单主体,那么你一味要求能文能武的"双师型"教师,就我个人看恐怕并不现实,我觉得重点应该转移到校企双方专兼职相结合的"双师结构",就是"双师型"团队的建设上来。

三、有幸结缘:参加"上海职教论坛"的情形

刘:你在《江苏教育》职业教育版杂志上主持过一个时间比较长的栏目,叫"名家视线",我经常看的,说得不好听一点,好文章似乎并不多。中国职教科研的力量,我认为仍然是很薄弱的,总体水平太低下了。

郭:很薄弱,太薄弱了,而且我觉得关键还不在于没有多少好文章,关键是没人做标准、没人做规矩。

刘:就是核心的东西没有人去做。

郭:最近十几年来,国务院出台的三个发展职业教育的《决定》(2002年、2005年、2014年)我都有幸参加了部分起草工作。2014年发布的《现代职教体系建设规划》,六部委联袂出台的,教育部开的第一次研讨会我也去参加了。

刘:我先插一下,我前年(2016年)在苏北某地区调研时,访谈了一位市教育局主管副局长。他说,《现代职教体系建设规划》中,每一句话的表述都提炼得很好,但是落实到下面来,好像没有一句真正能用得上。他说:"社会吸引力不强,行业参与不足,这样我作为主管职教的局长能怎么做呢?"

郭:问题似乎都看到了,就是没法落实,去真正地改变。我就跟你讲参加教育部组织的这第一次研讨会,我当时也不大清楚那个会是什么具体背景,于是一上来就发表了一通"高论"。我说,现代职教体系首先不是一个学历体系。讲起来,它至少不仅仅是学历体系,因为现在一讲体系,好多学校都很兴奋,好多校长老师都很兴奋,好像看到了自己升格或学生升学有希望了:中职可以升高职了、高职可以升本科了等等,好像感觉就是这么一个能往上升学的体系。其实作为一个完整的职教体系,我觉得应该是多方面的,至少要考虑三大基础问题:第一是为学生的就业和生涯发展服务的体系;第二是为教师服务的培养和进修的体系;第三也是最重要的一个,我认为就是职教科研体系。德国的《联邦职业教育法》一共七章,其中有一章半的篇幅就是关于职业教育科研体系的,包括:明确联邦职教研究所等科研机构的设置,以及赋予它们

的具体职能和要求，等等。

刘：如标准之类的设立，应当在职教科研体系里面加以明确。

郭：对，应当都在里面。包括标准什么的东西，我们这方面太薄弱，我们迫切需要建立职业教育的科研体系，没有科研体系作为基础，这个现代职教体系的建构只能是空中楼阁。当时我还没讲完，就被部里主持会的领导打断了。他说，你讲的这些当然很重要，但是现在，我们这个体系是从无到有，还是得把学历体系先搭建起来，至于你讲的那些是以后再逐步完善的事了。这样，以后的几次讨论会就没再邀请我参加过。

刘：这就又回到你前面讲的，20世纪80年代，孟广平司长就已经开始思考职教体系问题了，并不是所谓的"从无到有"。现在有许多教育部门的领导都喜欢讲"从无到有"，以表示是自己干出来的政绩，但其实又有多少东西是真正从无到有的呢。

郭：对呀！

刘：当时孟老、杨老和严老他们怎么来思考职教体系建设问题？

郭：就找一批人，都是职教界方方面面较有代表性的人物，有专家学者，有行政领导，有学校教师，聚在一起开"神仙会"，头脑风暴一下。大家各自扯一扯，扯完了比较一下，相互争论几个来回，把有共识的东西留下来，下一轮再继续扯、继续比、继续争，逐渐深入，逐步聚焦。一开头可能并没有多少共识，每次都是这样，慢慢地朝前推进。没有说谁就是绝对权威，可以定调或拍板说我说了就算、大家跟着我来统一思想照着做的，没有。

刘：实际上头脑风暴时，像你这种与别人不一样的意见往往是最有价值的。大家如果都持差不多的意见，就开不成头脑风暴会了。但现在我们很多研究所，因为它是政府部门设立的，政府更多的是希望你为它的决策提供参谋。昨天我采访电机学院杨若凡时，她说，孟广平这个人有一个特点，你要是老说花架子的东西，他根本就不会再理了，不会跟你再费口舌了。我们终于又绕回到"上海职教论坛"这个组织了。你当时参加时间多吗？你什么时候参加，什么时候退出来，还有对跟三位老先生的交往，有没有什么特别的想法或感受啥的？

郭：杨院长讲得对，孟司长确实是这样的人。2010年，我在《江苏教育》职教版开始主持"名家视线"的时候，为纪念孟老逝世5周年，曾经发表过一篇他的遗作，是我根据他生前留下的文稿整理而成的。我在主持人导读中，讲到他临终前三个星期还在病床上对代表我们论坛去探望的秘书处同志嘱咐说，今后我们的职教科研最好不要片面追求大而全，那种规模和声势很大但难以取得多少实质性成果的"重大课题"不妨少搞一些。秘书处告诉他，我们正在准备把他的论文编辑整理出一本书（《我的职业技术教育观》）时，他明确表示还是不出为好，因为他觉得自己过去的文章大都是论述性的、有感而发的，谈不上是科学研究。后来我自己出个人文集《职教学苑草木集》（华东师范大学出版社，2017年）时，也把这篇导读收入其中，那里面完整记述了孟老的遗言，大概的意思是说：科学研究，是需要提出科学问题，然后进行研究设计、提出假设，再选择一定的科学方法来论述和实验的严格过程。而发表个人观点的文章，是属于另一个路子的，它反映的是当时的时代背景和社会需要，那么现在的人们可能已经很难理解"当时的"历史条件和具体情况了，当然也就很难理解这些论述有什么意义了。而且人们的认识本身也是发展的，当时的论述也许还有点新意，但现在很可能就没什么价值了。因此，我讲实在话，对孟老、杨老他们几位老先生，我更多的是一种仰慕。跟他们在一起我是不大敢多说话的，一方面是我在那里面年纪最小，资历也最浅，我完全是借着我们上海职教所的机构平台，才得以参与这个学术组织的。你说这个论坛最早开始于1994年，是吧？那一年我正在北京学德语，后来又到德国进修了快一年，所以论坛头两年的活动我都没参加。"上海职教论坛"原来不是一个正规组织，就是一个课题组，当时杨金土可能刚从职教司司长的岗位退二线，他同他的前任孟广平都是学者型的官员，爱动脑筋，爱思考职教方面一些大的理论问题。他们两位对中心研究所的关注是非常投入的，可以说是全身心的。

刘：嗯嗯。

郭：我们当时开玩笑地说，他们实际上所管的也是"一个中心，两个基本点"，就是德国人援助办起来的三个职教研究所，中心所还负有业务指导的功能，我们跟辽宁两个地方所共同参与。实际上孟广平和杨金土两任老司长的思路，跟我们上海的一批，包括原华东师大教科所的比较接近。前面讲他们跟江铭教授那一批人搞过关于职教体系的基础研究，而且那个基础又是一批老中专校长，以严老他们为代表的，实际上是坚定的TVE派，跟国际上"技术和职业教育"的概念接轨，技术教育和职业教育是相对分开的，而且他们历来认为中专教育是属于高中后教育的性质。

刘：嗯嗯。

郭：20世纪90年代还有一些背景。一个是我们跟德国人有些东西思路上老是合不拢，我们一讲到高等职业教育，德国人就说没这个东西，那是你们中国人自己编出来的，哈哈哈。没办法,他只能指导我们高中阶段的,所以到我们高职学校,他也只能讲一些他们中职的东西,层次太低。另一方面的背景是当时我们国家正在搞职教立法(《中华人民共和国职业教育法》,由中华人民共和国第八届全国人民代表大会常务委员会第十九次会议于1996年5月15日修订通过,自1996年9月1日起施行),那时中华职业教育社那批老先生就提出来,他们认为"职业技术教育"的提法是不对的,是以偏概全。

刘:为什么?

郭:他们说,你只讲"职业技术",那你把"职业道德"放在什么地方?把"职业指导"放在什么地方?在他们看来,只有"职业教育"是准确的,它能涵盖上面所说的一切,所以不能用"职业技术教育"来以偏概全。在这种情况下,严雪怡等一批老专家跟中华职教社主事的老先生们产生了认识上的矛盾,当时有一场较大规模的学术讨论。严老他们认为,"职业""技术"两个词是并列结构而不是偏正结构,其实是"职业和技术教育",是与联合国教科文组织的 TVE (technical and vocational education)概念对接的,所以跟以黄大能先生[①]为代表的中华职教社,两派当时有过一次笔战。中华职教社毕竟是个能直接"通天"的组织,最后1996年职教立法通过的时候,确定我们国家这类教育就统一叫"职业教育"。从此以后,"职业技术教育"这个名称在国家正式文件中就基本上不用了。只有在学术界里,作为教育学二级学科还是叫职业技术教育学,另外中国职业技术教育学会也一直没有改名。

刘:二级学科要不这样叫,就显得没有"技术含量"了。

郭:呵呵。从这一个大的背景来看,从行政部门的两任主官孟广平和杨金土,其实他们心里是认可严雪怡这一派的。包括我们这批科研人员,特别是华东师大职业技术教育学这个点培养的研究生,都比较接受这些东西。我们也非常尊重中华职业教育社那些老先生,他们实际上有一种深厚的历史感情积淀在里面的,就是认为职业教育是一个大概念。但是要从历史发展的角度来看,其实现在各国各地,用来讲述现代职业教育的词,其实也都是不一样的。对吧,你看美国就用 CTE(生涯与技术教育),澳大利亚用的是 TAFE(技术与继续教育),德国用国际劳工组织的 VET,我们台湾地区用联合国教科文组织的 TVE,等等。

刘:前不久有一位美国的职业教育研究学者来江苏理工学院讲学,提问环节,我问他美国为何将"职业教育"改成了"生涯和技术教育"。他回答说,以前那个名字叫不响了,现在要换一

[①] 黄炎培之第四子,曾任中华职业教育社第六届理事会副理事长,第七届理事会常务副理事长,第八届、第九届理事会名誉副理事长。

个名字,给人一种新鲜感。

郭:嗯,他这样说还是有一定道理的。

刘:相比较而言,你是不是跟严老私下联系比较多。

郭:其实都不是很多。因为我是"小不拉子"(上海方言,意思是不起眼的晚辈),杨司长和孟司长在我心目当中那是属于太高层的领导了。至于严校长,我一直认定他是我的"师爷"的,因为我的导师黄克孝教授早年进入职教圈时就是认严校长做师傅的。从年龄上讲,黄老师大我20岁,严校长又大黄老师20岁,我差着严老两辈呢。"上海职教论坛"出的第一篇成果《对发展高等职业教育几个重要问题的基本认识》,我并没参与,我当时在德国进修。第二篇《论高等职业教育的基本特征》,我参与了,是我们所的老所长成永林和黄克孝(当时已从华东师大调到我所担任副所长)两位老师带着我加入这个论坛的,我有幸成为核心作者之一。

刘:看到你名字了。

郭:嗯,1999年当时七个人里,我是最年轻的一个,我想我自己首先应该定位于给老专家们做好秘书工作吧。可能因为我的现场记录忠实完整,会后的文字整理也比较认真,得到了大家的肯定,所以作为主要执笔者,在我后来的《职教学苑草木集》中也收录了。然后21世纪初的时候"论坛"组织又出过两篇成果,一篇是《对技术、技术型人才和技术教育的再认识》[1],一篇是《对高等技术教育课程设计的若干理论认识》[2],但影响已经不如前两篇那么大了。这大体过程我是知道的,不过我也是因为当时在德国不来梅大学做访问学者而没能参加。我们上海市教委的薛喜民副主任和华东师大的石伟平教授等也都参加了这两篇的合作,但主阵地还是在上海电机学院(原电机高专)那里的。后来"论坛"还承担过教育部高教司委托的一项课题,是关于高职高专教育类型、结构、体系研究的,由严老牵头,我参与完成了《以科学发展观审视职业技术教育体系的若干问题》[3]的总报告,并以《构建21世纪的职业技术教育体系》[4]为题发表了论文。

---

[1] 见《中国高等教育》2002年第15、16期,《职业技术教育》2002年第22、25期,署名作者:杨金土、孟广平、薛喜民、严雪怡、王式正、李忠尧、成永林、吕鑫祥、黄克孝、马树超、夏建国、董大奎、石伟平、杨若凡。
[2] 见《职教论坛》2002年第19期,署名作者:杨金土、孟广平、薛喜民、严雪怡、王式正、李宗尧、成永林、吕鑫祥、黄克孝、马树超、夏建国、董大奎、石伟平、杨若凡。
[3] 2004年上海职教论坛十周年纪念活动暨学术报告会发布,署名作者:严雪怡、石伟平、夏建国、杨若凡、黄克孝、郭扬、李晓军、刘晓保。
[4] 见《职教论坛》2004年第1期,《职业技术教育》2004年第1期,《中国职业技术教育》2004年第2期,署名作者:黄克孝、石伟平、郭扬、严雪怡。

刘：嗯嗯。

郭：所以我其实参与这个"论坛"活动不是很多，而且参与过程中主要还是学习。每一次参加，我都是老老实实坐在那里边听边记录，甚至都来不及去及时理解和领会老专家们讲的内涵，得等到会后有时间再慢慢地认真仔细边看边整理边消化了，毕竟那时自己功力太浅、底气不足，哪里敢在会上跟老前辈们多嘴多舌的。论坛后期我印象比较深的，是孟司长病重已经来不了上海了，而杨司长当时因参与创办上海思博职业技术学院，并无偿出任首任院长，来沪机会还比较多。杨老每次主持论坛都是那么沉稳大气，理论思辨条理非常清晰，而且经常结合他自己在思博的办学实践娓娓道来，在我听起来感觉似乎很有点读黄炎培文章的那种印象，怎么说呢？既朴素，又深刻吧。比如说，关于高等职业教育的本质和类型特点，他认为从本质上讲，高等职业教育是在高等教育大众化过程中萌发起来、成长起来的，它的基本功能是培养各行各业的技术型和技能型人才，所以它应该是一种面向大多数人群的、具有特定功能的高等教育类型。所以要以双重需求为导向：一个是社会发展需求，一个是人的发展需求，所以要灵活开放、校企合作。这样，目前我们强调它的类型特点和独立性，就显得特别必要了。因为我们国家教育系统的传统观念和势力实在是太强大了，职业教育如果没有相对独立的体系建制，那么它的发展空间就肯定会被挤占的。但是，技术型和技能型人才毕竟是永远不可或缺的，未来某个时期职业技术院校的界限可能会趋向模糊，但职业教育的类型概念仍将永久存在。所以他特别强调，在长远的未来，我们需要着力关注和研究的，应该是职教体系，而不是职业技术院校的体系。可惜，这个论坛到2004年以后基本上就断了。杨老后来在思博改任名誉院长，孟老是2005年去世的，严老更是年事已高了，再要组织这样的活动就很难了。因为前面有他们几位登高一呼，我们这些响应的基本上都是积极性很高的志愿者，会议的一些费用则由大家在职的三个主要单位买单，我们上海职教所一家，还有第二工业大学和电机学院。当然，电机学院是最卖力的，因为严老先生在那儿，当时他们承担论坛秘书处工作是出了大力的，但也不好每次都由他们来买单。而我们所后来的经费也非常困难，尤其是中德合作项目结束（2000年）以后，甚至连基本经费都没有来源了，我们所当时被并入上海市教科院。教科院领导要求我们面向市场，说你所里要发奖金的话，得你自己到市场上去找活干。

刘：哦哦。

郭：不仅仅是经费问题，关键是你原先有中德合作，你这是无形的资源，人家学校自然会来跟你合作。现在你这个东西没有了，谁还理你？所以后来我们不得不改革，马树超1999年调到我们所，实际上就开始就转型。就是中德合作十年期满的前一年，马所长领导我们所开始转型，喊出我们所建所方针"三个导向"：政府导向、发展导向、市场导向。三个导向并举，但实际上三个导向是有先后顺序的,政府导向是第一位的。为什么?因为我们这个机构就是政府办的,你没有政府给你支持,你根本就没有生存的必要。像我父母亲他们是大学里做学问的,就曾经非常看不起我所在的研究所,说你那个能叫研究所吗?你那不就是行政领导的秘书班子吗?你这个算做什么学问?你要说搞教育学研究,人家为什么不找华师大?华师大教育学科多强,上师大也不错啊,就你们这个所,能有本事自己去找市场搞教育项目?实际上好多年以后,我才让我父母慢慢改变了对我们所的这种印象。有些事情,真的,在大学里面做学问的人,其实他也不一定做得了的。

四、积极赋义:思在行政话语与学术话语之间

刘:你前面说到,在某些方面我们和德国同行没有什么共同语言,这倒类似于多年以来存在的中医与西医之争一样。

郭:对,现代科学有的时候没法解释中医的观点。

刘:但研究部门依靠政府的话,又会有新的问题,你怎么保持研究的独立性呢?

郭:这是很复杂的。一般政府部门领导的工作思维主要就是在有限时间内要解决有限目标,比如说,到2020年,我们国家的发展目标是全面建成小康社会;然后,教育的目标是"两基本、一进入"("基本实现教育现代化,基本建成学习型社会,进入人力资源强国行列");之后,职业教育的目标就是形成现代职教体系。这些目标,对每一个层级的官员都是很明确的。当时2010年做中长期规划的时候,讲我们要建成的现代职教体系是什么样呢?是"中高职协调发展"的现代职教体系。我觉得这个表述非常好,协调发展才是一个合理的体系。结果到2014年的《国务院关于加快发展现代职业教育的决定》就改掉了,变成"中高职衔接"的现代职教体系了。我当时第一感觉就是大大地退步了,"协调发展"怎么窄化成"衔接"了?你衔接了就能协调了吗?但后来我也理解了,说到底协调发展是一个终极性的目标,2020年作为一个阶段目标你其实是达不到的。到2020年,现在看来只有两年时间,你也只能先让它衔接起来,先实现这个阶段的目标。同样,你要想在现代职教体系中有像德国那样完善的职教科研机构或科研体系,那时候其实也做不到,就是现在也难做到。

刘:嗯嗯。

郭:所以好多事情,你跟行政部门"打工"多了也能理解,还是得从实际出发,只能在有限

时间拿出解决有限目标的办法,只能是这样子。我知道"衔接"肯定不是一个理想状态的职教体系。你说,中高职协调发展是不是都要衔接了才能发展?讲实在话,各行各业、各个工种,各有各的要求。就是以前八级工资制的时候,技术工人,他也不是所有工种都能到八级工的,有的工种五级、六级就到顶了。

刘:石伟平老师前不久来我们学校做学术报告,他说中国要真正搞好职业教育什么的,要让技术人才真正受到尊重,有必要恢复八级工资制①。我很怀疑,这个可能吗?

郭:具体怎么做呢?你肯定不能再回到计划体制里面去。关键是,技术的变化太大了,一定要有专门的人来研究这个东西,并在研究基础上来定这个劳动复杂程度和技术熟练程度的标准。我们以前的八级工制度是参照20世纪20年代末苏联的,有一个现成的东西可以"拿来",而现在关键是我们没人能做出标准。这个非常麻烦。我们目前职教科研的重心几乎完全不在这个方面。

刘:朝上,就是科研的中心或重心,主要看政府部门的领导怎么说。以前听过一种说法,是说南师大、北师大跟华师大,三家师范大学在教育研究方面有什么不同呢?华师大是先看外面(西方学界)的怎么说,北师大是先看上面(中央)的怎么说,南师大是先看自己以前的怎么说。我觉得挺有意思的。

郭:有意思。但跟着政府,你不要说北师大,其实我们比北师大贴得更紧。因为我们这种性质的教科院所就是地方政府直接举办的,它肯定是要更加贴近政府的需求的。你说我要面向市场为基层服务,那当然也是一个方面,但那并不是我最主要的任务。

刘:听你讲话,跟我之前想象比较一致的地方,就是你对职教的这种情感投入,还有你的思维从现实出发的那种成熟。

郭:实话实说,是吧?我父母说我做的那些算不上科学研究,我就跟他们举一个典型的例子。你说上海要不要对农民工子女开放入学?要。肯定要!对吧,大家都会说,我知道要,道理上讲也是要的。但是你一旦开放入学以后,教育的方方面面会带来什么问题?这些问题会造成什么后果?你这个后果有多大?会产生多少影响?这些影响可控不可控?这些东西,华东师大单纯搞教育学原理研究的人,他们恐怕很难做得了,才需要我们这种机构来做,我们现

---

① 按照生产劳动复杂程度和技术熟练程度将企业工人工资分为八个等级。1956年开始统一实行,1985年后各企业不再统一要求。

在就在做这件事。对农民工子女开放入学,怎么开放?什么时候开放到什么程度?会有什么样的风险?我们怎么样让它可控?这是我们做的事。就让他们逐步一点点理解,这什么叫政府导向。你们讲的道理上都对,关键是该怎么做才是最符合实际的选择。所以我常说,你们当大学教授,我非常羡慕,可以"站着说话不腰疼"。如果我只管站在批评家的立场上,我就永远正确。从实际出发,解决实际问题,我觉得可能是我们这种应用型科研院所存在的必要。要不然的话,真像我父母讲的,像我们这种研究机构要它干吗?不就是领导秘书班子就行了嘛。我想,可能这就是我们这种地方性的教育类科研院所的工作人员,跟高校里的那些教授学者不同的地方。而德国的职教研究呢,它主要有两支队伍,分工各不相同:一支是各大学里面的"职业教育学"研究队伍,相对比较超脱,重点是研究"职业科学"方面的理论和具体的"专业教学法"的,大政方针方面的研究并不需要他们太多参与;另一支队伍,研究大政方针的主要就是联邦职教研究所,他们是定政策、定规划、定标准、定规矩的,甚至就是定法律的,因为他们搞出来的东西就是法律。所以实际上联邦职教所,起到这么一个作用。

刘:就是说联邦职教研究所研究的是相对宏观的那些东西。

郭:对。至于说"上海职教论坛",它其实研究的重点也是相对宏观的问题,如高职的基本问题、高职的基本特征、职教体系的建构。研究宏观问题的,与研究微观问题的要适当分开,不然都搞在一起就没有多少共同语言了。论坛后来的自然解体,其实也有这方面的原因吧。

刘:三位老先生更关注职教的大方向问题。

郭:对啊。问题是,我们职教所的定位主要是"为政府服务",政府就是管大方向的,新上来的官员和老先生们所谈论的大方向不一致时,我们该站在哪一边?这肯定不是一个简单的问题。我后来为什么怕给老先生写信,就是不大敢多谈。因为我知道,《中华人民共和国职业教育法》确定的时候,最高层面把"技术"一词"盖掉"了,老先生一直是非常耿耿于怀的。因为技术教育不彰显,谈高职培养目标的时候就常常没法谈了。但是既然国家现在用"职业教育"这一顶大帽子给限定住了,我们就必须尊重这个大帽子,而且它的内涵,《职业教育法》的具体条文里面还是包含了老先生们所强调的一些东西的。

刘:主要指培养高素质的技术技能型人才?

郭:那是这样,刚才说了高等职业教育这个概念,是从20世纪80年代开始的,当时叫"职业大学"为多。"上海职教论坛"发表的两篇影响最大的文章分别是在1995年和1999年,在这期间，1996年颁布了《职业教育法》，1998年又颁布了《中华人民共和国高等教育法》，两部法律都将高等职业教育包含在内的。那么照理说，关于高等职业教育的培养目标，在法律意义上应当是确定了的。1999年陈至立当教育部部长的时候，她请教了老部长何东昌定下来的，高职教育实行"三教统筹"，涵盖地方职业大学（职业技术学院）、高等专科学校和成人高等学校。

刘：嗯嗯。

郭：所以教育部高教司里面就专门成立了一个高职高专教育处。那个时候，这三类高校就统称为"高职高专教育"。2000年教育部出了个2号文件（《教育部关于加强高职高专教育人才培养工作的意见》），明确高职高专教育的培养目标是"高等技术应用性专门人才"，据说这是何东昌建议的。但实际上我认为它很大程度上是接受了上海职教论坛的研究建议，当时1999年我们发表的文章明确提出高职培养目标主要是技术型人才。这个文件提的"高等技术应用性专门人才"，名称虽然很长，显得比较啰唆，但表述还是相当准确的。而在这之前1999年的2号文件（《教育部、国家计划与经济委员会关于印发〈试行按新的管理模式和运行机制举办高等职业技术教育的实施意见〉的通知》）中，是将高职培养目标定为"实用型、技能型专门人才"的。刚过了一年，官方表述上就大变样了。其中的变化，应该说上海职教论坛的文章还是起了一定作用的。

刘：在《对职业技术教育若干问题的基本认识——上海职教论坛十年论文集》一书的附录"上海职教论坛大事记"里，我看到你们2002年到2003年两次确定会议的主题涉及"写作方法"问题，是不是主要考虑如何适应这种国家政策文件上的变化，考虑怎样去变通？

郭：对，这肯定是涉及的。你想，两位主持人都是领导岗位上退下来的，对吧？想必他们都明白这个背景，包括名称和概念的表述。所以前两篇重磅文章标题上都叫"高等职业教育"，都没有带"技术"两字。但在这以前，他们各自发表个人文章的时候基本上都是带"技术"的。而后面第三篇文章就是主题鲜明地提"高等技术教育"了，这篇我虽然没参与，但实际上可以看出他们一直想强化这个东西，就是高职教育是属于技术教育，惜乎影响不是很大。因为不直接鲜明地提技术教育，人家就感觉一批老中专的人真没什么用处了，或事实上已经没有太大的用处了。

刘：这叫名不至、实不归。

郭：不过，后来周济当教育部部长时又有新的变化了。当时2004年年初，我记得挺清楚，我跟马树超所长又到北京去给教育部"打工"。先一年的3月份，周济部长上任，他抓的第一件职业教育方面的大事，是中央财政投资职业教育实训基地建设。当时是高教司的葛道凯副司长和李志宏处长具体负责，我跟着马树超和华中数控的老总陈吉红（周济的博士后）三个人起草项目主报告，向财政部要10个亿，它实际上是为2005年开始的"十一五"再要100个亿做基础，就看我们这个项目做得怎么样。实际上就说当时要10个亿，是非常了不起的，现在可能10亿人民币不算什么，但当时作为央财直接投资职业教育是前所未有的一个重大突破。周济讲到什么程度？讲中国特色职业教育到底是什么？可能你现在一讲各国职业教育的典型模式，德国有双元制，澳大利亚有TAFE，美国有社区学院，那么中国有什么？好像什么都说不出。然后他自问自答，他说可能以后就是中国有一批政府投资的以职业院校为主的实训基地吧，这或许就是我们中国的一个特点、一个优势。至少周济部长当时他是这么想的。

刘：我曾碰到一位常州技师学院的老师，他到南方某个大省去参观了一个有名的职业学校，他们学校的设备很先进，然后他通过私下的途径了解到，这些设备是政府投入的，说是给这所学校的，但这所学校很新的设备都是不会给学生用的，而是给一些企业用，用了以后企业会给学校钱。

郭：这是执行当中、操作当中出现的问题了，但领导层做顶层设计的本意肯定不是这样的。当时周济认为三年前提的高职培养目标太啰唆了，应当简化，他提出高职的目标就是培养"高技能人才"。对这个提法，老先生们的反应非常大。因为按照以往惯常的理解，高技能人才是专指高级工及以上的，就是七级、八级工，加上技师、高级技师。那就是很典型的vocational education的最高层。高职是培养技术型人才的，怎么培养得出那样的高级工呢？根本不是一条路嘛，所以跟老先生们当初设计的"职业和技术教育"的体系完全矛盾了，所以"反弹"非常厉害。严老为此专门写过文章，虽然他没正面这么说，其实就是要跟周济部长商榷。我记得石伟平老师跟他带的博士也写过类似的文章，就是质疑高职培养高技能人才，我当面问过周部长：您说的高技能人才是什么样的内涵？他先回我一句：学术问题我们不讨论。然后又接着说：这也没那么复杂的，职业教育就是培养技能型人才，高职比中职高在哪？那就是高技能呗。后来我回顾当时的背景，就是2003年年底中共中央、国务院召开全国人才工作会议，出台了《关于进一步加强人才工作的决定》。文件的第一条中有句话，强调当前"特别是现代化建设急需的高层次、高技能和复合型人才短缺"。把高技能人才列入我们国家人才队伍当中，在中央文件里面这是第一次。在这种背景中，作为教育部部长肯定要有所动作、有所反应，我想他最直接的反应应该就是把高职的培养目标调整为高技能人才了。他认为职业教育就是培养技能型的，高职比中职高就高在培养高技能，就这么简单。他这种简单化的说法，恰恰是严老先生坚决反对的：不对呀，高职明明应当是培养技术型人才的啊。

刘：严老先生肯定显得忧心忡忡。

郭：是啊。让一个普通高中毕业生读三年高职，要他直接拿到高级工证书，他怎么拿得到？我也是与严老一样的想法，所以我就问周济部长，我说你讲高技能人才是不是会陷到劳动部的文件框框里面去了，因为大家都有约定俗成的认识，高技能人才在劳动部文件里一直就是专指高级工。周部长又回我一句：谁让你按照劳动部的文件去解释，你不会有自己的解释吗？好，这就给了我一个非常好的可能空间。因此，我参与2006年起草16号文件（《教育部关于全面提高高等职业教育教学质量的若干意见》）时，我分工负责起草开头的引言部分。在那里头，我就有意识地把高职院校培养的高技能人才做了一个新的定义。我是这么写的：高等职业教育培养的是"高素质技能型专门人才"，后面再出现的时候就简称"高技能人才"了，尊重领导同志的说法。对吧？前几个官方文件都说是培养"高技能人才"了，但在这个文件里第一次出现的时候，我给它一个完整的表述，就是"高素质技能型专门人才"。在这背后，我是有自己的理论解释的。首先，"高"，并不是高在"技能"上面，而是高在"素质"上。技能这东西，你说你高职就肯定会比人家中职高吗？未必！所以你说有时候技能大赛项目，高职生还不一定比得过中职生，因为有些技能，还就是从小学起更有优势。为什么要搞中高职贯通，其实中高职贯通最典型最成功的一个案例，我觉得就是护理专业，有一些技能，像静脉注射，你说初中生小女孩跟高中生大姑娘同样学这个，那还不是初中生更有优势吗？解放前，上海的纱厂招包身工，为什么都是到苏北乡下去找那些十三四岁的小女孩，就是因为这个年龄段的女孩手软，而十八九岁高中毕业的大姑娘，她的手肯定比初中生硬了、僵了。

刘：嗯嗯。

郭：所以说，第一，"高素质"。高是高在"素质"而不是高在"技能"，这个提法也符合以德为先的原则，体现立德树人，贯彻中央关于全面推进素质教育的精神。第二，"技能型"。这是当时教育部领导确定下来的：职业教育就是培养技能型人才。当然从广义上讲，这个技能型的范围可以更宽，应该包括我们说的技术型在内。第三，"专门化"。《中华人民共和国高等教育法》规定，高等教育是培养"高级专门人才"的，属于专门化教育。职业教育是不是专门化教育？不一定。"文革"前有一段时间，中专是归高等教育部[①]管的，而技工学校历来就是一直归劳动部管的。技工学校是按不同工种培养技术工人的，但工人在那时并不属于专门人才；而当

[①] 我国于1952年11月增设高等教育部；1958年2月，高等教育部被并入教育部，1964年7月恢复了高等教育部；1966年7月，高等教育部又被并入教育部。

时中专归高等教育部管，就是明确培养专门人才了。所以严老先生他们那批老中专一直讲他们是属于专门化的高中后教育，培养专门化的人才。他们对中专教育很有感情，同时他们骨子里总有一种感觉：我比技工学校就是应该更高一档。这倒不是因为它毕业生的干部编制比技校毕业生的工人编制更高一档，而是因为它在学制上学习时间更长、学习内容更多、学习要求更高。但是到了周济当部长的时候，他在管理中职的时候就一刀切了，把所有中专四年制专业全部砍掉，都改成三年制的了，跟技校、职高都完全一样了。然后他还花大力气推行过高职两年制，想要取代三年制高职，但后来是真没办法推，实在推不下去。

刘：中专情结，对严老这一代职教人来说是性命攸关的事。说砍就砍，必然反应也是挺大的。

郭：我当时把"高技能人才"诠释成"高素质技能型专门人才"，开始还一直担心能不能通得过，结果后来通过了，太好了，全国高职战线都有可能统一认识了，实际上也给基层高职院校校长们解决了一个方向性的大问题。本来我是高职，你让普通高中毕业生到我这儿来读三年拿高级工证书，我做不到啊。但现在好解释了，我的毕业生是"高素质技能型专门人才"，那么要达到劳动部的高技能人才标准就不是对我的硬性要求了，所以这个问题也解决了。当时我自己挺得意，觉得这或许是我对我们国家高职发展的一大贡献吧。但是没过两年，好景不长，领导又换了，提法又改了。

刘：开始提"培养技术技能型人才"了。

郭：这个是鲁昕副部长后来提的。她 2009 年开始主管职业教育，先没提技术技能型人才，提的是"高端技能型人才"。完了，我想这回该怎么解释啊？我没法替她解释，而且我感觉很郁闷，职业教育都去培养高端人才了，中低端人才就都不要了吗？职业教育不是要面向人人，面向基层，面向普罗大众的吗？中低端不要了，就包括现在某些城市搞的"清除低端人口"什么的，包括在中心城区把低端产业赶出去之类，我觉得弄不好要出问题的。

刘：可能会出一些社会怨恨。美国社会学家有研究的，城乡接合部的棚户区是促进城市繁华的一个重要的输血站。

郭：这事情咱不扯太远，咱们就讲当时我还没想好怎么解释鲁部长提的"高端技能型人才"，不久我又在一次会上亲耳听到她说：你们要注意，我讲的高端技能型人才，不仅是高职的培养目标，中职的终极目标也是高端技能型人才。糟了，这个，我更没法解释了。

刘：这就又回到一个根本性的问题上去了，就是高职高在何处，高职高在什么地方？

郭：然后又没过多久，她又变了，明确说培养"技术技能型人才"了。这一回，我觉得终于又可以有比较完美的解释了，因为兜了一个圈子又回来了。培养"技术技能型人才"的提法，切合当今国际上据主流的TVET（technical and vocational education and training）即"职业技术教育与培训"的大概念，上面延伸到高职乃至应用性本科，下面延伸到非学历的培训，前面一个T是"技术"，后面一个T是"培训"。从国际比较的角度来讲，是与联合国教科文组织强调的TVET接轨；而从我们国家历史传承来讲，那就是黄炎培先生的"大职业教育"思想。黄炎培提出了大职业教育主义，他在理论上并没有很严密的论证，他讲得很随便，非常朴素、直白，用的是非常通俗易懂的语言。他就讲了三句话：第一，只靠学校不行；第二，只靠教育界不行；第三，只靠农工商职业界也不行。如今，要谈构建现代职教体系，还是离不开黄炎培多年前提出的这一宝贵思想。

刘：嗯嗯。我们必须在历史传承中才能更好地前进。

郭：是啊，最近大家都在谈学习十九大的体会，我的认识就是，我国现代意义上的职业教育近百年来的发展，一直到今天中国特色社会主义进入了新时代，终于有人能够准确地回答这个问题了：黄炎培的"大职业教育主义"思想的内涵到底是什么？习近平总书记用了四个字来回答，叫作"产教融合"。这是在2013年十八届三中全会发布的《中共中央关于全面深化改革的若干意见》里面首次出现的。

刘：我记得看过的职业教育文献中，好像早有人讲产教融合了。

郭：对，不少专家都跟我讨论过这个问题。但是我坚持认为2013年是第一次，为什么？你讲的前面国家文件里面有出现，但不是"产教融合"，是"产教结合"。"结合"和"融合"是有区别的，我认为字面上你可以认为它们是近义词，但我们分析一个词的内涵，关键要看它的上下文。我看到比较早的"产教结合"，在1991年国务院文件里面就出现过。但是1991年是个什么背景？它的上下文在讲发展校办产业的事，学校举办产业，这是当时的大背景，其一大目的是给学生提供生产实习基地，所以当时的产教结合主要是在工学结合的微观层面上。到1996年《中华人民共和国职业教育法》第23条也提到"产教结合"，但结合上下文来看，它是作为中观层面上的要求，讲办学要结合地方经济实际，要跟企业紧密合作，所以讲产教结合，实际上是在讲校企合作的问题。但是进入新时代以后，我们讲的"产教融合"，我认为从概念到内涵都变了，它已经不仅是职业教育，也不仅是高等教育，也不仅是教育，而且是从整个经济社会的宏观战略高度来考虑这个问题。前十几年我们一直在讲"校企合作、工学结合"八个字,一个办学层面,一个教学层面。2014年,习近平又多加了两个"合":校企合作前面加了"产教融合"四个字,工学结合后面加了"知行合一"四个字,连起来这四个"合"十六个字,我认为这是从宏观到微观指明了我们职业教育的发展方向问题。"产教融合"到底是什么内涵?2017年年底十九大开完以后,12月份国务院办公厅就专门发了一个《关于深化产教融合的若干意见》,这里面对产教融合的内涵有比较深刻的解释。我认为其实就这三句话:一是促进经济社会协调发展的重要手段;二是融入经济转型升级的各环节;三是贯穿人才培养的全过程。这里并没有直接讲到教育和职业教育,都是从经济社会发展的宏观角度、从战略性的高度讲的。所以很多地方学校现在把产教融合理解为校企合作的一种同义词或者代名词,我认为是绝对错误的。产教融合比校企合作的层次要高得多了。

刘:这个是肯定的。

郭:我在很多论坛和讲座上都发表过这样的观点,我个人认为:"产教融合"是习近平新时代中国特色社会主义思想在指导现代职业教育体系建设中的一个重大理论创新,也是对近百年来"大职业教育"的发展做出我们今天新时代的正面回应。党中央强调深化产教融合,赋予了"大职业教育"思想全新的诠释和实现新时代高质量新发展的指导意义,实际上就是在回答黄炎培近百年前提出的"大职业教育主义"到底是什么内涵这个问题。他讲的"农、工、商职业界"是什么意思?按照今天的理解,我们可不可以理解为第一、第二、第三产业?他的意思是说单靠教育界不行,单靠产业界也不行,那么只有靠产业界和教育界密切合作,而且是一种深度的融合,才能真正解决问题。这从1917年黄炎培成立中华职业教育社,那一批创始人名单就可以看得出,48个发起人,我们很容易想起的就是这么几个人,黄炎培、蔡元培、梁启超,再加上一个张謇作为产业界的代表。其实,他这个组织的人员远远不止这些,关键是有大量的产业界代表,至少占到一半的比例。这是跟当时其他教育社团明显不同的地方。

刘:现在其实没有这种比较有影响力的学术组织或教育社团,大多是官方在组织的那种。

郭:是,当初,你要说官方,从某种意义上黄炎培也代表官方,他毕竟当过江苏教育厅副厅长,其他的发起人里还有的当过国务总理、外交部部长什么的呢。当时在民国的学制改革等方面,黄炎培他们还是很有影响力的,也是有实际权力的。但关键就是我说中华职教社这些人员的结构跟其他教育社团很不一样。其他的教育社团,要么就是教育界、文化界的名人,要么就是官场上的实权人物,实业界的也有,但可能那些实业界人士主要是"拉来赞助"的,或者是从他家族企业的捐资助学这个角度来参与的。

刘：企业家必须是很有教育情怀的。

郭：这个是属于他个人做好人、做善事来支持你去办教育，而不是他自己作为产业界的代表来参与教育。而在中华职教社这里，不管是张謇、宋汉章，还是那些纱厂老板什么的，这些人代表的并不是他们所在的那些企业，而是当时那一行的社会产业。他们是产业界的代表，不是说穆藕初就代表德大纱厂，聂云台就代表恒丰纱厂，而是这二位就共同代表着当时的整个棉纱纺织行业。当然，还有那些曾经的总理和部长之类的政界人士，广义来说他们也可以算是产业界的人吧。所以实际上，中华职业教育社成立的时候，就已经考虑到了职业教育的跨界性。实际上产教融合的理念已经在那时就初现端倪了，中国特色的职业教育发展实际上也是这个时候开始的。中国特色的职业教育以什么为代表？我想来想去，咱们还是学校教育，跟德国就是不一样。德国职业教育是直接从企业培训发展过来的。咱们中国从黄炎培先生开始，就在发展学校教育，用学校教育的形式来发展职业教育，这可能就是一种中国特色；改革开放以来，咱们进一步用高等学校教育的形式来举办职业教育，在世界上首创了高等职业教育的概念和内涵，这更加体现我们的中国特色、中国模式、中国道路了。为什么我们跟国外一比较，老觉得我们落后，我们职业教育好像什么都不如国外的。跟德国比，这个不行那个不行，你拿你自己的短处跟别人去比当然不行了。那么，你有没有考虑过拿自己的长处跟人家去比比呢？

刘：也就是说，原来的中专校也正是能够体现你所说的中国职业教育特色的。

郭：过去老中专的职能，现在以高职替代了。如今，只有高职还可以说，我是有 technical education 的内涵的，所以鲁昕副部长后来讲培养技术技能人才，我认为这是很有积极意义的。现在你要再问我高职教育的培养目标应该怎么表述，我会说是"高素质技术技能专门人才"。强调立德树人的"素质教育"、强调"技术技能"的职业教育、强调"专门化"的高等教育，这三个东西加在一起就是高等职业教育的培养目标。你要简称"高技能人才"也可以，但是完整的内涵就是我界定的这三个方面。

刘：可是这算不算是一种曲解呢，或许叫作强作解释？

郭：你是说，领导当初提出的那个说法，但他其实未必有那个东西，对吧？就像我们现在的小学语文课上，老师对学生解释说作家在这儿想要表达的是一个什么思想，也许作家本人会说：我写的时候根本就没这么想过啊。哈哈哈，这很正常的。我觉得这也是我们做学问，至少是我们作为地方政府部门设立的科研机构的责任，我们有必要也有责任来引导这个东西，包括引导舆论、引导大众，要把它往积极意义上面牵引。作为领导可能后来也会回过神来，心中暗想我原来倒是没考虑到这么多，现在看起来我还是挺高明的呢。

刘：你们提供的可以叫"官方知识"。就是解释权完全掌握在政府手里，而你们就成了政府解释权的代理人。

郭：对，对。你得从正面给他解释，哪怕那个提法可能是有问题的，甚至是错误的。比如说，有不少教授学者到现在仍对1999年中央文件（《关于深化教育改革全面推进素质教育的决定》）提出"素质教育"这个概念还耿耿于怀，说素质教育这个概念是错的。为什么？因为"素质"这个东西是先天的，你怎么能拿来教育呢？对，它本身就不是一个严格科学定义下的概念。但是我说老兄，我当然知道你讲的"素质"那个词的本义，谁不知道？但问题是，现在党中央早已确定了的大政方针下，"素质教育"这个词早已经有了它固化了的特定含义了，你再去追究说"素质"那个词本来跟教育没什么关系，那还有意义吗？你说"素质教育"这个词用错了，以后不要用这个词了，那你说该用什么词来替换？就算你找到某个新词，你认为它是最准确最科学的、应该拿来替代"素质教育"的，但它能得到全国人民的认可吗？所以我个人觉得，在这种语词表述上的纠结实在是没什么必要的。

刘：素质教育一词的英文翻译，后来教育主管部门曾统一为"quality-oriented education"，其实就是教育注重质量之意。听你的一席话，我想起以前在电视上看台湾的李敖讲过一位西方学者的说法，大意是：我爸爸通过研究发现人类历史上很多问题的争论，都是语词的争论，有90%，然后我进一步发现，另外10%实际上也近乎语词之争。

郭：对，是的。我觉得这也是给我们搞学问的留下这个研究的空间，我们要正面去解释，要赋予它积极的意义。当然这也对我们这一行提出了更高的要求，要求你得有更加深厚的学术底蕴，才能做到"自圆其说"。我一直认为我们搞科研的，"自圆其说"是最低的要求，但也是最高的境界。所以马所长当了副院长，我接替他当了所长以后，还在年过半百的时候到天津大学教育学院去读职业技术教育学的博士课程，打算在肖凤翔教授那儿申请个在职的博士学位，可惜后来因为生了一场大病不得不放弃了。但不久又正赶上我们教科院的博士后科研工作站要重新激活，哈，我摇身一变，反倒直接成了博士后合作导师了。虽然就我个人能力上讲，这实在有点勉为其难，但从我们研究团队的承前启后来看，却又是责无旁贷的事。说起来还是那一年，我做完手术后刚醒来时，躺在病床上胡思乱想，竟然把中山先生的遗嘱"余致力国民革命，凡四十年……",斗胆篡改成了"余致力职业教育,凡三十年……"(见《职教学苑草木集》第249—250页),真是不好意思,实在见笑了……

刘:哈哈哈,非常感谢你这一番真诚的谈话,相信会有不少研究职教的同行可以从中得到启发,承前启后,不断提升学术水平的。

郭:学人之间,彼此能聊得来就是最好的吧,我所说的也只是供参考。

第十章 "没吃吃喝喝的事,反正在一起什么话都可以说"

——对话"上海职教论坛"发起人、教育部职成教司原司长杨金土

> 学术工作和其他工作脱离是不现实的,但是,学术工作要有相对的独立性,否则,就要失去自己的价值。同时,学术工作要注意纯洁性。[①]
>
> ——杨金土

访谈时间: 2019年3月26—28日

访谈地点: 北京市赤峰宾馆

一、话人生福:从农校学子到职教司司长

刘　猛(以下简称"刘"):杨老您好!非常感谢您能接受我的访谈。您有没有写自己的传记啊,我感觉您的文笔好,写作能力很强的。

杨金土(以下简称"杨"):我不写传记,我这个人没什么值得传给后人的东西。

刘:不会吧,我估计您的经历肯定还是挺丰富的。我们可否聊得随意点,我先说说我的这项研究情况。

杨:好啊,你既然来北京了,就多待两天,我们可以好好聊聊。

---

① 杨金土.职业技术教育学学科建设的基础在于科研[J].职业技术教育,2009(06):67.

刘：我的这项研究其实是关于职业教育研究的研究，集中的主题是一些优秀的职教科研成果在特定的时空条件下是怎么出来的，视角主要定位于职教学人群体所组成的学术研究组织。我前面给您写信谈到过，《严雪怡文集》四卷本的第三卷收录了您与严老的学术通信，我看得非常入迷，几乎是一口气看完的。不时地私下在想，要是早能和你们二老"混"上一段时间，该有多好啊，我对职业教育很快就能熟悉许多，而且对某些方面的理解就可能少走不少弯路。还有，你们那种书信交谈的方式，我感觉到是一种比较纯粹学人之间的思想碰撞，而且有着彼此互相关爱的深深情谊。我也看了严老和其他职教学人之间的通信，其中有一位是（河南）黄河水利职业技术学院的张振元老师，和严老通了 20 多封信。张老师是有疑则问，不遮不掩，严老是知无不言，言无不尽。我觉得现在的话，我们要想与他人写一封与学术交流有关的信比较难，要想得到较好的回复恐怕更难。没有一定的熟悉度，谁会理你啊。记得 20 世纪 80 年代末，我上大学的时候，因为读到《文汇月刊》上一篇写朱明瑛的报告文学，非常激动，就给这篇文章的作者周玉明写了一封信。当时她是《文汇报》有名的大记者，但她很快就给我回了信，没有一点点架子，非常亲切的交流与鼓励令我至今难忘。我也一直珍藏着这个信件。我在读你们之间的书信时，我就在想我 2005 年开始做的博士论文，是与教育学方面的知识生产有关的。我能确定的是学术组织成员之间的积极互动，对推进知识生产具有重大的意义，它几乎是知识人创造性生活的核心部分。学术本来就是需要平等交流的，需要不断地对话才能生成真正有价值的思想。去年，我到上海电机学院和上海职教研究所分别采访了杨若凡和郭扬，他们表示自己的治学都深受您、严老和孟老三人的影响，你们发起成立的"上海职教论坛"是他们学术成长的精神熔炉。杨若凡非常钦佩孟老的谈吐、风度与才华，坦陈是孟老的长期粉丝。采访她时，您熟悉的刘晓保老师也在，他后来在送我出校门的路上对我说，上海职教论坛十多年过去了，他现在看不到职教界有你们这种讲话有高水平的人了。那天我去采访郭扬之前简单地列了一个提纲，主要想问的五个问题是：何以在上海？何以这些人？如何进行研讨？成果有何影响？组织又何以式微？郭扬说他真正参与上海职教论坛的时间不长，所以对其中的一些问题无法深入交流。另外，我知道你们搞这个组织非常强调的是民间性，但我个人感觉你们只是打着民间性的旗号，其实你们和体制有着非常密切的联系，而且你们作为体制内退休的官员，包括严老，他是从校长岗位上退休的。我觉得这仍然是你们体制内所经营事业的一种延续。但愿我这样说，杨老不要介意。当然，这是我十多年来唯一报成功的教育部（人文哲社）课题，从我观察到的情况来看，申请课题多的人一般都是人际交往能力比较强的，而我自感这方面能力不足，但我还是很想把这个课题好好做的，所以我就特别想采访杨老您，期望得到您的加持，这也是我的初衷。

杨：我希望我们的交谈放开点，不要太功利，不要仅仅为了某个目的，最好能够做到心心相通。这样我也能很放松地说自己想说的话。首先，我建议你以后不要太在意所谓"体制内""体制外"的事，它们之间没有那么大的距离。我认为，搞学术的人就要有独立思考的品格，如果离开这点，学术研究的创新空间肯定受到很大的限制。所以，我希望你的研究未必非要追随现行的课题审批制度。你已经拿到教授职称，应该可以放开点，让自己的学术生涯更自由一点。何况在课题评审和成果评审过程中，还存在某种与体制无关的干扰因素，影响评审过程的纯洁与公正。

刘：实际上我观察下来，你们这三位学人是有共同的价值取向的。你们所受的教育传统深深地影响着你们。

杨：这是自然的。我们都认为，真要做学问，你就不要太在乎别人的评价。

刘：但是目前大学里的绩效考评会给人一种很强的压迫感。这些评价都是先将你发表的著作或论文量化为具体的分数，再计算成具体金钱的分配，有时会搞得人很没有尊严感。你用心写一篇文章，但发表的杂志不是C刊，就不会有分数。

杨：我的意思是说不要太在乎，不要把自己放在一个很被动的位置上。实际上，所谓"体制内"和"体制外"并不是相互割裂的，更不是对立的。"体制内"并不排斥个人利益的需求，身在"体制外"也不能忘却为国为民的处世宗旨。据说梁漱溟先生的座右铭是八个字——"独立思考，表里如一"。我理解他讲的"独立"并不是要独立于"体制"之外的意思，而是同在为国为民的宗旨之下，对于如何鉴别是非、如何正确对待、如何做得更好等问题，要有自己的思考和主张，这既是一种责任，也是一种应有的品格。尤其在科研领域，如果过于在乎别人的评价，就有可能丧失这种责任和品格。根据我个人的生活体会，人要真正做到这八个字是很难的。尤其是作为一名政府工作人员，他的思想行为必须有一定的纪律约束，不能各行其是，以确保政令畅通，这是由公务员的职业性质决定的。在一线岗位上的要求比二线岗位更严一些也是很自然的。我所以要提前退居二线，因为我想有更多的时间搞调查研究。为什么我退休后要尽可能远离原来的单位？因为我想回到学校基层参与工作，在一个更宽松的环境里，看看我在教育宏观管理领域学到的新观念、新知识在实践中是否行得通。

刘：您退居二线时多大年纪了？

杨：58岁。1993年5月初，我在访问印度期间得病住院，回国后继续住院三个月，然后在家全休，司里的工作先后由两位副司长主持。1994年年初恢复上半班，并主动打报告，要求退居二线当巡视员，推荐副司长刘来泉担任司长职务。国家教委党组是1994年5月7日下文批复同意的。因此，我从1993年5月开始就没有再主持过职教司的工作。

刘：您退休是什么时候？

杨：是1995年10月。退休前几天，人事司司长找我说，党组决定让我在一个国际教育交流方面的基金会担任秘书长。我知道，这是一个美差，手中有钱，还可以经常出国，同时也是一项"难差"，因为我不懂基金工作，也不熟识外事工作，都要从头学起，所以这项任命，确实是党组对我的信任和照顾，可我谢绝了，请求党组收回成命，理由是既然已经退休，我想就以休息为主。实际上，我不想太为难自己了，更想趁当前还能自如走动的条件下，尽快回到学校基层干干。我在国家机关工作17年了，虽然也有机会到学校跑跑，但总是一个校外人的身份，总有一种不踏实的感觉。

刘：如愿了吗？

杨：如愿了。后来再也没有人来找我谈基金会这件事了。退休后的最初六年，我参与绍兴县（今绍兴市柯桥区）职教中心和涿鹿县赵家蓬区的宝峰寺林业中学的工作，是两所中等职校。绍兴县多年名列全国百强县的十名之内，而赵家蓬区是个国家级贫困区，我想同时在经济水平处于两个极端环境的两所学校，不定期地住在学校，具体体验一下学校工作的状况。因此，一所是包吃包住，年终还发个红包；另一所是自带一切生活用具，包括蚊帐被褥、杯盆碗筷，吃饭自购餐券，必要时还应该解囊捐助。工作任务是顾问性质，同时尽我所能办点实事，一直干到2002年年初才离开。六年干下来，分享过成功，也遭遇过失败，感悟是很多的，就个人而言，收获巨大。2001年9月至2007年4月，我参与上海思博职业技术学院的创办工作，曾任该院首任院长。

刘：您是1989年到职教司的，之前你跟你的前任司长孟广平熟吗？

杨：不熟，根本不熟。之前我在高教二司，他在科技司。

刘：那时的高教有几个司啊？

杨：高教有三个司：一司是管文科、理科的，二司是管工农林医科的，三司是管高等成人教育的。我是1978年9月9日到教育部报到的，1982年之前，我都在高教二司农医处，是一个普通科员，1983年年初农医分为两个处，我任农林处副处长，主持工作，1984年10月很意外地被任命为副司长。我的成长经历跟"农"的联系最紧，这就说来话长了。我生在农村，长在农村，中学读的是农校，大学上的是现在的南京农大，当时叫南京农学院，前前后后学了9年农。

1969年7月至1972年3月,我在宜兴和桥镇待了3年,在那里搞农业教育革命,参与创办了一个县办的"'五七'农大"。

刘:是下派干部吗?

杨:不是。当时南京农学院在那里有个分院,办在和桥镇的一个尼姑庵里,在"文革"前就办了。"文革"开始后,我当了两年多的"走资派",挨批挨斗。1968年年底,宣布我被"解放"。

刘:当时您结婚了吗?有家庭了吗?

杨:有了。来,我先问你,我看你的书(《职教话语的社会意蕴》)上自我介绍中写的是"'文革'肇始生人",你是不是1966年出生的?

刘:对。

杨:那和我女儿同年。你是(江苏)射阳人?在县城吗?你是几月份出生的?

刘:在射阳农村,我是1月份出生的。

杨:那我到射阳时,你刚刚出生两个月。我是1966年3月初到射阳的,在射阳工作过半年,在那里搞"四清运动"。

刘:您是哪年大学毕业的?

杨:1959年。我从南京农学院农学专业本科毕业后留校当老师。真是造化弄人,其实当时我最不愿意的事就是当老师。

刘:那个时候大学老师的地位不高吗?还是有其他什么原因?

杨:不是因为地位不高,而是因为我很不喜欢这个职业。

刘:农校在哪里?

杨：在浙江金华,我的老家。我是很不愿意上大学啊,都是组织上安排的。因为我家里穷,我就想赶快参加工作,挣钱,养家。

刘：那个时候也没有多少可以挣钱的办法。我读初、高中的时候有那种饥饿感,就是和莫言小说里写的一样,总想偷吃东西。

杨：你出生的时候,老百姓最饥饿的时间已经过去了。三年困难时期(注：指1959—1961年)那才叫真饥饿呢!

刘：但是不想上大学的人是很少的。

杨：是啊。我1955年农校毕业,我们农艺科一个年级100多人,只分配25个人考大学,大家都认为上大学是一种幸运,只有我认为那是倒霉,因为我太想赶快工作拿工资,改变我家贫穷的困境。而且,我们这所农校办在离县城25里的乡下,参加高考,就要到金华县(今浙江省金华市)县城去,我身无分文,连报名费都拿不出来,何况离校那几天,吃饭也得自己花钱了。所以,两个礼拜的备考,其中第一个礼拜,我根本不用功,晚上在大操场放电影,我还偷偷地去看电影,我就是不想考上嘛。

刘：很奇怪,这个想法和常人完全不一样啊。

杨：是不一样。我当时去找班主任,希望重新分配我去工作。班主任根本不相信这是我的真实想法。班主任当时和我说的第一句话就是："年轻人,要说真话,哪有人不愿意上大学的呢？这个不好,这个不好。"我看他根本不会理解我的心思,于是就默默地离开了。其实这是一位很好的老师,直到去年去世前,我都和他经常有联系的,我每次回老家都会去看望他。

刘：后来怎么又去考了呢？

杨：后来我不用功的行为被我一个平日里相处很好的同学看到了,他问我为什么不用功考大学,我说我没有钱上大学读书了,现在还要去金华城里参加考试,算下来各种费用至少要5块钱。他说,你放心复习功课,5块钱我给你解决。后来他果真给我5块钱,也是向别人借的,可是到现在,他都不肯告诉我是向谁借的钱。

刘：当时上大学不是国家买单,不要钱吗？

杨：学费是不要，开始两年每月还有 2 块钱的生活补贴。我在那本短文集《溪流声声》（江西人民出版社，2005 年）的自序中说，我曾经得到过社会的巨大恩惠，最突出的事例就是我读中学和大学都没有交学费，而且吃饭也是国家补助的。如果没有这样的恩惠，哪有我的今天？

刘：您上了大学，家里也没法给你钱吗？

杨：刘老师，我家底子薄，父亲养家糊口的担子已经很重，而我上大学的时候已经 20 周岁了，在农村已经是一个正劳力，我不能帮父亲干农活，总不能再让他拿钱供我上学吧？所以我当初就向我父亲保证，我上大学四年，绝对不要家里再给我一分钱。那么，生活费呢？讲义费呢？衣服、鞋袜破了怎么办？牙膏、牙刷，毛巾、肥皂少不了吧？学习必需的笔墨纸张不可少吧？我决心通过自己的勤工俭学来解决。

刘：帮你的那位同学现在还在金华吗？

杨：他叫斯懋刚，现在住在义乌，因为他儿子在义乌。

刘：他没能和你一起上大学吗？

杨：没有啊。他农校毕业时被分配到永嘉县农业局工作了。第一年的月薪才 33 元钱，第二年开始大约是 37 元钱。我上大学的第一学期，他居然还给我寄来 11 元钱，第二学期到第四学期，每个学期又给我寄 15 元钱。寄完最后一次钱的同时来信说，下学期开始他就不再给我寄钱了，因为我的未婚妻，也就是现在的老伴，于 1957 年秋季从浙江农大茶叶系毕业，给我补贴的任务就转交给她了。此后两年，我确实得到了她的资助，由于未婚，加之男子汉的自尊心驱使，我不好意思多要。不过经济压力已经小多了，实在熬不过去的时候还是会开口的。无论如何，斯懋刚是我人生道路上的一位大恩人，也可以说是我生命中的一位贵人，如果没有他，我此后的大半辈子经历都要完全改写了。

刘：这么说，他们两人先后的资助还是不够你花的。

杨：当然不够，更多的还是靠我自己课余打工所得。所以当时的假期，对我来说真是宝贵啊。干得最多的，是去本校农场打工，一天五角钱。其次，到建筑工地上敲石子，一个立方米六角钱。还有，因为我的字还算过得去，学校的"讲义室"——实际上就是个教材生产车间，因为当时的教材多为活页讲义,用蜡纸刻写后油印的——有时候叫我去刻写蜡纸,刻写一张蜡纸三角钱,这个活,既轻松,又自由,可以拿回宿舍里做,可是并不是经常有这种活干。你可以想象,那个时候假期对我是多么珍贵,所以到南京的前三年半都没有回过家,直到1959年毕业前的那个寒假才第一次回家,那还是我们班的团支部书记"强迫"我回家的。他对我说:"再过半年就毕业了,到时候不知道会被分配到哪里工作,如果去得很远,你就更没有机会回家了。我知道你没钱,我已经给你借了30块钱在这里,无论如何你也要回去看看你父母了。"直到现在,每当我想起这件事情,依然感激万分。也因为有过这样的经历,所以使我对于朋友的情谊都特别珍惜。

刘:有个问题很傻,但是我还是想问:您之前春节不回家会想家吗?那时肯定会特别挂念依恋过的亲人啊。

杨:怎么不想家呢?问题是假期的时间花不起,回家的路费花不起啊。

刘:您的中小学阶段还比较顺利吗?

杨:不顺利,我1935年出生,上小学阶段,因为日军侵略,耽误了很多时间。由于家境贫困,父母亲是咬着牙让我读完小学的,我自己也吃过许多苦,不过比起村里的同龄人,许多家境比我家好的孩子都没有机会读完小学,我还是幸运的。12周岁时,为了照顾病重的母亲,我不能再上学了,直到1950年秋,才意外地有了重新上学的机会。

刘:怎么会有这样的机会,是新中国成立的缘故?

杨:是的。1950年夏天,同村有几位正在金华农校读书的年轻人,回来动员失学青少年复学,我父亲也成为他们的工作对象,可是我父亲有点疑虑,因为我母亲于当年5月1日去世了,家境雪上加霜。他去请教一位邻村的老先生,我父亲对他说,有人要我儿子重新去读书,可是我儿子已经16岁(注:指虚岁)了,年岁是不是太大,被人笑话?况且,他妈刚刚去世,眼看马上就要土改,我正需要有个帮手。老先生说,笑话谁呀,现在,他们这一辈人都被日本鬼子耽误了,你儿子的年纪肯定不会是最大的。再说,土改之后,读书的人一定会越来越多,多识几个字总是好的。这三言两语,就把我父亲给说服了,他回来对我说:"你准备准备,到时候去考考看,如果考不上,就不是我的事了。"这样,我又有了继续读书的机会。所以,如果没有新中国的成立,就没有我上中学的机会;没有我父母的恩德,我连小学都读不完。

刘：这样你就上了金华农校,当时农校毕业包分配吗？

杨：是的,包分配。那个时候,上农校和师范学校都是免学费的,所以往往是家庭经济情况不好人家的选择。

刘：后来大学学得怎么样？

杨：当时,考试成绩的计分方式是优、良、及格、不及格四档,我的期末考试成绩,大部分学期有一个良,其余是优,少部分学期全优。

刘：为什么不想留校当教师呢？

杨：因为我喜欢直接搞农业生产或者搞农业科研,所以我的第一志愿是黑龙江友谊农场,第二志愿是中国农科院,当然,也明确表示坚决服从组织分配。我到人事处报到后,他们把我的编制放在农学系,职务是助教,但工作是在校党委办公室,我接到的第一个任务是给学生科抄写当年毕业生分配的榜单,于是我就有机会看到了原始的分配表格,发现我原来是被分配到"中国农科院原子能研究所"的,是后来调换到南京农学院的,这就使我更加懊恼,可是木已成舟,无话可说。

刘：这么说,实际上你没有真正当教师。

杨：是的,不过在党委办公室也只干了大半年时间,而且其间还有两个月被派到省委宣传部教育处,协助筹备1960年举行的全省"文教群英会"。

刘：然后还是回到学校党委办公室了？

杨：是的。不过1960年7月,就把我调到了本校的实习农场。那是1955年在长江北岸的一片滩涂上围垦而成的新农场,面积一万余亩,机械化程度较高,分为三个作业区,一个作业区即一个生产队,让我担任第一生产队队长。可想而知,这样的工作性质是符合我本人意愿的,但是我的身份仍然是教师,而且农场里面还有一所专科学校,招收初中毕业生,包括当时的初等农业中学的毕业生,设置农学、畜牧兽医、农业机械三个专业,学制四年,实行半工半读,社来社去。那是一所非常典型的农业类职业技术学校,组织上要我当生产队长的同时,还要在这所学校兼任农学专业主任和作物栽培课教师,说明我还是一个当教师的命,怎么办？既然改变不了环境，就改变自己呗，慢慢地适应起来，然后就慢慢地喜欢上了这个职业。

刘：那个农场里有收割机吗？

杨：有的。小麦的耕、耙、播、收，全都机械化了，但是因遭大风而倒伏的小麦，还得人工收割，半机械化地进行脱粒。棉花、玉米、大豆的耕、耙、播，也是机械操作的。唯有水稻，除了灌溉之外，全部都是人工操作。而全场只有我们第一生产队有水稻生产任务。

刘：生产队里有多少工人？

杨：我刚去的时候是 30 多位工人，多数是夫妻成双成对的，他们是 1955 年建场初期从当地农民中招聘的，所以他们的行为习惯与农民无异。这对我而言倒很合适，因为我自小就生活在农村。1961 年，从南京来了 30 多位插队知青，高中毕业和初中毕业的都有，男女大体各半。我们称原来的工人为老工人，称知青为新工人。一直到现在，部分工人和我还有联系。

刘：现在有很多人回忆录里写知青，说是很难管理的，说他们不能适应农村的环境，偷鸡摸狗的很多。

杨：没有，没有。怎么不好管理呢？他们的月薪很低，刚到农场的时候，高中生 18 元，初中生 16 元，但多数都能够自律的，少数初中毕业的男生调皮一点，但都没有大的不当行为。当时还曾经分批选拔部分知青考大学，而且都考上了，后来有的还当上了教授。可惜给上大学的名额有限。"文革"之后，大部分陆续回城，都有了稳定的工作，有的还成为大企业的中层干部。有一位知青一直留在农场并自学成才，搞水稻育种颇有成就，还被本校农学系聘任为讲师。这说明这些知青都有很强的潜在能力，就看是否有让他们充分发挥的机会。现在，他们也都 70 多岁了。2013 年 10 月，我们第一生产队的新老工人在南京聚会，要我去参加，我去了，久别重逢，大家都激动得很。

刘：青春岁月的美好记忆被激活了。

杨：是的。我体会，无论作为一个基层干部对待工人农民，还是作为一名教师对待学生，对生命的尊重，对人性、对个性的尊重，是最最重要的，也是最值得反思的问题。我所以特别拥护教育应以人为本的观点，真真是我的切身体会，因为我确实得到过社会的巨大恩惠，中学到大学的学费全是国家的钱，没有这个条件，根本上不了中学和大学。

刘：您后来怎么会到宜兴县的呢？这是哪一年？

杨：1969年7月，我就去到宜兴县和桥镇的一个原来的尼姑庵里。在"文革"以前，南京农学院派出一批教师和管理人员，联合宜兴县政府派出的人员一起，在那里办了一所"宜兴分院"。我在那里没有任何职务，和另外两位同志一起，在分院领导身边打杂。1970年年初，县政府正式下文，利用"宜兴分院"的场所和师资力量，办起一所"宜兴县'五七'农业大学"。学员是各公社大队及以上的农技员，教学内容主要围绕当地主要农作物水稻和小麦，教学方式是在作物生产的每个关键性环节到来之前，召集学员来校学习，针对即将到来的生产需求，教授相关技术，必要时在学校附近准备好有关的生产现场作为示范。每一次集中学习称为一个学段，每个学段时间的长短根据教学内容需要而定，短至三五天，长至半个月，在冬季农闲季节，则集中更长时间实施比较系统的教学活动，包括必要的基础理论传授。每个学段结束之后，学员立即返回各个公社，召集全社生产队的农技员，有时还包括生产队长，到公社接受培训，"农大"的学员就成为老师，培训内容自然就是刚从总校学到的技术知识，同样尽可能采用现场示范的教学方式。于是，各公社实施的这种教学组织形式，就称为"'五七'农大分校"。

刘：很有意思，这是同当地农业生产紧密结合的农业教育方式，也是一种职业教育吧？

杨：是的，确实是一种很有意思的教育实践尝试，就其内涵而言，也属于职业教育类型。回想起来，我在农业中专学校读书5年，大学毕业后不久就参与半工半读的专科学校工作，然后在宜兴参与了这所"'五七'农大"的创办。没想到的是，我退休前后的20多年，更是全力以赴地投身于职业技术教育事业，也许这就是一种缘分。

刘：你在宜兴分院干了多久？

杨：两年零八个月。1971年夏天，我还曾被江苏省教育行政部门借调去三个月，参与筹备全省教育工作会议的工作。1972年4月离开宜兴，到了扬州。

刘：怎么到扬州而不回到南京呢？

杨：扬州原来有一所苏北农学院，1972年年初，上级领导决定把南京农学院迁到扬州，同苏北农学院合并成立"江苏农学院"。那时候，校系两级有"革委会"，分别有军宣队和工宣队的人员兼任职务。学校党的领导机构叫"核心组"，学校的管理机构也叫"组"，教学科研系统成立"教育革命组"，下设科研组和教学组，工作分工相当于现在的科研处和教务处。校领导命我离开宜兴到扬州,担任学院的教学组组长,兼"教育革命组"的党支部副书记,书记是一位军代表。"教育革命组"另有组长和副组长,都是"文革"前的校级领导,下面除了科研组和教学组之外,还分管图书馆、印刷厂、设备科、外语教研组和体育教研组。

刘:现在已经没有江苏农学院了。

杨:是的。1979年,南京农学院就迁回南京,江苏农学院后来与扬州师范学院等校合并为扬州大学了。

刘:您在教学组干了多久?

杨:干到1974年10月,我又被调到农学系担任党总支副书记兼"革委会"副主任,我和另一位副主任共同分管教学、科研。系里把1973级农学专业的两个班作为"教育革命试点班",还要我兼任这两个班的支部书记,相当于他们的班主任。其实,我在农学系的大部分精力是放在这个试点班上。这两个班的部分同学现在与我也还保持着联系。

刘:后来怎么又到了教育部的呢?您是哪一年到教育部的?

杨:1978年被调到教育部的,完全是奉命而来,因为我的父母一直在老家,他们的年龄越来越大,我曾经打过报告要求把我调回浙江工作,却反而把我调到离老家更远的地方,所以我很不乐意。

刘:调您到教育部,您不高兴?

杨:是的。1978年8月20日,校领导找我谈话,说:"教育部来调令,要调你到教育部工作。"我很感愕然,问:"我的请调报告看到了吗?"答:"早看到了。学校推荐了7个人的档案材料,最后只留下你一个,所以你我现在都处于同样的位置上,就是服从上级组织的决定。"这一句话就把我的嘴全封死了,毫无商量余地。于是我就问:"家属一起走吧?"答:"不,那边的住宅房正在建,等建好了再过去。"我再问:"给我多少时间移交工作和做准备?"答:"半个月。你有什么要求?"我想了想之后说:"请木工房给我做一只放衣服的箱子行吗?"答:"可以。"这次谈话的全部内容就这么多,时间不超过10分钟。9月9日,我就准时到没有一个熟人的教育部报到了。

刘:被选上之前您不知道吗?

杨：在校领导找我谈话之前，我毫无所知，据说，调令到了学校已经十多天才通知我。

刘：您当时多大年纪了？

杨：43岁。

刘：啊！选上来不是培养培养，准备提拔的吗？

杨：那是现在的概念，那时候可没有这个意思，我被安排在高教二司农医处，就是一个科员。虽然我很不乐意来教育部，但是干上之后，我倒是非常喜欢科员这个职位的，不负什么大的责任，可以看到学校里看不到的文件和资料，还可以跟着处长到各地的学校跑跑看看。我觉得，出差前借钱买车票，回来负责报销，平时做些笔录、誊抄，为处里领点办公用品等，干干这种杂活也是挺好的，可以使自己慢慢熟悉机关工作。这样的活干到1983年年初，农、医分设为两个处，任命我担任农林处副处长。

刘：你在南农就是副处级干部，到教育部怎么还要干四年多的科员呢？

杨：你说的也是现在的概念，过去可没有这么强的级别意识。

刘：后来是什么时候当上副司长的呢？

杨：1984年10月间，我正在四川省的凉山、雅安、成都等地出差，突然接到司办主任的电话，要我马上回来，没说为什么。回来之后才知道，部党组任命我担任高教二司副司长，这使我非常意外，因为我们司里还有好几位同志，与我年龄相仿，工作能力挺强，机关工作经历比我丰富，我真的不知道是什么原因，这个机遇会阴差阳错地落到我的头上。所以我从来不认为我当上副司级干部有什么了不起，个人表现虽然不是毫无关系，但主要因素还是机遇使然，也不是个人能够左右得了的。

刘：虽然意外，总是好事吧。

杨：那是自然。不过意外的事连续不断，1986年夏天，我突然接到通知，参加国家机关派往部分省份的讲师团，要我担任河北讲师团团长兼党委书记。这个团的成员是国家教委、国家计委、国家科委、国家体委、民政部、地震局等18个单位的180多名干部，绝大多数是二三十岁的年轻人，只有少数几位40岁左右的处、局级干部。我当时已经51岁了，自然是独一无二的"老者"。这个团的任务是根据中央相关文件的精神，分赴保定、沧州、唐山、承德、张家口五个地区，在省、地、县教育部门的领导下，按照各自的业务特长，安排在师资不足的中小学充当教师。我们就按五个地区，并以上述那几个人数较多的单位为主设立"分团"，那几个单位的骨干成员，当然就是各分团的主要领导。各分团下面根据各地情况设置"支队"和"小队"。实践证明，这些分团领导都有很强的工作能力，能够独立处理支教过程中发生的各种问题，我这个团长只要分阶段做好必要的布置，提出一定的要求就可以大胆放手了。于是我的主要时间都是不断地在各地转悠，与各级干部商量些他们认为比较棘手的问题及其解决办法，同时做点各地教育、经济方面的调查研究。那一年，我走了50多个县，看了高中及以下的各级各类教育机构，包括幼儿园，共计150多所，大大扩展了我的视野，增长了见识。

刘：然后又回到高教二司工作了？

杨：当然。不过从讲师团刚回来不久，国家教委一位领导就找我谈话，希望我接任已过了退休年龄的现任教委机关党委常务副书记，我说，我希望能够继续在业务司局工作。1988年年初，党组直接下文通知我去机关党委工作，我自然就不能再有二话，服从组织最后决定。只在就任当天，分管副部长找我谈话时，我说："希望有机会时，让我仍然回到教育业务领域工作。"他表示"可以考虑"。在机关党委，我有机会接触教委各司局办的情况，同时还有机会列席教委党组的会议，是在一个更宽广的领域边学边干，就这一方面而言，受益甚多。1989年，职业技术教育司有两位负责人即将退休，国家教委党组于当年1月21日在全体司局长会上宣布我担任职业技术教育司司长，但还兼着机关党委的职务，直到3月25日才宣布免去我的常务副书记一职，这两个月时间是两个单位兼顾着干活。以上就是我在教育部工作的简要历程。

刘：没想到杨老的经历这么曲折而复杂。有两篇硕士论文①是研究您的职教思想的，但我估计两位研究者都不太知道您曾经真正经历过什么。记得其中有一篇是唐朝华写的，在第13页说您是2004年加入了"上海职教论坛"，做这一"民间研究"群体十余年的主持人。把开始于1994年而结束于2004年的这个民间学术组织的关键时间节点都给弄反了。我觉得杨老要是有精力的话，应当自己详细地写一写自己的经历。

杨：我的这些经历其实都很平淡，我在《溪流声声》的自序中所写"干得普普通通，过得平平常常"，那是我这一生的真实写照。不过到了这个年纪，闲来无事，难免对过去有更多的回

---

① 两篇硕士论文皆为时任湖南农业大学的夏金星教授指导：一为2003年王艳平的《关于杨金土高等职业技术教育思想的研究》，二为2007年唐朝华的《杨金土职业教育思想研究》。

忆，其中印象最深的，倒不是顺风顺水的阶段，而是最艰难的经历，既然挺过来了，就能转化成为自己的精神财富。

刘：当时吃的那种苦对人的智力与体力都是一种极大的考验。

杨：人的成长是一辈子的事，生活优越并不一定就是幸福，有点挫折，甚至经受一点苦难，也不都是坏事。

二、道问题境：20世纪后十年的中国高职

刘：我有种想法，你们"上海职教论坛"的研究是很注重历史的，会根据历史的演变来进行思考问题，但是现在这样搞研究的人并不多。现在好多人研究喜欢搞各种时髦的数据，进行各种量化研究。有次我看到人大复印资料《职业技术教育》2014年第5期一篇转载的文章，研究涉及职教科研成果"第一作者所在单位的情况"，量化得很奇怪，比如我们学校以前叫"江苏技术师范学院"，2012年年底改名叫"江苏理工学院"，他就把我们学校当成了两种类型学校（一为"师范院校"，一为"普通高校"）在研究，搞数据分析，很荒诞。

杨：确实也看到一些标题醒目、内容平平或人云亦云的文章，不过，好文章也有不少。最近在《中国职业技术教育》杂志上看到对中国职业教育学校现状的调查报告，我觉得不错，还是值得看看的。现在想凑一篇文章实在太容易，想要什么资料都可以在网上搜到，东搜一点，西搜一点，很快就能够凑出一篇像模像样的文章。靠"知网查重"也解决不了这样的学术不良现象。我认为，干一件事情完全不讲个人的功利目标，可能太理想化，但是在学术研究领域，如果个人的功利目的性太强，就容易出现假冒伪劣的产品，一般的危害是浪费读者的时间，误导读者的认识，严重的后果是祸国殃民。做学问、搞学术还是要遵从社会公德，坚守科学精神，讲究严肃严谨的工作态度。在这方面，我挺赞赏中国教科院孟鸿伟先生的治学态度。他毕业于北大哲学系心理学专业，曾在中学任教多年，然后获得北师大的心理学硕士学位和香港大学的博士学位。他入职原中央教科所工作后，20世纪80年代初就开始参与一些中外合作的研究项目。90年代初，应联合国儿童基金会的邀请担任项目专家，他曾向亚太经合组织提出过很有价值的研究项目建议。1997年，应联合国教科文组织邀请，他成为起草"国际教育标准分类1997"的四人国际专家组成员。我们"上海职教论坛"也因此而邀请他到上海开了一次讲座，给我们解读这一标准分类的若干要点。而后，他还成功当选UNESCO统计所的第一届董事会成员。进入21世纪以来，他应邀担任多个国家政府教育项目的国际专家，然后又参加中国对外援助的几个项目的工作。但是，这样一位学术造诣颇深并在国际教育交流合作中做出显著贡献的专家，居然遭遇到研究员资格指标的障碍，于是，他就干脆放弃了研究员资格的申请，并

不在乎以副研究员名义退休。退休之后，他从国际领域的工作环境中迅速转身，借着在国内外工作中积累的丰厚经验，深入国内的学校基层，与一线教师合作，开展教与学的研究和开发工作。他淡泊名利，始终潜心于学术研究与教育实践的精神，令我十分敬佩。

刘：我曾经问过也在联合国教科文组织工作过的周南照教授，为什么联合国教科文组织几个著名的报告中基本上不采用我们国家的数据？他说，因为经济体系不一样，统计口径也不一样，人家没法用。

杨：这离我们这次聊天的主题太远，我们还是来谈谈"上海职教论坛"的事情吧。

刘：好，言归正传。我最感兴趣的就是你们这帮人，为什么退休后还这么有热情，坚持了10年有余来从事学术研讨，是什么样的力量能让你们三个人这么长时间聚集在一起？电机学院杨若凡老师说，听你们之间的聊天，会有醍醐灌顶的感觉。2000年，你们在上海电机学院成立了一个秘书处，等于说解决一些组织的事务问题。2004年，你们在上海搞了个十周年的纪念活动，后来就戛然而止了。我自己感觉到，你们这个论坛的多次研讨过程中，一定会有你们三个人之间学术思想的碰撞或争论，对这个，我很感兴趣。我根据你写的百年职业教育的回顾[①]，这个戛然而止是不是高专都被统称为高职了，而且当时上海职教论坛主要由电机学院牵头，实际上严（雪怡）老先生还是上海电机学院的灵魂人物，上海电机学院在2004年9月份也升格为本科了，所以他在高职里面也不要再说什么话了；还有，一年一次的"中国中青年职教论坛"也出现了，所以导致你们结束了这个"神仙会"。当然，杨若凡老师认为，这是由于孟广平先生去世了，这是最重要的原因。我还是再想听听您老怎么说，随便聊聊。

杨：你说的那几点，都不是导致这个学术活动组织结束的主要原因。为何结束的问题放到后面再谈吧，我还是从头说起好一点。我在前面曾经讲到，我从1994年1月恢复上半班，主持职教司工作的仍然是刘来泉，4月开始上全班，5月7日就退居二线。我对退二线之后的工作早有考虑，希望让我有可能多搞点调查研究。来泉同志对我很宽容，同意我不再分管处室，让我能够全身心地投入调查研究。我自选了两个题目，第一个是"中等职业教育和经济发展的关系"。这一年，我跑了七八个省级地区了解中等职教情况，同时手头上正好有72个国家的中等职业教育的数据，而后收集其他有关资料，做了一些比较和相关性分析。但是后来，我自己把这个成果否定了，因为虽然画出来的曲线很好看，但意义不大。

[①]《20世纪我国高职发展历程回顾》，载《中国职业技术教育》杂志，2017年第9期。

刘：这种东西偏数理统计，您对这个也了解吗？

杨：因为我在学校里学过生物统计学，许多原理是相通的。

刘：我学的东西偏文科，这类数学的东西我一直学不透彻，我如果对数学感兴趣，我读研究生就会选心理学了。因为其中要考一门实验心理学，经常要统计各种数据，我很怀疑它的可信度，实在入不了门。

杨：如果有足够的样本量，又通过严密的统计分析，其结果应该是相对可信的。如果样本数量不足，或统计分析不严密，自然就不可信了。像问卷调查的数据分析，还受到被调查者的主观想法等非统计学因素的影响，可信度也不容易高。至于还弄点假数据，那和统计学毫无关系，须另作别论。

刘：你想做的第二个课题是什么？

杨：我想做的第二个研究课题，就是搞有关高职教育问题的调查研究。因为1994年的全国教育工作会议上，中央领导同志的讲话都把发展高等职业教育作为一个重要议题提出来，时任国务院总理李鹏指出，今后高教规模扩大的重点是发展高等专科和高职教育。但是，当时我国的高职教育还在多条路上探索的过程中，人们对高等职业教育的疑惑颇多。因此，这一年的下半年，我花了大约三个月时间，从大庆油田开始，逐步向南，直到上海，我调查了十家大型的国有企业、十所职工大学、十所高等专科学校，就当时的人才需求和人才供应问题，认真向这些单位的同志们讨教。调查途中，我也到过南京动力高专，校长郑家泰是一位很有水平的学者，后来这所学校被并到南师大了。

刘：我知道的，2000年并入时，我刚好回南师大读研究生。听说是为了强化南师大的工科力量。实地调查使你感觉到最突出的问题是什么？

杨：这次调查学习，让我看到这些单位的一些实际情况，学到了一些我原来不懂的知识，听到了这些单位对人才需求和教育改革的许多意见。就我个人而言，收获是空前巨大的，这些收获，后来就成为"上海职教论坛"第一次会议上我的开场白的来源，也是"上海职教论坛"产生的第一篇论文第一部分内容的来源，这第一部分的小标题是"问题的提出"，最突出的问题是，企业的技术在升级，设备在更新，车间生产一线急需补充新的技术人才，但中职学校的毕业生胜任不了，大学输送的毕业生又适应不了这种需要。

刘：这么说，你们的第一次活动完全是以社会实际的问题为导向的。

杨：是的。我调查一个段落之后，脑子里储存了一大堆问题，回到司里向来泉司长汇报，并提出希望在上海组织一次座谈会讨论一下，希望能够拿出一点建设性的意见。结果，得到了来泉同志的高度重视和大力支持，所以我是受来泉司长的委托去上海组织这次活动的。

刘：为什么选在上海？

杨：因为1985年国家教委试办了三所五年制技术专科学校，上海电机制造学校是其中试办成果更为显著的一所，我也认识这所学校的校长严雪怡，他是既有丰富办学经验又热心研究的校长；同时，上海还有一所属于成人高等教育的上海第二工业大学，在探讨高等职业技术教育方面成果显著；而且，上海职教研究所的工作开展得很不错，当时的所长是成立强，工作很积极。再说，上海教育系统的思想也比较活跃，所以就选在上海了。

刘：这次研讨会是在1994年年底举行的吧？

杨：是11月上旬，当时还没有"上海职教论坛"这个称呼，只是一次普普通通的研讨会，会务完全由上海职教研究所承担。不过这个为期5天的小会，开得挺认真、很朴实，会后形成的那篇论文，在《教育研究》1995年6月号发表后没几天，我就应《中华文摘》要求，搞出一篇8千多字的摘录，刊登在该刊当年的9月号上。当时的背景，你可以具体看我的《20世纪我国高职发展历程回顾》一文，那篇文章重点写20世纪最后20年"五支力量"的高职探索之路，其实还应该有第六支力量——高级技工教育，由于我掌握的资料和数据太少而没敢写。那是这篇文章的一大缺陷。

刘：当时你们是围绕几个什么问题展开研讨的呢？

杨：当时我们认为急需向社会作出回答的有三个问题：一是什么是高职教育？二是为什么要发展高职教育？三是如何发展高职教育？第一篇论文《对发展高等职业教育几个重要问题的基本认识》，分成六个部分，就是试图回答这三个问题的，其中第二、第四部分是回应第一个问题；第一、第三部分是回应第二个问题；第五、第六部分是回应第三个问题。

刘：既然三个问题都回答了，为什么这个研讨活动反而越来越活跃了呢？

杨：这首先要归功于两个人：一个是严雪怡先生，是他对我说，1994年那次活动方式很好，应该延续下去。另一个是时任上海市教委副主任薛喜民同志，他分管上海的职教工作，非常关注和重视我们第一次研讨活动的成果。他不仅在许多场合宣讲那篇文章的主要内容，而且在推动上海高职教育发展的工作中付诸实践，这是对我们这种活动形式极大的鼓舞和支持。同时，大家觉得，发展高职教育更核心的问题也是最难说明白的问题，仍然是到底什么是高等职业教育。于是在原有基础上继续深入研究和讨论，又形成了第二篇论文《论高等职业教育的基本特征》。

刘：从你写的《20世纪我国高职发展历程回顾》一文中看，当时我国的教育体系中的高职教育已有多种形式存在，只是各有不同的矛盾。

杨：你说得很对。例如，高等专科的发展方向上，到底是一个类型还是一个层次？实际上反映它内在的一种矛盾。成人高校到后来招的都是应届毕业生，招的成人很少，到底往哪个方向发展为好？当时分管成人高校的高教三司司长董明传同志，在"七五"期间，与上海二工大校长汤佩铮等同志合作，承担了一个国家重点课题"高中后教育模式研究"，研究报告出来之后的1988年，曾向国家教委领导作了一次汇报，当时我在机关党委工作，有机会列席旁听。他们的研究报告指出，我国的高中后教育结构方面，存在着单一化和雷同化问题，认为成人高校今后的发展方向就是高等职业技术教育。虽然我当时并不知道自己日后会从事职教工作，但过去的许多工作经历使我对职教有一种天然的亲近感，因此对这项研究的结论非常赞赏，印象十分深刻。

刘：哎，过去都叫"职业技术教育"，中间"技术"两个字后来是怎么去掉的？

杨：这个名称的变化，我认为是由一种误解造成的，导致现在人们对"技术"与"技能"两者分不清，"培养技术技能型人才"这个概念，实际上存疑依然不少。

刘：职业大学有些什么问题呢？

杨：职业大学是1980年开始创办的，金陵职业大学就是当初创办最早的六所职业大学之一。1981年我曾经到苏州、无锡、常州、南京做职业大学的调查，发现教育行政部门都很赞赏，办职教的人说起来，更是慷慨激昂，信心满满。但是一到南大、南工（后来的东南大学），那就是截然相反的态度，说起来很难听，认为它们是寄生在老大学身上的学校。实际上，当时的普通高中规模很大，而高等教育规模很小，形成了所谓"千军万马争过独木桥"的局面，而"文革"结束后，全党全国的工作重心转到经济建设方面，各类人才奇缺，矛盾相当尖锐，所以职业大学的创办得到社会多方面的热情支持,全国职业大学最多的时候,发展到 128 所。但是,改革开放初期的地方财政对职业大学的投入不可能很多,所以办学条件确实很差,办学者的积极性也严重受挫,不少职业大学都要求去掉"职业"两个字。

刘:"金陵职业大学"后来就变成了"南京科技学院"了。

杨:那不仅是改名,而且升格为本科了,是另外一回事。金陵职大我很熟悉,那是职业大学中态度比较坚定而且也办得比较好的一所。

刘:四年制中专怎么也同高职联系上的呢?

杨:四年制中专,实际上是两年基础教育之后加上两年的专业教育,何东昌部长说过,它是一种成熟的教育制度。我到印度考察发现,他们也有类似的中等专业教育。四年制中专的学习年限只比大专少一年,但在学历层次上却差了一个等级,所以许多中专学校都想升大专。当时中专的入学分数很高,教学相当规范,教育质量也受到社会的广泛认可,毕业之后能够包分配,而且是干部身份。但是学历关系没有理顺,所以何东昌部长和当时分管教育部工作的李鹏副总理都说,要想办法理顺。改革开放之初,由于高中毕业生数量畸形膨胀,而高校招生人数很有限,因此大量的高中毕业生进入中专学校,为了与入学中专的初中毕业生有所区别,所以叫作"大中专",招初中生的就叫"小中专"。在整个中专招生数中,"大中专"所占的比例,最高时达到 80%,到了 1994 年前后,还占有 15% 左右,因为例如政法、公安、海运等行业,初中后的中专毕业生,仍然无法满足这些行业的实际需要,所以还是坚持招高中生。在这种情况下,就使普通中专在学历层次方面的矛盾更加突出了,这也是 1994 年、1996 年共计批准 18 所普通中专校试办五年一贯制大专班的主要原因之一。1996 年,五年制高职试点校在郑州举行会议,成立了"全国五年制高等职业学校协作会",后来在推动全国五年制高职的德育工作、专业建设、课程建设、教材建设等方面,发挥了重要作用,郑州铁路职业技术学院在其中做出过突出贡献。2000 年,教育部下发过一个文件,即《关于加强五年制高等职业教育管理工作的通知》,明确指出五年制高职是我国高职教育的组成部分。

刘:大中专与小中专在毕业证明上有什么区别吗?

杨:有的有,有的没有,即使有区别也是中专啊。

刘:教育部原来有个中专司,司长是李蔺田吧?

杨：对的。他1982年因年龄原因退下来,由孟广平接任,同时把原来归基础教育司分管的职业中学的管理职能,划归这个司管理。由于除中等师范学校之外的中专校,一贯属于中等技术教育,培养目标是中等技术与管理人才,其教育机构在正式的教育统计中被称为"中等技术学校",而职业中学属于职业教育,因此经过当时部领导的反复斟酌,就把这个司的名称定为"职业技术教育司"。

刘：我国职业教育的蓬勃发展就是从那个时候开始的吧？

杨：没错,中华职教社是从1983年开始恢复活动的,时任总书记的胡耀邦对职业教育挺重视,曾经提出,要把70%的普通中学改成中等职业学校。后来考虑到各种条件的限制,先提50%,所以1983年教育部等几个部委联合提出的一个关于改革中等教育结构的意见中首次提出了这个发展指标,即到1990年,争取各类职业技术学校与普通高中的在校生比例大体相当。1985年的《中共中央关于教育体制改革的决定》,则进一步规定了这个发展指标。就招生人数的比例来说,改革开放之后第一次实现这个指标是在1991年,达到了50.3%。

刘：职业高中、普通中专、成人中专、技工学校,在20世纪80年代这些学校都是独立并存的,怎么还有什么职业中专呢？

杨：因为在当时的体制上和政策上普通中专相对于职业高中具有明显优势,毕业生包分配,而且人事部门承认他们是专业技术人员,学校经费也比职业高中更有保障。后来是山东省经过审批,率先把一些水平较高的职业高中挂上"职业中专"的牌子,虽然体制上没有变化,却在一定程度上分享了中专学校较好的社会声誉,从而对职业高中形成一种激励机制,于是其他有些地方也相继仿效。

三、叙三人情：靠纯粹学术情谊走到一起

刘：那个时候您和严老都认识吗？像您和严老、孟老在一起有没有一种志同道合的感觉？

杨：都认识的。他们两个人曾经一同赴美考察,交情更深,后来严雪怡和我也越走越近了,由于见面机会不多,所以信件来往是我与严校长主要的交流方式。我对他们两位都很尊敬,他们是我在职教工作中主要的老师。你问我们之间"有没有一种志同道合的感觉",我们之间的友谊可以用两个"chún"字来介绍：一个是纯洁,一个是醇和。我们仨在崇尚"真"与"实"的基本价值观上是完全一致的,我们之间没有什么吃吃喝喝的事,也没有任何物质来往,可是

在一起什么话都可以说，交谈的内容基本上都是有关教育的问题，有时也会相互关心点家庭和健康的事情。相比之下，我与老孟在同一单位工作，彼此之间的交往自然也更多更深一些。他是我在职教司任职的前任，好多有关职教的知识都是他教我的，他离开职教司之后就去筹办职教中心研究所，仍然干同一项事业，因此仍有密切的接触。更重要的是，我们俩有着很相似的为人处世之道。因此，在他离开职教中心所之后的十年，就是我俩相处最亲近的十年，同时也是我退休后的最初十年，正是我俩共同参与"上海职教论坛"活动的十年。令人痛心的是，这也是他人生最后的十年。

刘：采访杨若凡院长时，她说自己非常欣赏孟老的言谈风度。他说的话是不是很有鼓舞力？

杨：他的话语表达，未必有很大的煽动性，但是他看问题的视野之宽、洞察之深，是一般人难以企及的。他常常能够提出一些比较前沿的甚至是有逆常理的观点。例如，我刚到职教司的时候，他就对我说："所谓'五比五'的职普比指标，当年是我们提出来的，现在，我建议你们不要继续使用了"。后来又指出，"初中后和高中后分流"的提法对职教的发展是很不利的。这些观点直到现在也未必有多少人赞同，我当初也挺推崇"分流"政策的，甚至还曾经撰文鼓吹过。退休之后，在实际考察和在参与两所中职学校办学的过程中，我越来越体会到老孟讲的道理是对的。"职普五比五"的指标，在职教事业初创或复兴的历史阶段，具有一定的积极意义，但它们的消极面在不长的时间里就显露出来。所以我相信，他这两个看法的正确性，最终将会得到历史的证明。

刘：孟老英文比较好，出（国）去的次数很多？

杨：他出国机会不少，但也不是特别多。我在职期间，经手过一个我国国际教育交流协会与加拿大社区学院协会（Association of Canada Community Colleges，ACCC）的合作项目，曾经请他率领一个三人小团队，去加拿大专门考察北美的 CBE 教学思想和 DACOM 课程开发方法，为期三个月，这样的差事，英语不好的人是胜任不了的。1999 年，教育部曾派他去韩国出席世界职业教育大会。

刘：孟老在北大附中当过校长吗？

杨：是的，是一位很好的校长，他离世多年之后，他当北大附中校长时的一个学生还发表过一篇怀念他的文章。1980 年，他就是在当校长的职位上被调到教育部的，到教育部之后，首先在科技局计划处工作，1982年奉命离开科技局，在原中专司的基础上组建新的职业技术教育司，并担任司长。他这个人思想不随大流，不随风倒，有时候会因此而被人误解。北京的职教界就曾经有部分同志误解他上述的两个观点，说他不重视职业高中的发展，我为此替他辩护过。我说，他讲的那两个观点是有一定道理的，他当职教司司长，分管职教事业，怎么会反而不重视职业学校呢？我理解他那两个观点的实际意思是，不从教育系统整体上综合思考教育类型结构的改革，不从满足社会人才类型的多样化需求和学习者个性多样化的需求出发，而简单提出"五比五"的刚性指标，主要通过行政手段推动所谓分流，势必使职业学校成为低分学生的"收容所"，从而矮化职业教育应有的社会地位，而且容易产生虚假的统计数据。我认为这样的认识，是经得起理论推敲和实践检验的。

刘：感觉到目前为止，这50%的指标既是中职保地盘的"尚方宝剑"，又是中职改革难以深化的"紧箍咒"。

杨：我很赞赏老孟的求真务实精神。再举个例子，前面我提到过，我们在和加拿大社区学院协会合作的过程中，是请他带人去加拿大的，重点考察和学习他们的CBE职业教育教学思想[1]。回来之后，是他把"Competency Based Education"翻译成"以能力为本位"，简称"能力本位"，过了一段时间之后他对我说："'本位'两个字下得太重了，我没有翻译好，在借鉴过程中可能会造成偏差。"他还说，到现在我也没有搞清楚，"能力"这个词他们为什么一定要用Competency而不是Competence。这件事情给我的印象太深了，因为这正表现出他最可贵的科学态度。所以在他去世之后，我继续查看各类词典和相关资料，请教英语高人，终于找到了一些解释，简单说，competence是做某事的基本能力，competency是用于一些专业和法律场合。老孟是燕京大学[2]的毕业生，英文底子好，可是对每个字都要反复推敲，他对科学无比诚实，对真理孜孜以求，看问题实事求是。

老孟的最后十年，与我的感情是很深的。记得2004年12月22日，也就是我准备赴上海参加论坛十周年纪念活动的前几天，那是一个下雪天，我打电话到他家，要求去看看他，他的家人出于对他的爱护，表示谢绝，我却在电话里清楚地听他说"金土破例"。到他家后，他虽然在室内走路都很困难了，但仍然热情接待，愉快交谈，并主动提议要同我合影，这是我们俩唯一一次特意拍下的照片。此后余下的三个多月，我都只能去医院看望他了。

刘：严校长在您心目中的主要印象是什么？

---

[1] 第二次世界大战后北美的加拿大、美国等国家职教界提出的"Competency Based Education"实践教学模式。
[2] 1919年司徒雷登创办的教会大学，1952年全国院系调整中被撤销，根据学科不同分别并入北京大学、清华大学等高校。

第十章 "没吃吃喝喝的事，反正在一起什么话都可以说"

杨：严校长比我大14岁，无论从外貌观察还是从内质体认，他都是一位谦谦君子，在他身边的人，不论年龄长幼、职位高低，都能得到他充分的尊重，无论别人说什么，他都能认真听取，并有选择地虚心吸纳。但对他自认为正确的观点，又能非常顽强地坚持，同时善于耐心地说服。他是我的良师益友，是一位令我敬仰的长者。你看过《严雪怡文集》第三卷，他与我的心灵交流都较具体地显露在这些来往的书信当中了，从中也能品味到他具有的那些优秀品质。《职业技术教育》杂志曾经在2005年第24期发过一篇所谓"三人两地书"的文章，其中主要内容是严校长和老孟两位的，你不妨看看，也许能够从中了解到我们三个人之间交流的一些实际情况。

刘：你们三位的生活态度是不是也差不多？

杨：是差不多，吃喝要求不高；住宿，只要卫生一点就行；钱财，够用就可以了。

刘：听说你在上海思博职业技术学院参与工作六年都是无偿的。我觉得您如果做了事，拿一点也是问心无愧的。

杨：只要是合理合法的，当然可以拿，稿费啊，讲课费，我都拿过。但是，到经济落后地区干活，我一般不拿报酬，给年轻人的著作写个序言什么的，一般也不拿稿费。在上海电机学院两次评奖活动中，严校长和我都只拿奖状、不拿奖金。我在上海思博职业技术学院当首任院长，然后改任名誉院长，董事长同我第一次谈话时，我就要求"约法三章"，其中第一条是，我只要求给我提供必要的工作条件，不拿薪酬；第二条是，按照《中华人民共和国民办教育促进法》上的相关规定，我保证尊重董事会的职权，也请董事会尊重我的职权；第三条是，如果董事会认为我不适合继续任职时，请提前一星期通知我就行，不必说明理由，如果我认为自己不适合继续任职时，我会提前一个月奉告，也请不要问我为什么。结果，董事长似乎只对第一项要求提出异议，问我为什么，我说为了我心里舒服一点，董事长说，你舒服了，我可就不舒服了。我说，那就难为你了。他就没再说什么。其实，我提出第一项要求的目的，除了求我心之所安之外，就是为了保证第二、第三项要求的实施。

刘：我觉得你们三个人的生命史都有一定的曲折经历，你们除了学问方面，关于中国社会的看法应该也是相近的。

杨：我们很少专门谈论社会方面的事，但与教育、与职教相关的社会问题，尤其是经济兴衰、产业发展、人事制度、就业政策方面的事情，与教育结构、人才供求联系起来谈得很多，也谈得比较深,而且往往要做些国际比较。

刘：君子之交淡如水,君子之争坦荡荡。

杨：我们之间也有分歧,因此也有争论。例如,严校长提出技术分理论技术和经验技术,技术人员以理论技术为主,技术工人以经验技术为主。我是基本认同的,但是讲得太极端,我就不赞成了。我认为,时代在发展,技术工人将来要掌握的理论技术也会越来越多。我们就此曾经多次交换不同的看法。"上海职教论坛"形成的主要论文有四篇,其中第四篇的主报告由严校长主笔,于是他是第一作者,我只参加过讨论而未曾执笔,自然也未曾署名。前三篇主报告的第一作者都是我,因为最后都是我统的稿,初稿是分成几个部分由多人执笔起草的,包括我们自己。统稿过程实际上是一个再创作的过程,并不是初稿的简单集合,而需要把各部分的内容根据新的逻辑关系,重新加以筛选和组合。"上海职教论坛"的研究成果,都是集体的创作,所以这三篇论文从来没有列入我个人的论著目录,否则岂不贪天之功为己有?

刘：前不久,我对郭杨访谈见面的时候,他给了我一本他的著作《职教学苑草木集》,那本书很大,等于是他自己文章的汇编,华东师范大学出版社出版的,其中有"(五大)基本特征"那篇文章,文末括号中说是与杨金土等人合作的。我问他这个文章是你执笔的吗?他说,他参与执笔了。

杨：他说的没错,是参与执笔了,初稿好像是他、吕鑫祥、黄克孝三个人写的。

刘：有的时候集体性的成果,日后著作权的界定容易成为问题。例如屠呦呦什么的。

杨：对啊,集体的作品弄到个人身上去,肯定是不对的。

刘：但是我认为,这三篇文章,特别是前两篇文章应该算是你主写的吧。

杨：这三篇最后都是我统稿的,我也参加部分初稿的起草,已经作为第一作者署名就足够了,不能称为"主写"。

刘：我记得你们三位老先生的名字都写在前面,是不是因为你们三位老先生在学界影响比较大,所以把你们放在前面更有助于传播和发表?

杨：也许客观上会产生这种因素，但也不应该是主要的，因为研讨过程中我们三个是主要骨干这一点是客观存在，几篇主报告的基本观点，我们三人如果不能取得完全一致，恐怕就成不了最后的共识，何况我们三人也参与执笔。严校长，我称他为"上海职教论坛"的灵魂人物，他在历次研讨活动中的执着和全力以赴，以及若干重要工作思路的提出，比如对几位著名技师的个案研究等，都是无人可及的。

四、讲职教理：秉持求真务实和求同存异

刘：您的文章就很简洁，没什么废话，我非常反感某些职业技术教育杂志滥用叙事和抒情的手法写文章。

杨：你过奖了，实际上，事后回头看看，我自己过去讲的或写的东西中，也有不少废话，只是写的时候或讲的时候并不知道是废话而已。

刘：我看到论坛大事记中提到两次，你们计划要讨论"写作方法"。是考虑怎么样把问题提得更鲜明，还是考虑怎么表达效果比较好？

杨：不会那么具体的，不会具体讨论语言怎么用。

刘：我看第一篇文章的时候，开头那个文风很雄健，你们实际上都是从一个个很具体的行业缺少相应技术人才的现实来归纳总结提出一个问题，这个很新颖。像我对很多行业都不了解，根本无法想象这些方面的实际情况。清晰的具体感，一条一条铺陈，会给阅读的人带来力量。

杨：这要感谢当初受我访问的那些学校和企业的同志们，在我调查的过程中，是他们告诉我许多我原来不知道的情况，教了我许多原来不懂的知识，使我比较有底气地写了那篇文章第一部分的文字。所以说，这些东西都是集体的智慧，包括"论坛"内和"论坛"外的很多人。在"论坛"内部，我们也比较注意发挥各自所长。比如黄克孝教授，他的教育理论基础厚实，而且善于独立思考，为人表里如一，常能提出独到的见解，在讨论专业和课程建设的时候，要整体研究整个教学计划的"大课程"（program），这个看法就是他特别强调的。严校长和王式正校长，他们在长期办学的实践中积累有丰富的实际经验，而且都是具有很强的研究和思考能力的专家。吕鑫祥教授，不仅有自己的专业特长和丰富的教学经验，同时在教育、教学研究领域也颇有建树，在人类认识和改造世界的系统链中，包含着将科学原理转化为工程设计、工程设计转化为新技术发明和工艺流程设计这"两次转化"，就是吕教授首创的观点。成永林所长善于分析和概括，所谓"讨论

职业教育离不开对'结构论'和'技术论'的研究和把握",就是他首先概括出来的看法。时任上海电机技术高等专科学校领导职务的夏建国,对"上海职教论坛"的支持是巨大的、持久的。杨若凡长期担任该"论坛"的秘书,工作细致周到,她与郭扬一样,是这个团队中最年轻的学者,而且都谦逊好学,悟性很高,干活认真负责,都是"论坛"的骨干成员。石伟平教授和马树超所长是在"论坛"活动后期加入的,但他们各具特长,石教授的理论功底深厚,具有很高的国际比较能力,马所长熟悉政府工作,对政府意图具有很高的领悟能力,善于进行形势分析和归纳。因此,"上海职教论坛"的所有成果都是这个团队集思广益的产物,都是集体智慧的结晶。

刘:由此可见,当一群学者形成一个相互合作的组织之后,所发挥的能量就有可能大大超越个体能力的简单相加之和。未来教育研究的核心就应该是研究人的。谁说过的,人对外宇宙的自然之物研究太多了,而对自身内宇宙的了解仍然太少。

杨:我非常佩服搞基因图谱的科学家,其中有一位科学家说,完整的图谱画出来后,人对自己的认识还有95%的黑洞。可见人对自己的认识太肤浅了。可是现在某些医生会轻率断定一个人的寿命,某些教师会把一些潜能正待开发的十来岁孩子贴上"差生""优生"的标签。他们好像已经能够把人都看得透透了,却不知道自己的无知和荒唐。

刘:这个思想一点没错。我读外国教育史的时候,特别喜欢苏霍姆林斯基的一句话:每个孩子的内心世界都是独一无二的宇宙。而且目前为止,人体的很多奥秘还没被打开。

杨:我在张家口遇到过一位在当地很有名的内科医生,她对我说:我做了一辈子医生,实际上没有一个病人是我治好的,我的治疗大不了只起了个辅助的作用。她当然还讲了一些相关的道理,很令我信服。

刘:哈哈,这是个很好的类比思维。

杨:人类进步之巨大是毋庸置疑的,人类对于自然、对于宇宙,以及对于人类自己仍然所知很少,未知很多,都是不争的事实。人类不能因为自己的巨大进步而忘乎所以,也不能因为所知甚少而无所事事,我们总要在已有认识的基础上进一步加深认识。"上海职教论坛"的同仁们,正是基于这样一种朴素的认知和社会责任感,试图探究乃至确认职业技术教育在整个教育体系和整个社会生活中的地位、特征与使命。

刘:好,我们又回到这次聊天的主题上来了,我正想听听你们是怎么探究的,后来又确认了一些什么。

杨：我们的头两篇论文，是从现实出发，根据我们已有的认识，直接回答当时人们急需了解的问题，即前面提到的那三个问题——高职教育是什么，为什么要发展和如何发展。第三篇的主报告和六个子报告，是在组织新一轮调查研究的基础上，以更广阔的视野，把人类认识世界和改造世界的全过程，看成一个由若干阶段组成的宏大系统，分析各阶段所承担的历史使命，廓清各阶段之间的联系和区别，探究完成各阶段使命对人才知识能力结构的不同要求，进而研究不同的人才培养模式，最后确认职业技术教育所处的位置。需要说清楚的是，这个研讨的程序，并非我们当初设计的，也不是"上海职教论坛"研讨工作的实际安排，而是我个人事后反复回忆"上海职教论坛"那十年活动的过程中，逐步感悟出来的一种心路历程。其中，关于我们所形成的共识的叙述，也仅仅是我个人的理解，凡是理解不准确之处，都由我个人负责，与"论坛"的其他成员无关。不过对于你来说，我的这些个人理解，也许会有益于你更贴切地了解"上海职教论坛"所有活动的过程及其组织形态。

刘：那太好了，能讲得具体一点吗？

杨：当然可以。我就以刚才说的这个心路历程为线索，看我们是如何思考，如何逐步加深认识的。先讲我们是如何思考人类进步过程的。我们都不是人类学家，只是根据一般常识认为，人类从保障自身的生存、繁衍和发展的需要出发，必须不断地认识世界和改造世界，这个"世界"，包括了人类自身。众所周知，所谓认识世界，是指人类探索客观事物的本质及其变化规律，并将探索所获得的知识整合成为一定的体系，被称为"科学"。然后，人类根据自己的需要，把某些科学原理转化成可以实现某种目的的手段、方法和工具，被称为"技术"，再运用技术生产出某种产品或实现某种目的。这个"转化"和实现目的的全过程，就是改造世界的过程，也被称为"科学的应用"过程。而新产品的产生和新目的的实现，往往都需要多种技术的综合，于是必然需要多种科学原理的转化和应用，从而围绕某个或某些目的的实现，形成一个错综复杂的系统，这种系统被称为"工程"。每项工程都要分为如下三个步骤来完成。第一步是把某种科学原理转化为某个工程设计，包括选择合理的技术路线，创造新的技术；第二步是把各种技术分别编制成更具体的工艺流程，组织工艺流程的实施；第三步是根据工艺流程实行生产操作，最后形成产品或实现某种目的。

刘：能不能举个例子说说？

杨：可以。以最初的核电站建设过程为例，首先是有人发现原子的分裂能够释放巨大的热能这一重大规律,了解热能释放的基本规律,提出相关的理论体系;其次,要有人解决热能释放的有效控制、放射性原料的安全性保护、反应堆内部压力的稳定、与蒸汽发生器的连接、废弃物的处理等一系列问题,创造具体解决这些问题的技术手段,选择切实可行的技术路线,提出整个工程系统的设计方案,这个方案主要指向核电站的热力部分,发电部分与其他火力发电厂则基本相同;第三,有人把相关技术分别编制出客观操作使用的工艺流程和实施方案;第四,有人组织各种各类操作人员实施现场施工,建成可供安全有效发电的核电站。

刘:听起来,好像理解并不困难。你是学农的,怎么对电力系统也能说出一套?

杨:这有赖于我们所从事的职教事业,因为职业技术教育涉及社会的绝大部分产业,平时看过不少发电厂,边看边学嘛。1995年,我还有幸同电力部门的一些专家一起,到过英国、爱尔兰、荷兰,专门考察这些国家电力系统的企事业单位,有各种不同能源的发电厂,包括一个"蓄能水电站"。不过核电站却是在我国台湾地区参观的。

刘:那么,"上海职教论坛"形成的这些共识,又怎么同职业教育的研究联系起来的呢?

杨:你看,人类认识世界和改造世界的全过程,包含着科学发现、工程设计、技术路线选择和新技术创新、工艺流程编制、生产操作这么多阶段,每个阶段都有其特定的任务,而要完成各阶段任务的人才,都需要具有各自不同的知识能力结构,虽然不排斥有人能够身兼多职,但并不是多数人都能够如此的。也就是说,不同的人才群体之间,具有不可随意替代的性质。培养具有不同知识能力结构的人才群体,就应该有不同的课程体系,也就是不同的教育类型,因为教育类型的特质主要反映在课程体系上,不同的教育类型之间也应该具有相应的不可替代性。总之,任务类型、人才类型、教育类型三者之间,具有内在的逻辑关系,科学发现由科学家完成,科学家由学术教育培养;工程设计由工程型人才完成,工程型人才由工程教育培养;工艺流程的编制和组织由技术应用型人才完成,技术应用型人才由技术教育培养;生产操作由技能型人才完成,技能型人才由职业教育培养。这四者就其不可代替性而言,彼此之间只有先后的次序关系,而不存在主次、轻重的关系,更不存在贵贱之分,因为任何一方都不可或缺。

刘:看来,关于职业教育在这个大系统中所处的地位是顺理成章的。不过我对工程型人才的概念还不太清晰。

杨:你觉得工程型人才的概念不太清晰是不奇怪的,因为"工程"概念的外延是逐步在扩展的,工程型人才群体,相对于技能型、技术型人才,也是较晚才应运而生的。随着现代技术的整体化和综合化,大至空间开发、环境治理、水土保持等,小至智能化楼宇的建筑、工厂化农业设施等,无不是多学科的复合和多技术的运用,这些新的技术系统被称为"工程",需要有专门的人才群体,不仅从事研发科学的应用,同时能够从事这些工程的设计。根据"职业带"理论,我们认为工程型人才是为适应社会新的需要,从技术型人才中逐步分化出来一种新的人才类型。于是,技术型人才又称为"中间型人才",因为他们居于技能型人才和工程型人才之间。当然,各类任务、各类人才和各类教育之间,并没有绝对的界限,相互交叉重叠是必然的,而且这种重叠有越来越多的趋势。此外,我个人理解的这个心路历程是以信息时代为背景的,进入智能时代之后应该如何思考和认识,是有待进一步研究的新课题。

刘:现在已经把职业教育的培育目标统一为"技术技能型人才",是不是正是两类人才"交叉重叠"的结果,而且似乎已经"叠"在一起了?

杨:技能型人才和技术型人才都在生产、服务、管理的第一线上,都是从事实务工作的,工作任务对他们的第一要求都是具有较强的实务能力,在同一职业范围内,要掌握同一类别的知识和能力,"交叉重叠"是明显的。但是,在现阶段的多数职业中,技术人才和技能人才的劳动岗位是有区别的。他们在掌握知识和能力的宽度上,技术型人才较宽;基础理论知识的宽度和深度上,技术型人才较宽较深;工作的责任范围,技术型人才也较宽。工作的专门化程度,技能型人才更高;生产操作的熟练程度,技能型人才也更高。因此,实际操作中的诀窍和绝招,往往出自技能型人才。联合国教科文组织把"职业教育""技术教育""技术与职业教育"是作为三个术语分别进行解释的。

刘:就这个概念,您也曾经写信给王明伦、庄西真,一起加以探讨过的[①]。

杨:对的,我们经常做相关的国际比较。

刘:我想,这两类人才的互通性还是很强的。

杨:你说得很对。这两类人才如果是同行同业同处一个企业,那么他们必然具有同一类型的知识和能力基础,而且是相辅相成的合作伙伴。因此,部分技能型或技术型人才,通过不同途径的进修提高,能够使自己同时拥有技能型人才与技术型人才的双重优势。例如,上海电气集团的李斌就是这样的人才之一。他最初毕业于技工学校,长期从事数控机床的实际操作,

---

[①] 见《职教通讯》2007年第6期。当时王、庄分别任该杂志正、副主编。

同时自学了普通高中课程,然后脱产入学读本科,获得学士学位,并有过两次赴瑞士进修的机会,在自己的岗位上解决了许多技术难题,做出了大量创新成果,成为集团公司的首席技师,是全国著名的数控专家,是这两类人才中的精英。

刘:只有少部分人能成为精英,因为精英本身就是少和贵的代名词。

杨:但是,我认为精英也是分类型的。人才群体如果是宝塔型的,那么宝塔就不止一座。三百六十行,行行有精英,而且都是不可替代的。同时跨几个行业的专家,过去有过,现在不行,因为分工越来越细了。现在倡导学科间的交叉复合,要求培养复合型人才是对的,但一个人能够掌握的学科门类总有主次之分,同过去的"多学科集于一身"是不同层面上的概念。

刘:对精英教育该怎么评价?

杨:我认为,以培养精英为目的的教育,不能完全排斥,例如培养宇航员,就是一种精英教育模式,那是一种很严格的选拔过程,实际上同时包含着非常"残酷"的淘汰,那是培养这类特殊人才所必需的。多数行业也常常开展选拔精英的竞技活动,但是与精英教育完全是两码事,它也许有对相关教育的影响力,但这种活动本身并不是一种教育活动。在基本的教育形态中,应该首先强调的是成功教育、合格教育,尤其是面向人人的基础教育和职业技术教育更应该如此。上海二工大原校长王式正同志,退休之后曾一度与我同时分别担任两所高职学院的院长,我们自然会有更多的共同语言,他说,高职教育必须高度重视和赞赏"合格教育",如果沿用精英教育理念,我们这种学校是没法办得下去的。我认为,现在的学校教育和社会舆论,往往过度赞扬拔尖而鄙视合格,这是一种很糟糕的现象,其结果是人为制造出大量的"学业失败者",甚至埋没了他们的一生,这绝不是人类文明的进步,而是倒退。在"上海职教论坛"活动期间,黄克孝教授向我们推荐美国教育家布鲁姆的教育思想,我阅读过以他为主编著的中文翻译版《教育评价》一书,很受启发。该书作者认为,学校的资源不能被用于选拔精英;每个学生的学习速度是不一样的,如果能够给每个学生都有足够的学习时间,加上好的教学方法,那么大多数学生都能学好科学知识。

刘:我1985年上大学,1986年布鲁姆第一次来中国,当时我还是学生干部,班主任老师就让我们去听听讲座。那时英语学得不好,我不敢去听。后来,搞多元智能的加德纳又来了,我去听了,因为有南师大教科院外语好的教师做翻译,听了很有收获。你说宝塔不止一座,这种想法与加德纳的多元智能理论很有相通之处。

杨：当时我们讨论的问题都是一些很基本的问题,概括出高职教育的几个"基本特征"。

刘：回答的几个基本问题和提炼出的几个基本特征,当时都在业内产生了较大的反响。

杨：是的。承蒙潘懋元①先生厚爱,我同他相遇的时候,他多次说"你们(上海职教论坛)的几篇文章,给我国高等职业教育的发展画了个框框,立了一个框架,具有奠基的意义"。

刘：这说明开始被关注了。

杨：我在前面曾经提到过,我们的这些成果,率先应用于实践的是上海,上海市教委当时分管职业教育的是副主任薛喜民,他每做报告,就讲"论坛"发表的前两篇论文的主要内容,强调"上海职教论坛"的研究成果对我国高职教育的发展是奠基性的,并要求上海职教界同仁结合自己的实际情况加以应用。后来,他也成为"论坛"活动的主持人之一。

刘：第二篇论文是否被应用得更加广一点？

杨：应用的程度我没有做过调查,所以说不出应用得广不广。那篇谈高职教育基本特征的论文形成之后,我首先复印一份报送教育部高教司,因为我们开展这个命题的研讨,曾有时任高教司副司长刘志鹏对我的嘱咐。1998年,新一轮政府机构改革期间,教育部把高职教育、高专教育和成人高等教育全归高教司管理,俗称"三教统筹",同时成立了一个咨询组织叫"全国高职高专教育指导委员会",聘任我和王浒、朱传礼三人为顾问。1999年11月,教育部举行"全国高职高专第一次教学工作会议",陈至立部长讲话,高教司钟秉林司长作主题报告,钟司长的报告里讲了高职高专的六个特点,和我们的那五条"基本特征"大同小异,但是我不知道它们两者之间的形成过程有没有联系。

刘：至少说明高教司同"上海职教论坛"一样,也很注意高职教育基本问题的研究。

杨：你这个判断应该是能够成立的,因为基本问题不清楚,应用研究也不可能研究得很清楚。例如,对于研究职业技术教育的逻辑起点这个基本问题的认识,就几乎影响到所有的应用研究。有人认为,职业教育的逻辑起点是职业,我们认为"职业"这个概念太宽泛,会导致职教外延的无限扩展。俄罗斯过去发过一个条例,把基础教育以外的所有专业教育都叫作职业教

---

① 厦门大学教授,我国高等教育学科奠基人和开拓者之一。

育,后来又改过来了。有的人说,职业教育的本质特征是"技能授受",实际上,技能的外延也是十分广泛的,"技能授受"可以说是各类人才成长过程中的普遍现象。诺贝尔物理学奖获得者丁肇中曾经特别强调科学家具备动手能力的重要性。众所周知,出生于江苏太仓的吴健雄,是世界上最杰出的实验物理学家,她在物理实验方面特强的动手能力难道不是技能?

刘:这些说法的分歧好像反映出思维方法的不同。

杨:是啊,例如对技能和技能型人才怎么看?我们认为,技能型人才的外延是有限度的。布鲁姆把教育分成三个领域,即认知、情感、动作技能嘛。动作技能是一个很重要的领域,所谓"技能型人才",是指这些人才的知识能力结构中,在动作技能方面比其他类型的人才更为突出,否则他们怎么可能在生产或服务的操作中能够显示出优势呢?至于智力技能,则需要在另外一个层面上进行解释。这就是我们特别强调"结构"的原因——在各级各类的专业教育中,不同教育类型的核心是课程体系结构的差异,形成不同教育类型的依据是不同的人才类型;区分不同人才类型的核心是人才的知识能力结构差异,形成不同人才类型的依据是社会人才需求的结构;形成社会人才需求结构的依据是社会职业类别的结构。人类社会的正常有效运转,必须以各项结构处于合理状态为前提,而不同的社会发展阶段,各有不同的结构需求。

五、说式微因:大环境变迁下的人员更替

刘:可能要说到比较伤感的部分了,"上海职教论坛"后来又为何走不下去了呢?

杨:1999年第二篇论文出来以后,"论坛"活动增加了不少新鲜血液,一个是以石伟平为首的华东师范大学职成所,第二个是以董大奎为首的同济大学(高等)技术学院。此外,上海职教所的所长职位也改由马树超接替了,他当然也成为"论坛"的骨干成员之一。前面已经说过,"论坛"所有成员的工作都是无偿的,活动期间,我们也从来不穿插任何旅游或娱乐项目。但是,必要的食宿交通,总不能事事都要费用自理吧。当初第一阶段活动是上海职教所支持的,第二阶段活动是上海二工大和上海电机学院分别出资的。然后,在上海电机学院设立了一个秘书处,作为该学院的内设机构。此后历次活动的经费就都由电机学院支出了。如果我们不散伙,他们还是会继续资助的。

刘:有人、有单位支持为什么会散伙?

杨:散伙也是形势所驱。21世纪初,正好是高职大发展的起始阶段,研究高职的人就越来

越多了，成果越来越丰富，"论坛"部分成员承接来自各级各方的研究课题络绎不绝，"论坛"组织全体成员参加的研讨活动难度越来越大，你如果仔细分析和比较一下"论坛"发表的第三、第四组论文的署名情况，就不难发现这种"难度越来越大"的现象是一种客观存在。那个时候，各种咨询费也开始普及，人们的知识产权意识越来越强，虽然没有任何"论坛"成员提出过此类诉求，但我们作为"论坛"的主持人，逐步感受到一种无形的压力。从社会发展的大视角观察，这是社会进步的表现，无可厚非，而从"论坛"这个小局部而言，却意味着难以为继了。孟广平的去世，是"论坛"活动无可挽回的巨大损失，大家都十分悲痛，但并不是"论坛"逐步式微的原因，因为老孟生前比我更敏感地察觉到社会变革对"论坛"活动的影响。早在2002年，当第三组论文完成之后，他就郑重地提醒我说："金土，形势变化很快，我们这个'论坛'也要与时俱进，见好就收吧。"所以，即使老孟现在还健在，这个"论坛"的活动也会在那个时候结束。对"论坛"的延续最有信心、态度最积极的是严雪怡先生，直到"论坛"活动实际上停止多年之后，他还敦促我设法恢复"论坛"活动。我对他如此执着的精神钦佩不已，但现实形势使我不敢按他的良好意愿去做。这个过程，你从严校长同我交流的后期信件中可见一斑。

刘：那和上海电机学院升格有没有关系？

杨：没有关系。因为这所学校升格为本科院校后，仍然热衷于职业教育，如果"论坛"活动继续开展，我相信电机学院会继续大力支持。

六、析政学异：为官办成事与为学说清楚

刘：最近看了几遍你对高职历史的一个世纪回溯的研究（《20世纪我国高职发展历程回顾》），还是很经典、很有价值的。

杨：首先，职业教育应不应该有高等，这是我国近代职教史上长期存在争议的问题。

刘：可能各人所看到的客观情况不一样。

杨：黄炎培先生在从事职教工作的开始阶段也认为，职业教育没有高等，只有初等和中等，而且认为这是职业教育与实业教育的区别之一，后来他也认为职业教育应该有高等。我认为，既勇于坚持自以为正确的认识，又能够与时俱进，勇于纠正自己被实践证明是不正确的观点，是黄炎培先生极其高贵的品德之一，非常值得敬佩。

刘：如果说技术教育，恐怕就不会说没有高等了。

杨：这又涉及这类教育的名称问题，关于它在我国百余年来的演变过程，已有不少专门的文章论述，我不想重复了，我只讲讲20世纪80年代和90年代前期这十四五年间，此类教育的名称变动以及有关机构设置过程的一些情况。我记得1980年，国务院曾经批转过一个由教育部和国家劳动总局报送的"报告"（《关于中等教育结构改革的报告》，国发〔1980〕252号）用的就是"职业技术教育"这个名称，在李蔺田主编的职教史中，被认为是第一次使用[①]。但1982年修订的《中华人民共和国宪法》中用的是"职业教育"。1985年颁布的《中共中央关于教育体制改革的决定中》中，则多处用"职业技术教育"，也用"职业和技术教育"。1991年，《国务院关于大力发展职业技术教育的决定》颁发。

刘：那时候还没人提出不同意见？

杨：有！一直都有，只不过都是一些议论或一般性意见罢了。1994年，全国人大常委会为《中华人民共和国教育法》的制订正紧锣密鼓地酝酿当中，传出消息说，以孙起孟副委员长为主的部分副委员长和常委们认为，职业教育不能仅仅强调技术，否则就会忽视职业教育中的职业道德、职业指导等要素，同时强调，1982年修订的《中华人民共和国宪法》中提的是"职业教育"，《中华人民共和国教育法》理所当然地应该同《中华人民共和国宪法》保持一致，于是强烈主张，把"职业技术教育"改称为传统的"职业教育"。孙起孟副委员长德高望重，同时还兼任中华职业教育社理事长，他的这项提议自然也代表了中华职教社的意见，因此得到众多副委员长和常委的支持，在最后通过的《中华人民共和国教育法》中规定："国家实行职业教育制度。"

刘：听起来好像势不可挡啊。

杨：是有这样的气势。孙起孟先生在我们职教界更是人人敬仰的前辈。但是我认为，在这件事情上，他有点误会了。其理由是：力主改名者所叙述的道理本身是正确的，可是形成这个名称的实际情况与他们所讲的道理几乎没有多少联系。当年"职业技术教育"这个称谓的形成，主要缘由是沿袭历史惯例和国际惯例。据李蔺田主编的《中国职业技术教育史》记载，1963年，国家教育行政部门分为高等教育部和教育部。1964年，在高等教育部内设中专司，专管中专学校中的中等技术学校；在教育部内设职教司，分管农、工、商、卫等领域的初级和高级的职业中学，同时设师范司，分管中专学校中的中等师范学校。同一年，又将高等教育部的中专司划归教育部，与教育部的职教司合并仍称中专司。1978年，国家教育行政部门合为一个教育部，经国务院批准，全国技工学校的综合管理职能，由教育部划归国家劳动总局。1982年，教

---

① 李蔺田.中国职业技术教育史[M].北京：高等教育出版社，1994：360.

育部将原由普教司分管的职业中学的职能划归中专司,同时把中专司改设为职业技术教育司,对全国的中等技术学校、职业中学进行综合管理。①

刘:那么职教司与中专司合并,怎么就称为职业技术教育司的呢?

杨:当年李蔺田老司长因年龄原因退下,孟广平担任首任职业技术教育司司长。1989年,我接任司长之后,老孟给我详细讲过当年确定这个司名的曲折经历。他们最初提的名称是"职业教育与技术教育司"。同时彰显这两类教育的理由之一是,技工学校虽然不属于教育部综合管理,但仍然归口教育,所以教育部还有宏观管理的责任,按照国际惯例,培养技工的教育属于职业教育,职业中学更是名正言顺地属于职业教育。理由之二是,中等技术学校的培养目标从来都是中级技术人员和管理人员,当初学习苏联的体制,归属技术教育。理由之三是,了解到联合国教科文组织用的是"技术与职业教育",我们叫"职业教育与技术教育",也便于同国际同行交流合作。至于说应与《中华人民共和国宪法》保持一致,这名称本来就没有排斥职业教育而是包含着职业教育,技术教育是现实的客观存在,《中华人民共和国宪法》提了职业教育,也没有排斥技术教育。所以这个名称同国家的根本大法不存在不一致的问题。

刘:叫作"职业教育与技术教育司"的理由既然这么充分,怎么又改了呢?

杨:在司的名称草案报送部党组审批之前,有人认为,"职业教育与技术教育司"这个名称太长,两个教育可以去掉一个,于是改为"职业与技术教育司";又有人认为名称上有个"与"字很别扭,因此把"与"字改成一个顿号,即"职业、技术教育司";当时又有人认为,顿号比"与"字更别扭。但是多数人认为,还是先报上去再说吧。因此就把"职业、技术教育司"这个方案报到时任部党组书记张承先那里,他把那个顿号删了,就这么一锤定音,定名为"职业技术教育司"。随后,所有方面都应用"职业技术教育"这个名称了。

刘:这个过程还很有趣。

杨:说起有趣,孟广平还曾经告诉我另外一个小故事呢。据说支持孙起孟先生要求改称为职业教育这个意见的副委员长之一是我国著名的泌尿科专家吴阶平,而孟广平的父亲生前也是一位名医,担任过协和医院的内科主任和北京人民医院院长,同吴阶平是同行好友,于是吴阶平也认识孟广平这个晚辈。《中华人民共和国教育法》通过后的某一天,孟广

---

① 李蔺田.中国职业技术教育史[M].北京:高等教育出版社,1994:316,361.

平偶尔遇见吴阶平,随意说起职教改名的事情,自然也讲了一些本不该改的理由,吴副委员长听了以后说:"你怎么不早说呢?我早知道这么回事,就不支持改名了。"孟广平哈哈一笑了之,心想,您老人家身居那么高的位置,我哪能想找你就找到你了?那么,假如早在《中华人民共和国教育法》通过之前就让吴阶平知道实情,是否就能够挽回局面呢?恐怕也未必。

刘:看来职业技术教育这个名称的来历还是有根有据的,内涵也是比较明确的。

杨:是的,你肯定看过温家宝担任总理期间对职业教育说的许多话,其中在2005年的全国职教会上的讲话,对职业教育的内涵就说得再明白不过了,他说的大意是,职业教育是个统称,包括职业教育和技术教育,包括中等和高等,也包括各种培训。[①]

刘:既然如此,那时候你没有退休,难道就不想挽回一下?

杨:当然想了。我够得着的最高领导是国家教委领导,当时的国家教委主任是朱开轩。我和孟广平两人商量了一下,做了点准备,然后由我直接向朱主任当面汇报我们俩的看法,包括改名之后可能产生的利弊得失。

刘:有效果吗?

杨:不可能那么简单的。朱主任是一位很认真、很有责任心、也很谨慎细心的领导,他静静地听我汇报了一个小时左右,中间很少插话,只偶尔追问几句。等我说完之后,他说了如下三句话:"你说的道理都是对的;如果人大常委会最后通过了,我们无条件服从;如果改称职业教育,你们司的名称不变,你们司的职能范围不变,职教中心所和杂志的名称也不变。"你想,他说到这个份上了,我还能说什么吗?

刘:这倒也是,道理再对,也要得到多数人特别是权力部门的认可才行得通。我2000年读硕士时的导师是南京师大顾建军教授,当时开始搞新课程改革,他参与做义务教育阶段综合实践活动课程方案。其中,将"劳动技术教育"改成"劳动与技术教育",他的目的就是想突出这个劳动的"技术含量",把这个技术教育和中职高职的技术教育联系起来,进行技术启蒙。他

[①] 2005年11月13日,时任国务院总理的温家宝在全国职业教育工作会议上,作题为《大力发展中国特色的职业教育》的报告,他说:"我们说的职业教育是个统称,它既包括技术教育也包括技术培训,既包括职业教育也包括职业培训,既包括中等职业教育也包括高等职业教育。"

说,这一个"与"字的添加遭到一些熟读马恩经典著作的老先生、老领导的反对和排斥,他们认为这不合马恩经典的看法,纯属多此一举。顾老师似乎也不好反驳,这件事让我印象深刻。有一次,一些学者在青岛开研讨会,我做记录。有一位省教研员说,加个"与"字是划时代的变化,很难得的。当时,我也不敏感,以为只是面子话,没有记下来。顾老师会后看我记录时问我,人家说"划时代",你怎么不记啊。我一下子愣住了,难道真是划时代吗?当然,我没敢问。但留下的印象很深。

杨:做学问,搞行政或走仕途,都没什么可非议的,都是为社会做贡献。为什么要有两种人来做呢?因为各有不同的社会责任和历史使命,于是面对同一事业的发展目标,也需要有不同的思维方式和思维能力。做学问的任务是探索真理,探索真理是对"应然"的诉求,要有追求彻底的精神。但是,学者研究的成果,行政工作人员应该尊重却未必采纳。研究人员研究出成果和应用你的成果是两个不同性质的过程。行政人员负有自己的社会责任,要将你的成果付诸实施,至少要考虑如下若干方面的问题:一是预测实施之后,相关利益者之间能否实现一定的平衡;二是实施条件是否具备;三是审时度势,看客观形势是否合适,实施时机是否成熟;四是民主程序是否到位;五是应对各种不确定性后果的预案是否已经制定。对这些问题的思考,都需要充分掌握相关社会信息,在这个方面,行政部门具有优势。因此,上述问题,往往并不是研究人员都能考虑的,也不应该对研究人员一定要有这样的要求。研究人员和行政人员都是社会正常运转所必需的,也是各具不同知识能力结构的人才群体。他们可以通过学习相互转化,或集两类知识能力于一身,但身在当前的岗位上,就要首先忠于职守,运用好相应的知识和能力,因为无论做好哪方面的工作都不容易。也许因为我的能力有限,所以我在教育部任何一个职位上,自以为全力以赴了,却仍有力不从心的感觉。这就是当年我当职教司司长的时候,曾经不愿意兼任职教中心研究所所长的原因。也因此对于在职领导干部占用大量科研资源,兼做既大又多的研究课题,感到不以为然。

刘:我打断您一下。我的博士生导师吴康宁老师认为,(教育)社会学应该研究实然的东西,而不是应然的东西。应然的东西应该是哲学去研究的,它是规范性的研究。

杨:这个我不是很赞同。我个人的理解也不一定对,请吴老师指教。我认为,教育学本身属于应用性学科没错,但是应用性学科的研究,同样可以有应然与实然之分。我以为,所谓"应然研究"是指客观规律的发现过程,回答"应该如何"的问题;实然研究是指对如何遵循和应用于生产生活实践的探索,回答"实施和实现"的问题。例如,"智力多元"的发现和"有教无类""因材施教"原则的提出,都属于应然研究的范畴;如何把多元智力理论应用于教育教学实践的研究,如何实施有教无类和因材施教的原则,是实然研究的范畴。

刘：孟老也有这样的观点，他认为，为官就要办成功事，为学就要说清楚理。①

杨：但是研究人员和行政人员之间，应该相互尊重，不可产生相互排斥、相互埋怨的情况，否则极不利于社会的正常运行和进步。忠于职守是本分，坚守本职人员应有的品格是职业道德的重要组成部分。有的研究机构直属于某个行政部门管理，理应围绕该部门的中心工作开展研究业务，但也应该有新的发现和新的创意，否则雷同于一个秘书部门，还要你这个研究机构干什么？所谓"学者型领导"，作为描述某些领导同志兼具两者的能力或兼做一点研究工作都未尝不可，但都不应该利用自己的权力优势，抢占太多的科研资源，更不应该影响本职正业。

刘：我对当官没有追求。我喜欢做的事就是学术上的"通风报信"。就是我特别在乎去一线听取别人讲的话，实际上他们不掩饰的，讲的是真话，但是在学术界他们没有话语权，难以发出声音来，我就"通风报信"——把他们实际的感受与想法通过"学术的方式"写出来。在社会人类学里，我这种研究叫田野，也可叫扎根。当然，位置不同会影响思考问题的视角与深度。杨老你们的研究其实大多跟战略相关，我是没有这个条件的。

杨：我很赞赏你有善于聆听的习惯，喜欢听各种各样的声音，想听到真话，这不仅是一种能力，更是一种良好的品格。

刘：作为学人，我想必须能充分感受到自己研究的意义在哪里，才会不太在乎别人的看法。现在很多人随风倒，什么事都想插上一杠子，常常一个上面文件下来，喜欢做解读的人特别多，都想抢所谓的"解释权"。

杨：有些"解读"做得太过匆忙，一个会刚开完，就说"严冬过去，新的春天已然来临"。解读需要平实，需要通俗，需要更接地气，不可调子过高，虚张声势。根据我自己的工作体会，开好一次会议和出台一个好的文件，固然都不容易，但是那仅仅是一个开始，难度最大的往往都在于落实。

七、辨中外势：世界之职教与中国之职教

刘：我同意孟老的观点，必须从大的教育体系改革来思考职教体系建设问题，否则谈"分等"与"类型"都显得太过轻巧，没有真正的深度。

---

① 孟广平.我的职业技术教育观[M].上海：上海教育出版社，2005：7.

杨：职业教育在德国，一般主要是指职业培训，而不是指职业学校教育。

刘：它实际上是和福斯特思想比较一致的,对吗？

杨：不完全一致，福斯特讲职业学校教育的谬误的观点主要源于他对非洲一些欠发达国家的职业学校教育的调查，而且主要是指农科类学校的学期、学年制教育。他认为，农科类职业教育应该以边学边干的短期培训方式为主。根据我自己过去参与农业教育实践的体会，培养职业农民和在职农技员的进修提高，我是很赞成福斯特这个观点的，例如我在宜兴参与工作的那个"'五七'农大"，就是福斯特主张的那种职业教育方式。所以我在职时曾经提出，培养职业农民的职业学校应该实行"先就业、后培训"的制度，因为如果是不准备务农的人去学农，往往是白学的。如果是决心务农的人去学农，学习积极性和主动性都会很高，学习效果会更好。由于当时正大力提倡"先培训，后就业"，所以我的观点没有得到支持。

刘：你讲得不错。福斯特有个经济学的理念，就是用计划经济思维办职教并不能导向一个理想的社会，反而会制造更多的矛盾，即是"谬误"。

杨：但是如果培养农技员，我还是认为应该以系统教育的方式为主。

刘：1998年"三教统筹"时，高职是高教司管理的，后来好像2016年又把高职归口到职教司管理。这个管理体制经常变动引起的反响也不小，我总感觉到从高职校长角度来讲，他们更愿意归高教司管。

杨：我认为高职教育归高教司管理是正常的，职教体系的独立性应该是相对的，并不是越独立越好。德国对职业教育很重视，但是，我看到一份德国官方用英文写的材料上，他们承认培养技术员和师傅的第二级"职业培训"属于高中后教育，但是实际上并没有列入正规的高等教育体系。我认为，他们的这项制度未必适合于中国国情。

刘：我看到有材料说，在德国若能拥有商会授予的职业证书，会在人才市场上很吃香。

杨：是的，他们的行业组织很健全，在社会上的影响力很大，特别是对双轨制职业教育的支持和参与都非常突出。德国的劳动部门主要搞职业指导和就业服务，我看过多处这样的机构，各种设施很齐全，服务很周到，他们在这方面做的工作真令人羡慕。

刘：约五年前，我看到有一个关于世界职业教育发展的电视节目上说，就包括在西方，比如在英国、德国，它们的应用技术职业类的，在整个教育界发展并不好，也遇到了瓶颈。

杨：这恐怕要做更全面的分析，不可简单下结论。20世纪六七十年代，德国陆续兴办起一批专科学校，我1983年第一次去考察德国的高等教育时，他们安排我们看了好几所专科学校，他们介绍得很自豪，我们也特别感兴趣，因为我们高教二司当时也正在探索我国高等专科学校的发展方向。工科的专科，农科的专科，医科的专科，都分别开过会，发过文件。所以我个人对高等教育类型划分的思考，是在高教二司工作的时候开始的。我访问德国回来之后，还曾经提出过把专科学校改造为"技术学院"的建议，当时教育部办公厅有一个研究室，他们曾经派一位同志来专门听取我的这个建议，不过事后没有任何反馈。可是，到了20世纪90年代初期，德国的专科学校就一哄而起，都改称为科学应用大学了。英国的polytechnics也曾经风靡一时，同样在20世纪90年代初全部升格为大学。爱尔兰的此类教育也有德国、英国类似的发展过程。1995年，我去过爱尔兰，回来之后继续关注爱尔兰的教育。大约在20世纪60年代初期，经济合作与发展组织对爱尔兰的教育体系做了一次调查，在调查报告中指出，爱尔兰的教育与职业岗位不匹配。后来，爱尔兰为了解决这个问题，专门成立了技术教育指导委员会，这个委员会在1967年提出一个报告，要求分地区建立专门培养技术人员的技术专科学校。结果，在此后的十年左右时间里，全国一共建起了10所技术专科学校，同时建立了两所本科层次的技术教育机构，名叫"国家高等教育学院"。1989年，这两所本科层次的学院居然都升格为大学。那10所地区性技术专科学校呢？在1992年，根据一个新《法案》的规定，扩展了这类学校的职能，不再局限于技术，而要从事多学科的教学和研究，同时全部改了名称，原来称"Technical Colleges"，都改为"institutes of technology"，到了我们国家，这后者就都翻译成为理工学院了。理工学院的数量也增加到14所。到2014年前后，这14所理工学院已经形成4个集团，都在创造条件，争取早日升格为技术大学。2014年后的情况我没有继续关注。

刘：那么，到底应该如何看待西欧国家的这些现象呢？

杨：我的看法也很粗浅，但有如下两点是不难看到的。第一，由于各种类别和层次的高等教育机构之间，不仅社会职能的分工有差别，而且在办学资源的分配政策上也存在明显差距，从而形成办学水平和社会声誉的差异，这就产生出一种利益驱动力，促使处于低层次和低声誉境地的学校把"升格"作为自己的重要发展目标。这个问题不能只用"端正态度""提高认识"的方法来纠正，还必须同时通过政策手段调整相关的利益关系来解决。第二，20世纪的下半世纪，科技快速进步，产业技术的更新特别快，人类生活全面进入信息时代，于是对各类人才的素质不断提出新的要求，教育不仅加速普及，而且也推动各类人才的培养层次不断提高。因此，一些学校的升格,也是适应时代新要求的正常反应。

刘:说起英国大学,一般想到的是牛津与剑桥。

杨:那当然。不过,注重服务产业的应用型大学同样可以办得非常出色的,例如英国的华威大学,它在1965年成立之初,就一反英国大学发展的主流思潮,走应用研究和为工商企业服务的道路,虽然在1969年曾因此闹过一次英国大学历史上最严重的学潮,并招来全英教育界和媒体的猛烈攻击,然而实际主持工作的副校长和后来继任的副校长都坚持引入"企业家精神"经营学校,继续选择与工商企业界密切合作的发展方向,采取融入社区和跨学科发展的策略。结果到20世纪80年代初期就初露锋芒,90年代初期已在全国显露头角。1979年,撒切尔夫人上台,采取的第一个措施是削减高等教育12%的经费,许多高校都只能通过节约开支来实现收支平衡,华威大学却通过和企业合作增加收入,增收的数额占当年总收入的14%,超过了政府裁减12%的比例,这一下子就让社会刮目相看了。1993年,德国有个机构对欧洲十所最著名的综合技术大学进行评估,最后的结论是,最好的就是华威大学。美国著名的比较教育家伯顿·克拉克,曾对华威大学进行多年的跟踪调查,总结出华威大学的几个独到之处,包括扁平化组织管理,坚持与工商企业界的合作,拓宽经费来源,以及坚持提高学术水平,等等。到21世纪初,在英国大学的各项评估中,华威大学多数都在十名以内,舆论惊呼"华威后来居上,直逼牛津剑桥"。英国原首相布莱尔说,华威大学是英国大学中的一座灯塔。很抱歉,最近十来年的情况如何,我都不知道了。

刘:华威大学那三四十年的经验很有说服力,说明大学为产业发展服务、同企业界合作的道路是很宽广的,而且同学术发展并不矛盾。

杨:你讲得很对。这所大学在成立的时候就宣告,要办成和企业合作的学校,但是也将是一所研究型大学。这两个目标,常常被我们看成矛盾的,但实际上是相辅相成的。与此相联系,我们常常把学科建设与专业建设对立起来,即使在高等职业技术教育领域,一讲学科就很容易被视为搞脱离生产实际的纯学科的教育,于是就采取绝对排斥的态度,因此只搞专业建设,不提学科建设。实际上,学科建设与纯学科的教育是两码事,搞过高等教育的人都知道,没有好的学科,哪来好的专业啊,专业建设的基础不就是学科建设嘛。再说,高职院校要为产业服务,要同企业合作,你的底气也在于富有实力的学科。对职业技术教育而言,还应该特别重视技术学科和技术基础学科的建设。因为多数技术学科都是多个技术基础学科的综合,比如说作物栽培学,这是典型的技术学科,但是绝对离不开植物学、植物生理学、遗传学、土壤学、微生物学、农业昆虫学、植物病理学等技术基础学科的支撑。我们职教工作者宣传职教的重要性是理所当然的,但是不能不考虑听者的感受,否则容易产生适得其反的效果。例如,针对社会上重普教轻职教的思想倾向,往往说成是"唯有读书高"的思想作祟,于是有人就提出如下两点质疑:一是难道普教就"唯有读书"吗?二是职教就可以不重视读书或少读书吗?

刘:我最近要写篇文章,我认为怀特海《教育目的》里面有个观点和你的想法是相似的,他认为(职业)技术教育的理想应该是整个教育培养人都需要技术、科学和文学,他认为要具备这三个要素才能把人的性格和智力构成一种平衡。他认为文学丰富了人的想象和情操,科学培养了人的探索原理的能力,技术让你感受到一种具体的力量。没有技术,好多人的学习就像失去风筝的线,当然这三者都是必要的。他认为,"在这种技术教育中,几何学、诗歌与转动车床是同样的重要"。[①]

杨:科学、技术、数学、文学都是不可缺少的,因为各级各类教育培养的都是一个人,而不是一件工具。

刘:关于您写百年职教回顾,我想冒昧挑剔一下。从梁启超开始,就有一种新史学的观点,就是从中国的中国,到亚洲的中国,再到世界的中国,现在我们看到的中国要从世界的中国去看,因为中国很多变化是受到外界的强力而推进的。但是我在你这篇文章中就很少看到外国对中国百年职教发展的推动力量。

杨:我根本就没有想涉及这些方面。我深知自己的史学基础薄弱,即使是在相对熟识的领域中,我也从来没有全面写史的妄想。只能编点短期的情况,例如主编《90年代中国教育改革大潮丛书·职业教育卷》;记录些短期的史料,例如主编《30年重大变革——中国1979—2008年职业教育要事概录》;写点局部的往事回顾,例如《职业教育兴衰与新旧教育思想更替——百年职业教育回顾》,只是回顾些历史的若干片断,表述些相关的个人观点,而《20世纪我国高职发展历程回顾》一文,则仅仅记述了我国高职发展的主要脉络,至于国内外的各种影响因素错综复杂,问题不在于应不应该写,而是我的知识、资料积累和写作能力都不允许我妄自展开。

刘:听说德国在青岛和苏州有很多合作的项目,也有德国职教研究者的参与,除了推广双元制,还有是干吗的?合作里面没有高职吗?

[①] 怀特海.教育与科学:理性的功能[M].黄铭,译.郑州:大象出版社,2010:21.

杨：是很多，全国大约有过40所左右的试点校，都是中德合办的。没有高职，因为20世纪八九十年代，我国的高职还不发达，而德国也还没有高职教育这个说法，德国的专科学校，是我们把它纳入高职系列的。

刘：马树超他们经常强调高等职教是中国特色，世界上没有。

杨：这个说法不是没有根据，不过不能讲得太绝对了，因为从性质上进行类比，北美国家的社区学院中的职教部分、澳大利亚的TAFE、英国的技术专科学校，都应该同我们的高职学校是同一类型的，只不过没有在国际上流行"高等职业教育"的说法而已。因为我国的"职业教育"概念的外延比较广，包括了技术教育和高等层次，而多数国家还不是这样的概念。你们学校名称中的"理工"二字英文怎么翻译的？

刘：Technology。

杨：我受英语水平所限，过去误把technology同technique完全看成同义词，后来反复查阅不同版本的英汉词典，又请教英语水平高的老师，才明白这两个词确实是有些区别的，technique是指具体的技能或方法，technology泛指科学技术或指某一门类的技术，含有科学原理的应用之意。因此，把大学校名中的technology翻译为"理工"，应该是合适的。

八、同仁寄语：职教事业发展与基础研究

刘：我再问几个相关的比较具体的问题啊。我关心官办的学术组织，中国职业教育学会，实际上您原来也在里面任职的，第一任会长是何东昌。

杨：我是第二届才进入学会工作的。但职教学会的建立工作我也参与了，因为建设职业技术教育的支撑服务体系，是孟广平任司长期间很想做而没有完成的事情，我接过这个"接力棒"之后，自然就继续做了，包括一个研究所、一个学会、一本杂志、一个教师培训基地群、一个教材建设体系，等等，后来都逐一建（办）起来了。

刘：因为我进入职教研究领域比较迟，从没有参加过这个学会的活动。我就问别人参加这个（中国）职业教育学会年会的感受。他说，这个年会是最没有意思的，都是听官员讲话，类似于听政治报告。我曾经也听另外有人说了一句话，学会只有论文评奖的时候气氛足一点。以前，我做职教学术组织研究时，我看过首任会长何东昌的讲话，说我们学会是民间的学会，我当时就很有疑问。后来，我对你们"上海职教论坛"打出这种民间的旗号，也有些怀疑，因为你

们三个人不是司长，就是校长，表面上看，行政的色彩比较强，通过前面和您的对话，我打消了疑虑。我以为，我们讲这个学术组织的民间性，往往是指社会自发形成的学人圈子。

杨：就我们"上海职教论坛"而言，第一次活动并不是民间自发形成的，而是我以教育部一名在职的"巡视员"身份，由刘来泉司长授权组织的一次研讨活动。后来的若干次活动可以被看作民间自发形成的一种活动方式，因为虽然有过高教司副司长刘志鹏同志授意，却仅仅是非正式的建议而已，并不是一种正式的指令。而且，即使没有他的授意，我们也将那样活动的，而活动的组织者严校长、老孟和我都是退休人员。"论坛"每次活动的参与者是不固定的，并没有明显的"圈子"，"论坛"名下发表的所有论文，署名者总共37人，但自始至终参加活动的只有6人。它没有设立"会员制度"，也没有"缴纳会费"一说，它的活动经费完全依靠有关单位的资助，所有参与者都不拿任何经济补偿。所有活动都不是奉命而行，而是自行组织、自行决定。既没有固定场所，也没有专职工作人员。既没有登记注册，也没有法人代表。所以，只能称为一种学术性质的活动方式，虽然必须有一定的组织工作，但还称不上一个组织机构。

刘：也就是说，上海职教论坛的组织没有中国职业技术教育学会那么严密，是吧？

杨：与中国职教学会相比，那完全是不同性质的形态。中国职教学会是根据国务院发布的《社会团体登记管理条例》的规定成立的，它的登记管理机关是民政部，它的业务管理单位是教育部。它的《章程》规定，接受上述机关和单位的监督管理和业务指导；学会会长、副会长和秘书长都在民主选举的基础上，要经过上述机关和单位的批准；学会的经费来源以会员的会费为主，同时接受政府资助和其他捐赠；学会的主要职能是团结和组织业内各方力量，推进职教事业的改革发展，开展学术活动。所以，中国职教学会是一个很正规的"社会团体"。但是，它并不是一个研究机构，它要开展学术活动，也组织一定的科研活动，但活动方式多是群众性的，例如在第二届理事会期间开始组织的"中青年职教论坛"和"中国职业技术教育学学科建设与研究生培养研讨会"，就是这种性质的活动。

刘：我参加过多次"中国中青年职教论坛"年会。我发现区分领导和学者一定还是很好区别的，照他人写好的稿子念的是领导，讲话没有时间观念的超时的也是领导。我前年在广西参加了某年会，当时分配给一个部里领导的讲话时间是20分钟，但是他讲了45分钟还没讲到重点。

杨：恐怕这位领导没有当过教师吧，因为教师讲课都有比较严格的时间限制。

刘：不仅时间没控制好，而且还离题了。学术组织的发言还是应当围绕学术。

杨：我希望从事职业技术教育学术研究的学者们，更加重视职业技术教育学科的基础研究。现在因为基础研究不足，所以好多问题都还说不清楚。包括什么叫职业教育，现在的说法也是五花八门的，较多的同行学者，都把研究职业技术教育的逻辑起点定位在"职业"上。

刘：还有说，职业教育第一特性就是职业，我觉得很荒谬的，因为这是概念同语反复嘛。

杨：我希望在部分有基础研究能力的职教研究机构的学者中，能够安排出部分学者潜心于职教学科的基础研究。我本来对"职教中心研究所"寄予较多期望，但是他们的人员编制有限，而研究工作首先须围绕教育部不同时期的中心工作展开，所以很难安排更多的力量从事基础性研究，各级地方的研究机构同样有这样的困难。因此，我希望各大学的职教研究机构能够多做些这方面的工作，包括职业技术教育学和相关的基础性学科，如职教哲学、职教历史、职业心理学、比较职教，还有职教社会学、职教经济学等。现在都有人在做，而且做出了不菲的成果，在我看来，都非常宝贵。但总体而言，毕竟都是刚刚开头，继续深入研究的路还很长。我对职教的一些基本问题也是模模糊糊的，所以更加渴望这些基础性领域有更多的成果问世。职教与产业的关系特别密切，职教机构与企业的关系不仅是服务与被服务的关系，而且是"双主体"的关系，我不知道应不应该有专门的学科来进行研究。此外，职教领域的学习活动有鲜明的特殊性，它的理念、手段、方法以及相关的制度和条件，对于学习的成败，都有着重大关系，我也觉得需要作为学习科学的一个分支，进行深入研究。俗话说，基础不牢，地动山摇。我想，咱们职业技术教育事业也是如此，它有极其广泛的利益相关群体，对于职业技术教育的一些基本问题，如果我们职教界自己都说不明白，或者没有一个相对统一的说法，怎么可能使大家都正确地认识你？乃至重视你、支持你、喜欢你，从而很希望接受你的服务？

刘：您刚才讲的职教心理学、职教社会学，还有学习科学，现在是非常重要的。

杨：学习科学是20世纪80年代才开始兴起的，在欧美国家已经越来越受到重视。我国自己的职教实践，已经在倒逼我们非加强这方面的研究不可，实际上，这也是贯彻以人为本和以学生为主体的理念的重要方面。在这里，我想顺便说一点与学习科学有关，却离我们这次对话的主题较远的看法，就是关于布鲁姆等著的那本《教学评价》的书名问题。我读的是华东师大出版社1986年出版的，读了之后深深地感觉到，该书想表达的中心思想，正如作者在他们的序言中所说的，是改善学习。（原文是"改善学生的学习，这就是本书所考虑的中心问题"。）因此原版的书名是《为改善学习而评价》，而译本书名所以如此确定，原因如译者在他们的序言中所认为的，意在突出该书的主要内容是评价方法。我认为，书名的改变，反映出当时我国教育学界——包括我本人在内——许多人都没有感悟到改善学生学习的重要性和紧迫性。现在看来,这种认识上的滞后,对教育事业的进步所产生的负面影响是深远的。而这个问题,好像到现在也没有得到根本性的改变。

刘:最后,我想还是回到"上海职教论坛"你们三位老先生身上来吧。我看到一些资料,是关于你们三位老先生定位的,很有意思啊。有篇文章写孟广平的,是美国的一个叫特纳的写的,他说孟广平是"一个有鼓舞力的职业教育领导者";据上海电机学院公开的一份资料,他们对严雪怡的评价是"中国职业教育的守望者";而有作者在《博思"思博"》一文中,对您的评价是"新时期职业教育不倦的探索者"。我觉得这些给你们加一个定位还是很有价值的,像这种外界对你们的定位,您是怎么看待的?

杨:我不是很关心这些评论。不知道你说的那位"特纳"是不是当过美国密尔沃基技术学院院长,如果是,我知道他同老孟是好朋友,对老孟比较了解。至于有人说我喜欢探索,倒是真的,我自以为我这辈子最崇尚两个字:一个是真,一个是实。我很不喜欢虚和假,我经常勉励自己,做人与治学都要讲究真和实。

刘:非常感谢杨老能抽出三个上午的宝贵时间,陪我畅聊有关"上海职教论坛"的前前后后与里里外外,我感受最深的是从您的心路历程中更能理解您某些思想形成的轨迹。无论是做学生、做老师,还是做教育行政人员、做职教学术研究者,您从来都未曾放弃过独立思考,并能将学术研究既建立在广泛而深入的调查基础之上,又建立在自发的学人群体的交往碰撞之中。既"实事求是",以达严谨与科学;又"以友辅仁",以求广博与深度。回去后我会抽时间好好地将我们的谈话内容整理出来,初稿出来后还会请杨老过目和进一步指正。再次感谢!

杨:刘老师过誉了,很不敢当,我会把你的话作为一种激励和鞭策。谢谢你!

第四部分

未来展望

第十一章　学术组织与职业教育善治之路：基于当下的案例分析

> 对于什么符号在知识分子世界的哪个圈子里具有成员身份意义，以及对于哪一系列论点和证据在他们之中流行，他们（处于中心位置的知识分子）具有很强的实用主义感悟；他们也能很好地意识到通过新的符号组合来形成思想联盟。①
>
> ——兰德尔·柯林斯

人类如何组织是社会治理的核心议题之一。职业教育治理也必然关涉到各类组织问题。教育部职成教司原司长杨金土曾提出，职教事业的健康发展需要建设好三支队伍，即实际工作队伍、科学研究队伍和行政管理队伍。他们的工作必然有交叉，却不可相互替代；他们具有共同的事业目标和素质要求，却各有不同的工作职责和能力结构。如果说，实际工作者具有更强的分析、处理实际问题的能力，行政管理者具有更宽宏的视野和更强的决策能力，那么，科研工作者应该具有更犀利、更透彻的眼光和更强的探究能力。② 如果说人们所具有的眼光（或视野）也可视作看问题的能力的话，那么这一观点的表达最后落脚点无非是想强调这样的一种想法，即职业教育研究者只有依靠和充分发挥自己所应具有的独特能力，才能使自身及其所在的队伍获得独立性或独特存在的价值。这样说固然有一定的道理，但只要我们稍微多一点社会生活的基本经验，想必也不难知道这样的事实：任何个体能力的形成过程及水平的发挥既受其内在综合素质现有状态的影响，又深受其所置身的社会组织条件的影响。更准确地说，这样的能力常常是其内外条件之间相互作用的结果。如此看来，作为有着一定凝聚力的学术研究队伍，其自身社会组织的结构及功能的状况如何，不仅对绝大多数职教研究者学术能力的形成与水平的发挥有着特别深远的意义，而且这种学术研究组织自治水平的不断提升也理应是作

---

① 兰德尔·柯林斯.互动仪式链[M].林聚任,等译.北京：商务印书馆,2012：492.
② 杨金土.加强职教科研队伍建设推动职教科研水平提高[J].江苏教育,2010(7-8).

为有机整体的我国职教事业发展早日达至"善治"的重要组成部分。本章尝试从以下几则看似简单而具体的案例出发,对职教学术研究组织(一般具体指"学会"等)内外(分别与职业学校、政府机构和研究者个体之间)的互动关系进行深入的批判性思考,旨在以此为基础进一步对职教学术研究组织的能力创新提供可行性建议。

一、学术组织与职业学校

> **案例**:2011年首批国家改革发展示范学校建设项目学校评选中,××省××职业技术学校入选。在相关较为详尽的介绍性材料中,有这样的一部分内容:"该校还高度重视教师的综合职业素养和教科研能力的培养。近年来,完成了多项课题研究,教师在正式刊物发表论文几百篇,出版著作和编写教材100多本。该校还被定为中国教育学会'十一五'重点课题'职业教育管理创新与评价研究'的实验基地,并被评为'2010年度十一五科研规划课题研究先进科研单位'"。[①]

说到学术研究组织与职业学校之间的关系,很容易让人联想到一种关于理论与实践关系的哲学认识论。对这种哲学认识论,人们较为普遍的看法是:理论(知识)源于实践,它只有受实践检验有效后,方可指导实践。然而,在现实的社会分工与话语权的博弈下,相对于操持理论话语生产的学术研究组织来说,操持实践工作的职业学校常常是沉默者或被代言者。这使得本来需要彼此反复交互作用的共生关系,经常为彼此分离(或貌合神离)的单向指导关系所替代。

此案例给人们的初步印象是:在国家改革发展示范学校建设项目的考察与评选过程中,职业学校教师的综合素养和教科研究能力应当是一项重要的指标内容;而这所入选学校在这方面的表现相当不俗。但细研一番,则又可发现此案例文本的信息表达相当模糊,多有令人疑惑之处。如:"多项",具体多少项(或接近具体多少项)?"几百篇",到底是200多篇,还是900多篇?"100多本",究竟多少本是著作(是学术著作吗),又有多少本是教材(是自编教材吗,正式出版没有)?当然,围绕本章论题,最值得思考的也许是其中名为"中国教育学会"的学术研究组织如何对学校的教科研发挥作用的问题。对此,笔者思考的疑问主要有三点:

基于我国教育界(不只是职业教育)近年受扭曲的"评估文化"(主要是缺少"第三方评价")影响较深的种种现实,加之国家在相关课题管理方面存在的失范或不到位,以至于人们从各类媒体上时闻"(课题的)实验即挂牌,挂牌即收费,收费即完事"这种不良现象的产生。职业学校作为学术研究组织("中国教育学会")负责承担相关课题的实验基地,或许在一定程度上可以

[①] 聂金秀,莫陈芝.国家改革发展示范学校职业教育的一颗璀璨明珠——广东省普宁职业技术学校跨越发展纪实[N].中国经济导报,2011-5-7.

体现出职业学校参与学术研究的积极性,但具体如何参与,参与到什么程度,方能在实现职业教育学术研究价值(如推广与应用)的同时,又能真正地提升学校的办学水平(具体如达到有关方面评估的"示范"要求)?这是其一。

既然该职业学校借用报刊和网络如此公开宣传,用"中国教育学会"这种学术研究组织来为自己"增光添彩",人们当然亦无妨秉持"学术研究乃公器"之精神,对它进行循名而责实,查它个究竟。借助当今互联网这种便捷的工具,我们可以查明,案例文本中关于"中国教育学会'十一五'重点课题'职业教育管理创新与评价研究'"这一提法似乎存有故意的"删减"和"篡改"。笔者细查了"中国学术期刊网"上的相关信息,发现仅可以找到"中国教育学会教育机制研究分会'十一五'重点课题'中等职业学校管理创新与评价研究'"[①]问题。如果这两个组织的所指同一,且课题的所指也同一,就不难发现其中的"删减"(省去"教育机制研究分会")和"篡改"(将"中等职业学校"模糊化处理为"职业教育")。这种宣传报道背后的用意是否与"就高"(不提具体的"教育机制研究分会")以显示其"参与"的"规格"之高有关?是否与其办学层次的实际定位比较"模糊"有关(该校可能实际上是"中职"与"高职"兼有,但用"职业教育"即可涵盖两者,这样可以避免引起招生宣传过程中所公开信息"亮点"不够亮等方面的麻烦)?这是其二。

此案例中,有"双被"("被定……实验基地,被评为……先进科研单位")的提法。从中人们很容易感受到学术研究组织"高高在上"的科学性与权威性有余,而职业学校平等与合作的精神不足。在研究数量"模糊",并且研究"发现"空缺的情形下,却有相关部门(其评价主体是否为"中国教育学会"?存疑)的研究评价(最初定为"实验基地",到最后被评为"课题研究先进科研单位"),这样是很难有说服力的。如果我们能尽力排除一时性的"名利交换"关系(常常是居于"下方"的职业学校用"利"来交换居于"上方"的研究组织的"名"),那么两者之间真正平等互利的合作关系又应当如何体现?这是其三。

二、学术组织与政府机构

案例:不把制度方面的问题解决好只是空讲改革的概念有什么用处?比如,我们国家劳动市场准入制度和从业资格标准,就存在大面积缺失,很难适应时代的需要。马凯副总理讲了,两亿多农民工,只有30%受到培训,1985年《中共中央关于教育体制改革的决定》就提到要实行"先培训,后就业"的原则,将近三十年过去了,依然只有30%农民工受过培训。这个制度目标为什么长期不能实现?为什么会长期大面积缺失呢?……遇到问题绕道走,那这样研究有什么意义?[②]

---

① 中国教育学会教育机制研究分会"十一五"重点课题"中等职业学校管理创新与评价研究"[J].教育,2008(13).
② 纪宝成在2014年中国职业技术教育学会第四届理事会第三次常务理事(扩大)会议上作的会议总结[EB/OL].[2014-7-30]http://www.zjchina.org/mms/shtml/224/notice/465.shtml.

案例文字源于现任中国职业技术教育学会负责人在2014年的一次学会理事（扩大）会议上的总结发言。其发言中所提的一系列问题无疑是大胆而尖锐的，确实值得我们每一个关心职业教育事业的人去思考一番，但笔者引此案例的用意，并非是要来具体回答这些问题，而是从中跳出来，围绕本章论题思考职教学术研究组织与政府机构的关系。在我国职业教育界，最有影响的学术研究组织当数成立于1990年12月的中国职业技术教育学会。据该学会官方网站的简介，其性质为"全国群众性职业技术教育团体和职业技术教育工作者自愿组成的社会团体，接受中华人民共和国教育部和民政部的管理和业务指导，是国家一级学术社会团体"。其业务范围主要包括：开展职业技术教育科学研究、教育教学改革实验和学术交流活动；介绍国内外职业技术教育研究动态，推广优秀研究成果和教育教学改革经验；开展调查研究，为职业技术教育决策提供咨询和建议；开展业务咨询培训活动，发布职业技术教育信息；组织经验交流，举办展览，开展成果评估活动；组织开展与国外和港澳台地区的学术交流与合作；编辑、出版、发行有关书刊和资料；开展符合本会宗旨的服务活动和其他有关活动等。[①]

相比国外一些类似的学术研究组织与政府机构的关系，如欧洲教育研究会（VETNET）和美国职业技术教育协会（ASSOCIATION FOR CAREER & TECHNICAL EDUCATION）等，目前我国以中国职业技术教育学会为代表的学术研究组织明显地体现出官办色彩重、自主性较弱的特征。我国大多学术性社会组织都是在政府的支持下成立的，与业务主管单位有着密切的联系，会长与秘书长的人选往往由业务主管单位确定，会员选举理事会、常务理事会、会长及秘书长仅仅是形式。这种官办色彩对中国职业技术教育学会也不例外。1990年11月16日至18日，该学会的成立大会暨首届理事会在北京举行，并于次年2月8日，国家教委办公厅就以教职厅〔1991〕1号文件的形式，发出了《关于中国职业技术教育学会成立并请支持工作的通知》。其中指出："经民政部批准，中国职业技术教育学会已于1990年11月18日在北京正式成立，由国家教委副主任何东昌任会长，国家教委副主任王明达、劳动部副部长李沛瑶、农业部副部长洪绂曾、北京市副市长陆宇澄、职业技术教育中心研究所副所长孟广平任副会长，闻友信任秘书长，王平、刘占山任副秘书长。"[②]

学会的官办色彩不仅体现在学会领导成员来源的构成上，还体现在其重要的活动内容（尤其是大会主题）的确定，往往集中于对国家最新的相关会议文件精神的宣传发动与贯彻落实上。在下列"中国职业技术教育学会2010—2014年年会主题一览"表（如表11-1所示）中，我们可以看出，中国职业技术教育学会最近五年的年会主题都与政府当时召开的会议精神及出台的政策紧密相关。由于其官办色彩重，相应地其自主性也就必然较弱，"官学不分"或"官大（则）学问大"往往难以避免，在一定程度上肯定会妨碍专业性学术团体能力的提升。

[①] 中国职业技术教育学会简介[EB/OL]. http://www.chinazy.org/models/jyxh/detail.aspx? artid=287.
[②] 杨金土.90年代中国教育改革大潮丛书：职业教育卷[M].北京：北京师范大学出版社，2002：170.

表 11-1　中国职业技术教育学会 2010—2020 年年会主题一览

年份	具体时间	举办地	年会主题（或突出强调的重点内容）
2010	11月15—16日	杭州	会议主题：今年是实施《国家中长期教育改革和发展规划纲要》①的第一年。本次年会，以科学发展观为指导，以研究落实《规划纲要》及创新发展职业教育为重点，主题为"学习《规划纲要》创新模式机制提高教育质量"。
2011	11月9—10日	重庆	会议主题：贯彻落实教育规划纲要，创新职教体制机制，推动校企合作和中高职协调发展，提高教育质量。
2012	3月1—2日	宁波	会议主要内容：为贯彻党的十七届六中全会精神和《规划纲要》，深入学习实践科学发展观，按照教育部年度工作会议和有关职业教育工作要求……请教育部职成教司领导传达教育部2012年度工作会议精神，并就职教工作作报告。
2013	12月1—2日	武汉	会议宗旨：深入学习贯彻党的十八届三中全会精神，以科学发展观为指导，以现代职业教育的"体系构建、制度创新"为主题，总结交流一年来广大会员的学术研究成果，探讨加快发展现代职业教育的热点问题，推动我国现代职业教育更快更好地发展，全面提高教育质量和水平。
2014	11月21—22日	济南	其他有关事项：此次学术年会是学会贯彻落实全国职教会精神的一次重要会议。请各地方学会、行业教育协会、学会下属机构等有关单位接此通知后，要高度重视，及时通知有关学校并积极组织代表参会。
2015	11月21—22日	北京	年会宗旨：以党的十八届三中、四中全会和即将召开的五中全会精神为指导，进一步贯彻落实习近平总书记关于职业教育的重要批示和全国职业教育工作会议精神，认真总结"十二五"期间职业教育的新发展、新成就、新经验、新贡献；交流广大会员的学术研究成果；围绕贯彻落实五中全会精神和"互联网＋""双创"＋"中国制造 2025"以及推进"一带一路"建设的国家发展战略，深入研究新形势对职业教育带来的新机遇、新挑战，展望"十三五"职业教育改革发展的新思路、新任务、新举措、新愿景，为支撑中国制造，为实现"两个一百年"的奋斗目标做出新的更大贡献。年会主题："中国制造与职业教育"——回顾"十二五"，展望"十三五"。

---

① 该文件在此表中简称为《规划纲要》。

续表

年份	具体时间	举办地	年会主题（或突出强调的重点内容）
2016	12月12—13日	福州	本届年会以党的十八届三中、四中、五中、六中全会精神和习近平总书记系列重要讲话精神为指导，深入贯彻全国职业教育工作会议和教育部等单位召开的"推进职业教育现代化座谈会"精神，以新发展理念为引领，坚持服务发展、促进就业的办学方向，以全面提高职业教育质量为核心，加快推进职业教育现代化为指导思想。年会的主题为"传承历史面向未来推进职业教育现代化"。
2017	12月3—4日	北京	年会主题为"深入学习贯彻党的十九大精神　开创新时代中国特色职业教育新局面"，年会以党的十九大精神和习近平新时代中国特色社会主义思想为指导，分析研究新时代职业教育改革发展面临的新形势、新任务、新要求，聚焦若干专题，交流最新学术研究成果以及职业教育改革发展的新思路、新观点、新举措，开启新时代中国特色职业教育新征程。
2019	12月20—22日	北京	年会主题为"服务产业升级攻坚战，推动新时代职业教育高质量发展"。为深入学习贯彻习近平新时代中国特色社会主义思想和全国教育大会精神，贯彻落实党的十九届四中全会精神，落实国务院《国家职业教育改革实施方案》等文件要求，聚焦服务产业升级，分析研究新时代职业教育改革发展面临的新形势、新任务、新要求，交流职业教育最新学术研究成果以及职业教育改革发展的新思想、新观点、新举措，进一步深化产教融合、校企合作，展示新一届学会围绕"十大工作载体"的新作为、新形象。
2020	2021年1月31日	北京（线上线下相结合）	年会主题为"构建新发展格局：提供现代职业教育适应性"。为深入学习领会习近平新时代中国特色社会主义思想，贯彻党的十九届五中全会精神，落实全国教育工作会议部署，扎实推进中国职业技术教育学会新型智库建设，深入分析"十四五"时期职业教育面临的新形势、新目标、新任务，研究探讨职业教育创新发展的新思路、新理念、新举措，明确职业教育在百年变局背景下的新使命、新作为和新担当，提升新时代职业教育适应性，为开启社会主义现代化国家建设开好局、起好步。

资料来源：笔者根据中国职业技术教育学会网站提供的信息整理，http://www.chinazy.org/。

三、学术组织中的个体

> **案例：**（中国职业技术教育学会）有部分下属机构虽开展了一些工作和活动,但工作和活动(除论文评选外)群众参与面不宽,效果和影响力一般化；仍有少数下属机构开展的工作和活动不多,甚至没有像样的活动,更谈不上活动的群众性。①

我国大多社会团体由于直属于国家行政机关的某个部门管理,很容易就形成了不利于(或回避)竞争的一业一会格局,导致专业性学会缺少进取性,守成有余,创新不足。竞争常常也是创新的重要动力。这种排斥竞争性的学术组织,无疑将导致创新能力的低下。就中国职业技术教育学会来说,与学会高层注重结合国家政治形势需要,开展职业教育政策宣传发动相比,其打着"群众性学术团体"旗号所代表的广大普通会员参与学会学术交流的热情则常常显得不足。正像案例中所提及的似乎只有"论文评选"才是不少学会及其分支机构群众最热衷参与的活动。这里,我们有必要思考,学会的论文评选活动群众参与积极性高的原因何在？不管如何看,其中少不了"官学"垄断所导致的学术评价标准单一化这一原因。

作为一种有意协调的社会单元,组织是由若干个体的人所组成,并在相对连续的基础上运作,以达到共同的目标。根据现代组织行为学模型,组织系统的水平是建立在具有差异性的个体水平之上的,因此要提高组织生产力就必须重视个体特征的差异并将差异资本化。若将这一观念借用到职业教育学术研究组织的研究中来,我们就比较容易推断出这样一个结论,即彼此独立的研究个体之间基于学术逻辑的理性对话,这应当是人们普遍推崇且有助于推进学术积累(或学术进步)的最基本的组织行为方式。世界职业教育思想上,始于 20 世纪 60 年代的巴洛夫(Thomas Balogh)与福斯特(Philip J. Foster)之间的著名论战,不仅持续四分之一世纪,而且两者先后深刻影响了世界银行组织指导各国职业教育发展的政策性文件的核心。②但说到底,这是两者同为"非洲教育问题专家"的学术同行之间的理性对话。一般来说,"商榷文章"应当说是最能体现学术对话特点的,可是置身于当今职业教育研究的学术场域,我们不难感受到一个令人不安的现实：研究者之间缺少公开的、批评性的学术交流在中国是一个普遍的问题。在我国,教育学术方面的批判性交流(或争论)在沙龙和会议的"面对面"场合中比较容易发生,而在刊物阵地上进行"文字之争"则相对较难。教育学术期刊上刊发批评性文章为什么难呢？这恐怕与作者的名气不够"大"、作品的质量不够"高"、期刊选题的要求不够"吻合"等多方面的因素相关,但不可否认,我们许多教育学术期刊喜欢或习惯的文风是"说自己,不说(批评)别人",这导致总体上争鸣性的氛围较弱。学界长期的"自说自话"也直接导致许多

---

① 刘来泉.提高学会工作水平,深入学习落实教育规划纲要——在中国职教学会 2011 年工作会议上的报告[EB/OL]. http://www.cqzyjy.com/Item/1710.aspx.
② 石伟平.比较职业技术教育[M].上海：华东师范大学出版社,2001：216.

所谓的研究成果"自生自灭"。而我们知道,学术观点的冲突与分歧往往正是学术发展与进步的重要条件。不同学术观点之间可以同等条件地相互批判,这才能真正体现学术为公器的精神。

四、朝向善治理想的创新建议

善治是在一定的社会自治基础之上实现官民共治的理想状态。当前,探寻职业教育发展的善治之路,正在逐步成为人们普遍关注与思考的热点。组织是个人连接社会的中介。公民自治是组织自治的前提,组织自治又是社会自治的载体。考察世界发达国家的职业教育,我们都不难发现行业协会、基金会、研究会等各类社会组织在其中活跃的身影,甚至说起着决定命脉的作用也不算过分。而早在20世纪30年代,黄炎培先生就曾经疾呼:"职业教育机关的本质,是十分富于社会性的,所以职业教育机关唯一的生命——是怎么?就是——社会化。"①虽然黄炎培当时所说的职业教育机关具体是指职业学校,但今天来看,未免不可以将职业教育学术研究组织也纳入其中。从朝向职业教育善治的理想出发,笔者以为目前我国的职业教育学术研究组织在提升创新能力方面可以着重从如下三个方面入手:

首先,以会员为本,完善学术研究组织的内部治理结构。"社会组织是政府的'好帮手',但是从高层次的定位来看,社会组织应当是公民做'好主人'的平台。"②诸如学会之类的职业教育学术研究组织应当突出会员的主体地位,减少政府对专业性学会的过多干预,避免行政化或官僚化倾向,充分发挥会员的积极性和主动性,增强专业性学会对会员的凝聚力和吸引力,充分发挥会员代表大会、理事会、常务理事会的领导作用,鼓励会长竞选,秘书长竞聘且尽可能职业化,建立和完善自立、自强和自律的运行机制,使学会的学术性和专业性得以充分显现,树立专业性学会的学术权威,改善服务质量,增强学会的竞争力,拓展服务领域和范围。

其次,增强自主性,理顺学术研究组织与外部一些重要组织的相互关系。最主要的是两个方面关系:一是与职业学校,二与政府。对前者来说,一些相关的国际研究机构或组织近年也在探讨这方面的问题,他们的一些观点借得我们借鉴。如经济合作与发展组织2003年发布的一份名为《教育研究的新挑战》的报告中提出,颇有前景的研究项目应当是通过采取实践者参与的方法,让教育实践者可以从教育理论和教育研究中受益。又如,欧洲教育研究会(VETNET)召开了多场圆桌会议,分享了很多职业教育研究领域的成功案例。会议达成的共识是:目前教育研究方法趋向行动研究,它在职业教育学术研究与实践创新的衔接中将发挥更大、更积极的作用。因为"一般的调查和实验将参与研究的人员划分为客户、被调查者和研究者,而行动研究不同,它强调研究者与实践者之间直接、相互的合作"。③ 而对后者来说,职

---

① 成思危.黄炎培职业教育思想文萃[M].北京:红旗出版社,2006:106.
② 王名,等.社会组织与社会治理[M].北京:社会科学文献出版社,2014:57.
③ 劳耐尔,等.国际职业教育研究手册[M].赵志群,等译.北京:北京师范大学出版社,2014:93.

业教育专业性学会要处理好作为社会团体与登记管理机关、业务主管单位之间的关系,改变把学会简单理解为政府部门的内设机构或事业单位,增强学会的独立性和自主性。但我们知道,一个社会组织的自主性是在处理内外部关系的过程中,不断面临顺应与挑战之间的博弈才能最终形成。因此,"职业教育研究不仅仅是政策制定者和实践者的工具。……还需要致力于解决职业教育中模糊的、隐性的问题,从而对政策制定者与实践者提出挑战,提高他们解释现实的能力"。[①]

最后,平台公共化,明确政府授权委托相关职能。职业教育专业性学会在为会员服务和社会服务的同时,也需要为政府提供服务,参与公共政策的制定,增加政府购买服务的机会。由于职业教育发展的政策或制度的关涉性较强,因而职业技术教育政策导向性研究一直是职业教育研究的重点。有人认为,政策导向性研究在研究主题的确定上特别强调:必须有潜力满足特定的政策目标或有利于改善实践;需要对各种改革形式的成本和效益进行高水平的评估;必须具有较高的预期,应该能产生较大的影响;应能获得来自各部门的支持。而重视研究成果的传播与影响方面,则必须使研究结果被合适的人群获得,并对相关的政策和实践发生影响是政策导向性研究非常重要的一环。其中,有两个因素是非常重要的:使用户终端——政府——参与进来,共同确定研究目的;使相关利益群体参与整个研究过程。[②] 从中,我们不难发现,要"获得来自各部门的支持",要使"政府参与进来",要"使相关利益群体参与整个研究过程",光靠行政命令肯定不是行的,只有更多地运用公共化平台,通过长期对话的手段,才会使研究的成果(政策)出台后,人们执行起来持久而有效。因此,制定相关的法律规范,明确政府授权委托相关职能给职业教育专业性学会,依法明确其职责,可以使学会能够依据自身优势,发挥积极作用。当然,通过政府购买服务,亦可增加学会的收入,改善学会的财务状况,提高学会可持续发展的能力。

---

① 劳耐尔,等.国际职业教育研究手册[M].赵志群,等译.北京:北京师范大学出版社,2014:96.
② 吴言.职业教育研究:服务政策发展[J].职业技术教育,2009(25).

第五部分

附 录

一、"上海职教论坛"访谈提纲

一、何以在上海？学人群体集聚的视角。

二、何以有这些人？人员构成，关键成员（或灵魂人物）的治学风格，新生力量的提携。

三、组织演变的大致过程：1994年的课题组→2000年的机构化建制（？）→2004年的全国高职高专网络化建构（？）→？

四、学术交流方式：分散研究与不定期的会议，电话与通信。

五、学人交往中的特别事件或动人故事。

六、产生的学术代表性成果的时效性及回头看。

七、您在该学术组织中的角色及心智成长过程的描述。

八、该学术组织何以兴起，又何以式微？

二、写出高质量论文的五个步骤

论文是注重运用事实与逻辑进行论证的文章样式,是基于学术共同体伦理规范而进行的同仁对话,是写作者厘清问题,化解困惑,进而提升生存境界的积极方式。根据多年实践与学习的体会,笔者以为,写作高质量的论文一般少不了如下五个步骤:

一、切身之思

首先是自己的问题,才会使自己的大脑运转起来,才会不断地思考。有真切感受,这是写好论文的第一步。忌言不由衷。

二、参照他人

人同此心,吾之问题往往也是他人的问题,主动加入与别人的对话。找到话语场,这是写好论文的第二步。忌自说自话。

三、顺反两便

顺着他人说,还能加以延伸一二;反着他人说,另辟蹊径也能在理。顺、反能两便,这是写好论文的第三步。忌迷信他人。

四、骨肉相连

格言警句是语言之盐与论文之肉;框架体系是思想之形与论文之骨。骨肉紧相连,这是写好论文的第四步。忌松散无序。

五、合乎规范

形式之现代学术规范虽来源于西方,但思想贵求原创则是中外皆然。贯通中与西,这是写好论文的第五步。忌无视规范。

上述五个步骤是从初始的问题生发到最终的论文发表这一大致过程来说的,万不可作机械性的理解。许多高质量的论文,让我们读起来有"一气呵成"之感,而对写作者来说,那也是"水到渠成"的结果。因此,研学者贮"水"不够,蓄"势"不足,是注定写不出有勃勃生气的好论文来的。

三、找回话语建构中的理论主体

> 思想可能产生于特定语言游戏,但这些游戏确非儿戏。
> ——肯尼斯·J.格根

求真乃科研之本。作为学人,置身士林,服务社会,觉醒他人,应当直入真际,说出真话,道出真相,产出真知,否则研究只会是名利工具,难有多少真趣可言。

可欲得研究真趣,难矣!

君不见计划课题,层层累积,多有营造巴别塔的雄心;君不见拼贴论文,变来变去,多有窥看万花筒的新奇;君不见政策话语,照单全收,信的仍是权力金箍棒的魔法;君不见异邦资源,牵强比附,做的仍是知识贩卖者的生意……可众人乐彼不倦,有人名利双收。当然,亦有人对名利双收者的"羡慕嫉妒恨"。

这或许是当下我们做研究的平台、场域、语境及氛围。不用说,它与研究真趣的产生是扞格的。

哲人曾云,此时此地此身。每一个人可以与别人同"此时",也可以同"此地",但幸而我们之间完全不会同"此身"。对今日的我来说,在遵循体制之规程而读了博士、评了教授之后,也只剩下对研究真趣的心仪了。确切地说,这是我的一份念想。因为不得研究真趣,不成风流文章。

目力所及,我所喜欢并推崇的职教科研的典范文章或有三篇:一是英国哲人怀特海于1917年发表的《技术教育及其与科学和文学的关系》,一是我国学者黄炎培发表于1926年的《提出大职业教育主义征求同志意见》,一是美国学者福斯特1965年发表的《发展规划中的职业学校谬误》。

典范之为典范,在于三位思想者把脉社会关键问题时那份精准的真切,又在于他们触摸教育终极真理时那份尖锐的疼痛。随着时光流逝,十年又十年,而那份真切似乎仍在,那份疼痛竟然犹存。

三、找回话语建构中的理论主体

思想是我们人类在所有时代都最稀缺的资源。没真切,没疼痛,即"无思"。职教科研需要依靠怀特海、黄炎培及福斯特那样对真切疼痛的感受来爆发思想力。换言之,有疼痛感的思想是职教科研恒久的生命力所在。

唤醒这份生命力,感受这份真切的疼痛,就需要在文化自省之下的勇于进取,而不是徒托空言。

所谓文化自省,借用怀特海"(技术)教育目的"式的理想观照,就是:"那是一个国家,其中工作就是娱乐,娱乐就是生活。"

所谓勇于进取,借用黄炎培"征求意见"式的谦逊来说,就是:"吾就不说'不对',吾总要说'不够'。"

所谓不徒托空言,借用福斯特"直陈谬误"式的尖锐批评,就是:"'雄心勃勃'有时只是懒于思考的借口。"

心智的诚实是每一个知识人最起码的伦理要求。知识人的诚实与其说是勇敢,不如说是谨慎。它体现于我们选择性地观照外部的复杂世界,同时又体现于我们否定性地回归自身内在的主体反思。

我们总是在一步步的选择中慢慢成长,又总是在一次次的否定中走向成熟。

作为一个被贴上"专职研究人员"身份的人,愚以为,我们所面对的职教真问题首先是两重话语相悖的分裂世界:一是理论者的"众生喧哗",一是实践者的"无语凝噎"。前者大多是"话语的话语",充满了废词滥章,在各种染色剂和调味品的搅和之下,常常让人难求其本;后者则是"反话语的话语",有着无声的力量,除非静心来听,否则你感受不到它们深厚的存在。不管对外部身份的认同或不认同,我得承认,我最喜欢做的事就是独自穿行话语分裂的"此际",让"话语的话语"去掉泡沫,让"反话语的话语"显出心曲,最终让两重话语变成复调,以类似于音乐的对位之美、电影的对白之趣和小说的对话之妙。若能从中寻找到一个作为独具意义的"理论主体"或"理论自我",则此生足矣!

让论文论著数目字化的计量法及由此带来的钱币换算法之类游戏见鬼去吧!

我思,我痛,故我在!

四、职教众生素描：刘猛《职教话语的社会意蕴》读札

郝云亮

这本书写了一段公案。一个职校学生在贴吧里说学校是垃圾学校，老师是垃圾老师，作者基于此，写了一篇文章，分析了学生说此话的背后所反映的问题。然后把这篇文章给学校老师和校长看，校长有不同看法，他认为这是个别现象，学者应该帮助学校总结经验，做正面宣传，并举例说某教授帮助他们拿项目，做课题，出成果，报奖，这样做才是对学校发展有帮助。于是作者再去找某教授的成果，发现内容都是拼凑，科学方法和理据不足，研究意义甚微。于是又接着写了两篇文章。这样一共三篇文字，再加上作者对当下"双师""科研""高职热"等问题逐一分析和批判，就成了这样一本书。

村上春树有本书叫《当我在谈跑步时，我在谈什么》，表面上看我们在随意地讲一句话，事实上这背后都有深意，是个人与历史、社会和环境的互动中，形成了这样的随意。这些话看上去随意，往往都有弦外之音，有些只是言说者和倾听者没有意识到而已。作者把这些看似不经意的表达，用学术的方式分析出来，帮助我们看到这背后所掩饰的真相，看上去无情甚至残忍，文笔之犀利，批评之直白，平时少见，看了过瘾，实则以一片赤诚之心，帮助大家发现真相，把大家从习惯和麻木中叫醒，让大家直面那些本不该回避和忽略的问题。

作者认为，学生是无助的群体。我们一直强调以人为本，但事实上，工作中很少会顾及学生的感受。我们把太多精力放在各种项目评估，做各种材料，争取各种项目，申报各种成果，很少顾及所有这些对学生的发展是否有实实在在的好处。文中所说学校为了评估拍宣传片，让学生在寒风中站了很长时间，就是在这一背景下发生的故事。相信一切的出发点都是好的，问题出在评判标准和服务对象的错位上。职校学生在学习上是没有自信的，这种不自信会直接影响到成长的各个方面。不论我们如何说上职校也是一个好的选择，偏见和现实难以改变。在学校里，传统的学科课程体系和讲授式教学方式，依然让他们找不到自信。学校对学生的管理也是严格的，为了防止他们在行为上有更多出格的事情发生。学生总的来说是感到压抑的，大多数人找不到成长的动力和信心的源泉，生活也就是得过且过，没有更大目标，缺少更多的

关注和鼓励。压抑之后就是反抗，行为和言语上的。文中的学生说垃圾学校和垃圾教师，也就是其中表现之一。反抗是精神和思想上，实际上表现出来的更多的是无助，有什么办法能帮到自己呢。尽管学校在努力地开展工作，有丰富多彩的校园活动和各种技能比赛，但真正从中受益的，并不是全体学生，这一点我们无法回避。尤其是对还在发展之中的学校来说，基本无暇顾及教育上更多内涵的东西。作者强调这样的客观存在，就是让我们把更多精力放到学生本身，无论是哪种创建和评估，都是为了全体学生的发展，让他们找回自信，让他们健康成长。如果偏离这个目的，或者所做的一切没有达到这样的目标，那么再多的努力可能也是枉然。

  作者认为，有些校长关注的是更大的事情。文中的校长也是很委屈，满腹的不情愿。校长是内务管理者，是实践行动者，是资源调集者，他觉得学校也不容易，为了各种评估和荣誉，做了很多工作。职校的工作很多很杂，教师少，任务重，事情多，教育教学、技能大赛、校企合作、常规管理，安全压力大。更重要的还要不断扩大社会影响，得到全社会的重视、理解和支持。作者认为，学校做这些工作，而忽视学生内心的感受，忽视和回避了学生成长过程中遇到的问题。校长觉得这是个案，担心对学校影响不好。作为职教研究者，应该帮助学校做好正面宣传，多梳理工作成果和经验，给学校发展锦上添花，而不是扯后腿。作者认为作为教育者，回避学生的真实感受，追求形式上的繁荣，这和教育的本质不相符合。目前的校长科研能力弱，思想深度不够，学术能力有限，对职业教育本质和规律缺少认识，把更多的精力用在调动资源上。虽然有很多课题和成果，但是其实际意义、针对性、科学性、实用性，都大打折扣，往往是看上去好看，实际上华而不实。而社会通用的评价系统对这些东西格外垂青，也就造成了大家在工作精力分配上的不均衡。作者借用彭刚先生的话说：校长的结题报告与学校的工作总结在内容上几乎没有什么两样，要说有什么真正的研究性或思想性的成果，很遗憾，那是看不到的。不愿意深思，不愿意研究，不愿意提升自己对职教的理解，就会容易随波逐流，跟着别人的节奏，盲目服从上级指令，忽略教育者本有的价值取向，这样的做法，校长和老师，有自己的无奈和苦衷，但同时也的确让我们忘了教育的初心。也许，这是职业教育发展必经的一个阶段，毕竟我们从一清二白处走来，经济社会发展快、变化快，教育改革的步伐在吃力地追赶着。我们也相信，从规模的扩张，一定会走到注重内涵的阶段，而且现在也正在朝这个方向前进着。在这过程中，需要像作者这样的敏感的能睁开眼睛看问题的人，帮我们调整方向。

  作者认为，有些学者看中的是自己科研成果的数量与宣传意义。作者把某教授的这项课题成果拿出来，层层拨开，一段一段分析，直接指出其中存在的问题，毫不留情面，看上去血淋淋，有点残忍，不忍直视，却让人觉得过瘾。这样的分析在其他场合也的确十分少见。作者分析后说这些成果是七拼八凑，国外国内的，别人的成果和理论拿过来不加分析就直接用，甚至是段落原话，都直接借鉴和抄袭。从作者分析之下再看某教授课题所宣传的每句话，还有就是课题组成员的观点，原来都是缺少科学研究思维的，怪不得有人说学校的课题就像工作总结，没有科学思维，只有事件罗列和想当然的成果。作者认为这些都是以"学"为名包装的心灵鸡汤,是与权合谋的知识生产,是一堆无思想的学术垃圾。我们平时对这些成果或媒体上的报道,只有羡慕的份,或者也没太多在意,倒是有些嫉妒,自己的成果为什么没有如此受重视。作者对这样的成果,做如此的分析,让读者耳目一新了,其实这个问题不容细想,一旦细想起来,或者如作者一样较真起来,很多事情还真经不起推敲。细节不说,我只是从所有工作是否让教师和学生真正受益为标准,来判断这些事情的意义。如果教师、同学有直接积极的感受,那么这些工作就是有意义的。当然,有些意义和价值不见得马上见效,是一个长期的过程,但起码让我们看到路线图和希望。如果所有的鲜花和荣誉,最后都束之高阁,那么这些工作的意义也就不大。但是现在恰恰越来越多的人乐此不疲,花费大量的人力物力,做这些事情,然后一纸证书,代表所有的所谓成效。现在的工作要多少年后去判断,但我们可以对前面的工作做判断,用现在的工作对象和受益者的感受来衡量,其实很多问题就一目了然了。

除了这些内容外,作者还讲了很多关于教师的、科研的、职校热的问题,说起来,作者说的也不是什么新奇的内容,但恰恰这些内容我们平时很少进一步细想,想得少了,渐渐地发现真相的能力也就变弱了,也就习以为常,觉得这些都不是问题了。作者引用柯林斯的话说,"知识生活的社会动力就是来自揭露不和谐"。作者只不过说了真相,并且分析了为什么会有这样的真相。鲁迅说,真的勇士,敢于直面惨淡的人生。我想只有直面,才能看到问题,重视问题并解决问题。如果大家都不说,大家都觉得这些事想当然的,就永远也没有解决的希望和可能。从这点讲,这本书的意义是很大的,希望有更多的这样的直言者,帮助我们认清真相。

上面用了几个"作者认为",再翻一遍书,发现其实是我认为的"作者认为",并不是作者的原话。强调一下,别产生歧义。

(本文作者为苏州建设交通高等职业技术学校党委书记、校长)

五、元气淋漓刘猛君

谢志浩

志浩在想"学术评书"之外,别开天地,另辟一家,不妨称之为"书菜楼人物谭"。机缘巧合,分享一位老友——江苏理工学院的刘猛兄,经常称之为"大孟子兄"。这里的"孟子"正是"吾善养吾浩然之气"的古代先贤,刘猛兄在网络江湖以"大孟子"自况,无他,追比圣贤而已!

志浩与大孟子兄的交往,特别得益于互联网。没有互联网,我觉得,我与大孟子兄,就有可能失之交臂。所以,我就说,互联网不仅是一个伟大的学府,而且真的是上苍给中国人的一个"大礼包"。相逢的人必然相逢,相遇的人必然相遇。

回顾所来径。想想自己描绘学术地图的往事,总有一种特别的体会,特别感同身受,也就是钱锺书先生的一番话。钱先生说:大抵学问是荒江老屋中二三素心人商量培养之事,朝市之显学,必成俗学。这一句话,用在因为互联网结识的常州大孟子兄,特别合适。本人出了小册子,第一时间,让他分享我的快乐,看出小册子的病句,听到真切的声音。每每大孟子兄都能敞开心扉,坦诚相对,所以说,钱先生这句话,真的是十分透彻,非常精辟。

也就是说,描绘学术地图,看起来是一个人的战斗,相当于一个淘气的顽童,充满着无限的好奇心和想象力,百年中国的学术田园之内进行一种垦殖,纵横交错,总想找到一些枢轴人物。百年中国诞生了一些类似于轴心时代的轴心人物。百年中国学术地图围绕着这些轴心人物延展开来。实际上怎么样?嘤其鸣矣,求其友声,特别希望得到学术知音的点拨和帮助,成就一种特别好玩儿的学术志业吧!果不其然,志浩遇到了能够成就、能够点拨、能够激励的学术友人,也可以说是一种特别美好的事情吧!

大孟子兄与我两人多年的交往,以前没有想过,感觉有点信步走来,交汇相遇,弱水三千,取一瓢饮,最后就遇到一块啦!没想过,为什么能够相遇?总觉得自然而然,水到渠成。细想一下,其实,也有一定的因缘。说起来,大概有如下三个方面。

一个是我与大孟子兄年龄相近,我比大孟子还长一岁,某种程度上,有着大致相同的当身历史。我是"文化大革命"之前出生的,大孟子生逢其时——赶上"文化大革命"爆发,可以称为60年代生人,60年代生人有60年代生人的时代际遇。这一代,小时候,读书识字,都是从"毛主席万岁"开始的,画漫画都要画——打倒孔老二,就是"批林批孔",包括说后来、运动会、课堂上,都要进行反击右倾翻案风。这一切,都是鲜活的当身历史。

这一代人,被灌注的初始值,尽管有偏颇和极端的地方,但是,初始值当中的理想主义和浪漫主义色彩,一直挥之不去。20世纪80年代末,走向未来丛书的主编金观涛先生曾经说过一句话:我们也许是最后的,但是,不死的理想主义者。我觉得这句话,对我和大孟子兄,都特别的合适。所以,我们对历史的演绎,时代的进步,最能感同身受。风声雨声读书声,声声入耳;家事国事天下事,事事关心。某种程度上,我们可以从自己的历史中找到答案。

再一个,我和大孟子兄性情相近,所以通过互联网认识以后,颇为投契。某种程度上,胸无城府,坦诚相见,敞开心扉,情投意合,这是没有办法的。

第三,我和大孟子兄都在高等学校教书,既教书,也育人。其实,教书育人不是多么高尚的事儿,这是一位教师应有的职业操守。但是,这个职业操守,最底线的职业伦理,今日中国,有些人未必能够做到。我和大孟子兄,不是说做得有多好,但是,乐于做这样的事,得天下英才而育之,人生一乐也!我与大孟子兄,可以说特别有体会。为什么?乐为人师。人之患在好为人师,这方面,我和大孟子兄正好就有"人之患"。

人与人之所以成为朋友,某种程度上,一定要有一定程度的共识。我和大孟子兄,就有这样的共识。既然有这样的共识,结了缘,殊胜因缘,书为我们之间的因缘呐!

2012年,我的第一本小册子《那些有伤的读书人》出版,后来得知,大孟子兄拿来作为对读书种子的奖励。大孟子兄在网上结识我之后,跟我说:想着试一试,同学们喜欢自己的书呀,还是喜欢与自己年龄相近、性情相投也都是好为人师谢志浩的书呢?结果怎么样,大孟子兄有一点"郁闷",学友们多数喜欢谢志浩的书。估计《那些有伤的读书人》,不是那么特别的学术吧!可能与这个因素有关系。大孟子兄淘来了好多《那些有伤的读书人》,作为对班上学友的奖励。第一个年级因为有三个班,奖励了12本;第二个年级是一个小班,奖励了4本。

想一想,自己的工资拿出来,用于购置一位素未谋面、颇为投契网友的书作为对素心之人的奖励。听说了这件事情以后,心里非常之感动,禁不住潸然泪下。大孟子兄对我真的是太好啦!真的是太好啦!

2016年,我的《梦里犹知身是客》小册子出版,大孟子兄读过之后,以饱含深情的文笔,写了篇万字有余的书评——《人文学术的体温》。志浩看了以后,铭感不已!人生得一知己足矣,斯世当以同怀视之。而且,更加令人感念不已的是,大孟子兄把《人文学术的体温》寄给门生丁康学友,丁康学友阅读了恩师的文章,写了一篇《读〈人文学术的体温〉》。如果说《人文学术的体温》是大孟子兄阅读《梦里犹知身是客》一书的感想,那么,《读〈人文学术的体温〉》可以作为感想的感想吧!我和大孟子之间的因缘,接着传递,大孟子兄把对我的关爱传递给自己的门生丁康君。

2012年起,结缘陈虎兄主持的日知社。以百年中国法脉为主题,开启了中国法政人的系列讲座,断断续续,一直聊到2015年。大孟子兄知道以后,跟我说:志浩,这个系列讲座,发给我听听吧!先后发过去的是关于俞荣根、陈有西、梁治平、贺卫方、魏敦友几位先生的音频。因为有这么一个缘分,2019年年初,整理并校订之后,突发奇想,大孟子兄既然听得有心,不妨让大孟子兄写《中国法政人素描》的序言。果不其然,过一段,大孟子兄就给我写好啦。难能可贵,大孟子兄在序言中如实写出了一段当身际遇——大孟子兄为了维护学术共同体的尊严,该出手时就出手,侠义的行动受到打压。学府里一些人看似知识分子,但是,十分腌臜,非常卑鄙,使用不法的行径,对付一个维护学术共同体尊严的教师。那些有伤的读书人,真的是,或者是身体,或者是心灵,大孟子兄在身体和心灵两个方面,都受到了伤害。事情过后,舔舐伤口,自己疗伤。

大孟子兄还是一位跨界人物,除了本门——教育社会学——之外,跨到了文学的地界,还写杂文,这方面,也有一些共识。因为我毕竟在中文系,同时也曾热衷时评写作。非常有意思,大孟子兄在有关的刊物比如《文学自由谈》上发表评论,而且还富有卓识。

2021年4月24日,大孟子把书稿《治学当问出处》给我。阅读一过,这是一本别具一格的百年中国职业教育思想史。尤其是,大孟子兄深入细致地梳理了张謇、蔡元培、梁启超三位先贤对黄炎培的诸多启迪,也就是说,黄炎培先生采集了什么样珍贵的精神花朵,才酿成了自己的"思想之蜜",最终成为中华职业教育的一面旗帜。这确实是非常有意思的一个角度,乐见其成!

(2021年5月13日口述,2021年5月14日整理,书菜楼)
(本文作者为河北科技大学文法学院副教授,已出版《高王凌:特殊独一人》等著作九部)

后记　我的研学历程就是最终做了自己当初所反对的人

"我要是将来写一本教育学术著作,希望能都说我自己的话,不需要在书后面列出200本左右别人的著作作为参考文献。"本书稿完成之际,我突然记起20年前在南京师范大学读研时的一次轻狂的发言。

当时我刚读完一本名为《儿童精神哲学》的教育学妙作。作者是被刚评上南师大教科院教授不久的一位博士。其实,他也是我1985年上大学本科时的同学。他的这本书,读得我废寝忘食,并给了我强烈的精神震撼。"儿童是成人之父"等乍听耸人的命题,至今仍然鲜活地留存我的脑海里。我在书上圈圈画画,不时地被精彩之处弄得神思飞扬,或脑洞大开。后来有一天,我突然有了一个非常沮丧的发现,就是,被我圈过或画过的地方十有八九是引用他人所说的话,有甘地的,有蒙台梭利的,还有李贽的,不一而足。而真正是作者自己所讲的话,则难见一二。这种一起一落的情绪反应,就使我后来在那次上百人的研讨会上说出了上面的这句话。还记得,当时头发已然斑白的几位教授在场,他们中有人朝我微笑着点了点头,似乎是一种鼓励性的肯定。

今是而昨非,我感觉我越来越远离了自己的"初心"。现在想来,当初的自己恐怕只是想"刷存在感"而已,也多少暗含着一些对过去是老同学如今却是新锐教授的"羡慕嫉妒恨"。此后20年来,我一直生活在大学里,先读硕博,后做教师。在这过程之中,我发现,我要是不去多读一些书,写作时要是不去引用别人说过的话来"发挥发挥",常常感到自己根本说不出所谓的"自己的话"来。硕博论文的撰写是如此,后来出的四本教育专著也是如此。

2005年前后本人在写作博士论文,清楚地记得读到马克斯·舍勒在其著作《知识社会学问题》中的一段话时,顿时有醍醐灌顶之感。他的话是这样说的:"一般说来,只要一个人是一个社会的'成员',那么,人类的全部知识就不是经验性知识,而是'先天'知识。这种知识的起源表明,它先于自我意识层次和人的自我评价意识而存在。没有'我们'也就没有'我'。"(艾彦译语)

一个人的思想生产,离不开三问题:他读过什么书?他交往过什么人?他经历过什么事?换句话说,思想都是有源头的,都是有出处的。如果我们忽视这最为重要的一点,那么我们注定不能过上心智诚实的学人生活,也不会有所谓学术思想的真正创生。心智诚实是治学者最为关键的品质。离开它,注定只能是妄人、剽窃客或"利禄之徒"。有了它,才可能成为学人、思想者或"哲学之才"。

利禄之徒与哲学之才的区分源于弗里德里希·席勒。他认为:"对知识革新者的诅咒,莫过于这帮利禄之徒。……而哲学之才则有天壤之别!……哲学之才善于用他人的一切成就和思想来丰富自己;在思考者中间,精神成果不分彼此,属于共同的财富,在真理王国中,一人的收获就是大家的收获。"(陈洪捷译语)

从德国两位伟大的思想家舍勒与席勒的上述论述中,我们不难看出:学术说到底其实是靠人类中的智力优秀且性格坚勇之士创造的,靠他们一代又一代地去共同努力,去不断积累的。人类的学术史或思想史,充满了这些人的名字,同样也充满了反对这些人思想或观点的另外一些人的名字。这种反对,既可以是"不满足于此"的延伸,也可以是"并非尽然如此"的辩驳。这种张力的存在,才使学术思想史变得生动和有趣。当然,学术与思想之间并非完全可以等同,更不可"分而治之"。因为思想离开学术,最多只是璞玉,而学术离开思想,则容易沦为饾饤。

笔者在8年前出版的著作《朝向中国职业教育理想图景的多元探索》(江苏教育出版社,2013年)中,将黄炎培与杨金土两位先生,同英国的怀特海和美国的杜威一道,同列为特别值得关注的四大"著名职业教育家",以为他们的思想可以助今天的人们更好地思考中国职业教育的改革问题。在对他们的思想越领会越佩服之余,始终存有一念:他们的思想是怎么来的?变成三个问题就是:他们读了什么书?他们交往了什么人?他们经历过什么事?

人以群分,物以类聚。我越来越感到从他们各自曾经所栖身的学术组织中可以找出一些端倪。中华职教社、上海职教论坛,这两个学术组织都有谁主要地参与了?前者对黄炎培提出"大职业教育主义思想"有什么影响?后者对杨金土提出"教育以促进个体发展为'第一价值'"有什么影响?

找线索,寻出处,这种探求就是拙著主体部分(第二、三两部分)得以形成的动因所在。这样,围绕黄炎培的思想,我走近了当初中华职教社的核心人物(或主要发起人)张謇、蔡元培、梁启超及曾经受黄炎培领导的江苏教育会等机构的"友情赞助"才得以延期访华达两年之久的杜威;围绕杨金土的思想,我走近了曾经参与过上海职教论坛的骨干成员杨若凡、郭扬和杨金土本人。前者的走近方式靠对大量文献资料的阅读与爬梳,后者的走近方式则是读过一些资料后去找这些当事人进行访谈与对话。

研究的过程是发现的过程,伴随着喜悦、感叹与敬畏。

自认为的发现在于,基于思想生成的"年谱",找出了黄炎培大职业教育主义思想受"作为学术组织的中华职教社"最初发起人及外来者影响之线索。对杨金土的研究与预定的目标有所改变,即放弃了对其个体思想产生的追问,而是对他与严雪怡、孟广平两位老先生共同发起的"上海职教论坛"这一学术组织产生、运行及式微的过程本身进行研究。既有发现,必然喜悦。黄炎培、张謇、蔡元培、梁启超和杜威的书,以前都曾多少读过一些,但有了研究新目标之后的阅读,注意力感觉跟侦探似的,有了越来越多的可用(或可参考)之发现之后,下笔就"有如神助"了。而先后访谈的杨若凡、郭扬与杨金土是一个比一个更为健谈,整理谈话的过程中,感觉一部生动的"上海职教论坛史"在对话过程中生成了。之前,没人这样做,我首先做了,多么喜悦!

再说感叹。

相比于黄炎培的书,以前我对张謇、蔡元培、梁启超的书读得太少了。这次研究过程中多少有些功利性的阅读,晚清诗人袁枚"书到今生读已迟"之句不时涌动在心口。对张謇的"错过"之痛,已经在本书的第二章中说了。而读蔡元培时,本人曾发了一小段"说说"于朋友圈:"最近在写一篇关于蔡元培先生的文章,又重温了《对于教育方针之意见》《教育独立议》和《关于不合作宣言》三篇文章。妈呀,恍若隔世,大有'我们都白活了'之感。君子早已远了去,值恸哭一场之后,再来接着写吧。"读梁启超时,笔者又发"说说":"梁启超的一生,欣欣向荣,游于政学之间。于政主改良,于学跨东西,一代言论骄子,旷世思想大师。其孙梁从诫十年前去世,生前对媒体坦言,梁家三代,一代不如一代。这或可用一本书的书名可解,即《激进主义思潮之后果》。饮鸩止渴,误吾国民大矣,呜呼哀哉!"又打油一首:"愧已寿过梁任公,叹人活在民国年。诗书万卷饮冰子,震天一吼唤新民。"

还每每爱屋及乌,唐振常先生写的《蔡元培传》甚佳,就买来他的全集,并发"说说":"操文史之业者,经历是至关重要的,决定着认识社会生活的广度与深度。这些书本之外的功夫,与书本之学,若能互为渗透,相得益彰,则既可成全学人之人生,又使学问更有生命力。前不久,看唐振常先生写的几篇文章,如《卓荦孤怀身殉道》《漫记萧公权先生》等,很是喜欢,文笔雅致中见历史之厚重,体量人情中显超凡之见识。唐先生由记者而编辑而学者,做过民国前知名媒体《大公报》记者近十年,改革开放后进入史学完全不用'掉书袋',出入古今,纵笔写意,得其精神。如此'多才多趣之人',真令人有相识恨晚之感,立马孔网下单,购回唐先生文集七册,待时日,应细加研习与体悟。"

当然,最为感叹的是整理对杨金土先生的访谈章节。初稿整理完成后,曾发"说说":"对话体文本写作是一项大的挑战。维持对话,需要彼此呼应的兴致。生成文本,需要从对话现场中抽离。两者之间,加入第三方的读者,既要让他如临现场,又要使其智力兴奋。何其难哉。近两年前,鄙人专程赴京访谈了耄耋之年的杨金土先生,直至昨天方初步整理出较满意的文字稿,如此怠慢,实在有愧于杨老三个上午的滔滔不绝,还有言语中的厚爱与期许。"而杨金土先生对初稿修改的严谨与认真精神,实在令人感佩不已。

感叹其实还有许多,就留在自己的肚子里,不说了吧。

还值得说的是敬畏。如今,学术剽窃者不少,一旦被揭发,常常身败名裂。说起来,往往首先是因为对学术缺少一份应有的敬畏。梁启超不仅曾说过"凡讲学莫要于合群",还说过:"中国学术界……最爱说大而无当不着边际的道理,自己主张什么,和别人不同之处在哪里,连自己也说不出。"讲学若要合群,就当尊重他人的智力劳动成果,不能窃为己有;而大而无当之道理,说了是浪费别人的时间与生命,能不说就应当尽量不要说,这也是一种对他人起码的尊重。梁启超的思想直接启发了本书的最初书名——《治学之人,当问出处及所见何异:职教学术组织的知识生产社会学》。但在与顾则徐、刘诗能、胡之骐、江峰、周兵、孙翔、王伟等众学友交流之后,普遍以为书名太长,不如现在所用书名简洁、好懂。

则徐兄学富五车,阅历丰富,识见超卓,远在内蒙古草原,如今虽以饲养牲畜为谋生手段,却有文章经国大业之志,本著开篇"题辞"之语,经他几个字的改动,顿然有新鲜之感;诗能兄本为同事,雅好诗赋,擅长书艺,现在苏州某出版公司任职,是鄙人上一本著作《职教话语的社会意蕴》之责编,每每期余做"文化学人",令余常生羞愧之心;之骐乃吾师弟,头脑灵活,反应快速,交往多年,彼此无隙,常能知无不言,且言无不尽也;江峰居金陵,是五年前好友王本余介绍相识的,喜欢与柏拉图对话,喜欢与康德对话,但也一直致力于"使中国教育学说人话",此念深孚吾心;周兵是我参与培训相识的高邮中专校教师,实诚人士,喜言"非抱书不能入梦,唯饮酒方显交情",然受近年疫情阻碍,彼此对饮仍在计划之中;孙翔与王伟说起来是认我为导师的研究生,前不久曾共拍过一张照片,本人题诗曰:"王伟孙翔左右首,鲜花献吾实愧有。曾经共读倾心谈,难敌一杯杜康酒。"他们多少见证了本著的生产过程,所以值得一记。

现在的书名为《治学当问出处:学术组织中的教育思想生成》。愿她面世之后,能被人们谈论、批评,被人作为一手资料去"引用"与"发挥",被人作为不同观点列为靶子去"批判"与"出新"。只有这样,这本书才会拥有自己的生命。是为记。

刘猛识于江苏理工学院
2021 年 4 月 12 日

图书在版编目(CIP)数据

治学当问出处：学术组织中的教育思想生成 / 刘猛著. — 上海：上海社会科学院出版社，2021
ISBN 978-7-5520-3650-3

Ⅰ.①治… Ⅱ.①刘… Ⅲ.①高等职业教育—教育思想—研究 Ⅳ.①G719.21

中国版本图书馆 CIP 数据核字(2021)第 153644 号

治学当问出处：学术组织中的教育思想生成

著　　者：刘　猛
责任编辑：路　晓
封面设计：戚亮轩
出版发行：上海社会科学院出版社
　　　　　上海顺昌路 622 号　邮编 200025
　　　　　电话总机 021-63315947　销售热线 021-53063735
　　　　　http://www.sassp.cn　E-mail: sassp@sassp.cn
排　　版：南京展望文化发展有限公司
印　　刷：上海新文印刷厂有限公司
开　　本：787 毫米×1092 毫米　1/16
印　　张：16.5
字　　数：342 千
版　　次：2021 年 9 月第 1 版　2021 年 9 月第 1 次印刷

ISBN 978-7-5520-3650-3/G·1117　　　　定价：79.80 元

版权所有　翻印必究